JN221317

新しい経済戦略を知るキーポイント

中国の新常態

ニューノーマル

中国社会科学院

李 揚・張暁晶 著

日中翻訳学院

河村知子・西岡一人 訳

日本僑報社

目　次

▶序文

（一）

　ここ数年、リーマンショックに端を発した世界金融危機以降の国内外経済状況について、「新常態（ニュー・ノーマル）」という言葉で説明する人が増えてきた。また、経済発展の「新段階」「新時代」「新秩序」といった言い方も、言わんとするところは同じである。

　しかしながら、「新常態（ニュー・ノーマル）」という言葉は中国国内と国外ではその由来や意味は必ずしも同じではない。

　国際的には「ニュー・ノーマル」とは、元々は経済の衰退に関係したものだった。

　「ニュー・ノーマル」という言葉は、2002年にはすでに欧米のメディアに現れはじめており、主に「雇用なき経済回復」を指していた。世界金融危機以降、「ニュー・ノーマル」は瞬く間に、危機以降の世界経済の、新たな特徴を表すのに多く使われるようになった。2009年に入ると、メディアや著名な学者が、危機後の長期的な市場調整の意味で、ニュー・ノーマルの概念を使うようになった。例えば2010年、パシフィック・インベストメント・マネジメント（PIMCO）のCEO、モハメド・エラリアンは"Navigating the New Normal in Industrial Countries"（工業先進国におけるニュー・ノーマルのナビゲート）と題したレポートの中で、危機以降の市場調整の意味で、ニュー・ノーマルの概念を正式に表明した。（El-Erian, 2010）これ以降、この考え方は急速に広まり、危機以降の世界経済の特色を示す流行語となった。クラリダ（Clarida, 2010）は、ニュー・ノーマルのもとでは、先進国（高所得の国家もしくは先進工業国）の経済は「低成長、高い失業率及び低い投資回収率」を示す、

と指摘している。

　一方、中国においては、「新常態」は中国経済の変化の新しい段階と密接な関係があるものである。

　2014年5月，習近平国家主席は、河南省視察のおり経済情勢に話が及ぶと、「我が国の発展は、依然重要な戦略的チャンスの時期にあり、我々は自信を強め、現状の中国経済発展の段階的特徴を出発点に、『新常態』に適応し、戦略上、平常心を保ち続けなければならない」と強調した。7月29日、中南海で各界の人々と座談会を行った際、経済情勢について聞かれると、「新常態」について再度言及して、「我が国経済の段階的な発展の特徴を正確に把握し、さらに自信を強め、新常態に適応して、経済の健全な発展を共同で推し進めていかなくてはならない」と語った。11月10日、北京で開かれたAPEC首脳会議の席上で、習近平主席は基調講演を行い、中国の経済は「新常態」のもとで経済発展速度の転換、構造のグレードアップ、原動力の転換の3点を行うと述べた。また続けて、「新常態」が中国にもたらす以下の4つの発展のチャンスに言及した。第一には、新常態のもとで、中国経済の成長は鈍化しているものの、それでも実際の成長は相当なものであること。第二に、中国経済の成長は穏やかになっており、成長力は多元化していること。第三に、中国経済の構造は最適化し、グレードアップされており、見通しは安定していること。第四に、中国政府は行政の簡素化と権限委譲により、市場の活力がさらに発揮できるよう力を入れていること。2014年12月9日の中央経済工作会議ではさらに、「新常態」は中国の現在そして将来における発展戦略の論理的起点である、とした。この重要な会議で、習近平主席は消費、投資、輸出と国際収支、生産能力と産業構造、生産要素の質の向上、市場競争、環境資源、経済リスクの集積と解消、資源の配置モデルとマクロ調整方式の9つの面から、中国の新常態の具体的な状況及び原因を詳しく分析し、結論として「新常態」は中国の経済発展にとって必然であり、人為的な

転換ではない、と語った。新常態を知り、適応し、牽引していくのは当面、中国経済発展の客観的法則であるとした。

　「新常態（ニュー・ノーマル）」の概念は、中国国内と国外では基本的に別々に形成されたものなのは明らかで、中国でいう「新常態」は習近平主席の創作が入ったものと見なすべきであろう。世界的にいう「ニュー・ノーマル」が世界経済の将来への、ある種悲観的な見方だとすれば、中国の「新常態」は経済が向かうハイレベルの、分業がさらに複雑化し、構造が合理化された段階へ向かう積極的なものなのだ。

　世界でいう「ニュー・ノーマル」と中国の「新常態」は、共通の経済的な基礎を持つ。国内外の経済学者、政治家およびビジネスリーダーは、今回の世界金融危機以降、世界経済の発展はおしなべて新たな発展段階にはいったと明確に意識している。これは「世界」を構成する各国の経済発展であり、当然中国も入っている。しかし各国間の違いは明らかである。世界的には、ニュー・ノーマルは1980年代以降の経済成長における、ある長周期的な段階の転換によって受動的に影響されており、それは消極的な、といかないまでも、少なくともやむを得ないものである。しかし中国は違っている。中国の「新常態」は未来志向の、さらなる高い発展を目標とした戦略である。それは中国経済の転換の必要を分析するのみならず、明確にその転換の方向性を示し、併せてその転換の原動力の成り立ちをも示している。

（二）

　「新常態」は歴史を貫く力のある戦略的概念である。

　この「新」という文字は、1980年代半ば以降、世界的な経済発展が造り出した、システマチックな違いのある二つの異なる時期に由来する。外的な特徴でいえば、この二つの時期の経済成長率は高

低の差があり、自ずと内包するマクロ経済の変数、例えば、雇用、物価、金利、為替レート、国際収支、財政収支、マネーサプライ等、すべて異なっている。また内的な基本要因をみると、経済の長期的な発展を支える土台、例えば科学技術のイノベーション及びその産業への応用、人口構造、生産要素の供給効率、貯蓄と投資との関係及び貯蓄と投資のバランスが拮抗している際の実質金利など、すべて異なる状態を示している。それゆえ、新常態を考えるには、以下のことが必要になる。「今」を見定め、将来を考える際、我々はまず冷静に過去を振り返り、旧常態とはなんだったかを分析し、過去数十年、どこから出発し、どう発展して今日に至ったか、なぜ以前と同じような道をたどれないのか、今後どんな道をたどるのか、そしてどのような実体経済の基礎及び社会システムに向けて転換を図っていくのか、こうしたことが問われているのだ。

　「新常態」をどう見るかは、現在そして将来のある期間における国内外の経済発展の基本的な様相を指し示すことになる。それは、オールド・ノーマルがいかに輝かしく懐かしくても、確率からいってそこには戻れないことを思い起こさせてくれる。したがって、将来に向かって我々は、理念や意識、戦略、政策をすべて整理し、主体的に「新常態」に適応し、その下で仕事をし、生計を立て、我々が設定したさらなる高い目標に向かって「新常態」を積極的にリードしていくことが必要だ。

　「新常態」が発展の新たな原動力を秘めているのは間違いない。こうした原動力を掘りおこし活用して、かつての発展モデルから革命的な調整をしていかなくてはならない。旧常態のもとでゆがんだ経済構造をためらわずに改革し、高い知恵で「新常態」をリードしていくことが求められる。すなわち、改革は「新常態」のもとで日々の業務となるのだ。

　「新常態」が事実上、世界的な現象となったことを考えると、理屈からすれば、2008年の金融危機以降、世界経済は「改革競争期」

に入っている。ということは、改革の切迫度や困難度、またその多様化した内容に対して、最も深く認識し、万全の対策、固い決意をもって最も効果をあげた国が、今後の競争の中で主導権を握るであろう。まぎれもなく、今回は中国が再度世界の最前線を行くことになる。中国共産党第18期中央委員会第3回、第4回全体会議での、改革の全面的な深化、法による統治という決定事項、並びに2014年末の中央経済工作会議により、新たな改革を進め「中国の夢」を実現するための綱領が整ったのだ。

▶ 第一篇

「旧常態」を振り返る

　過去を振り返ることにより「新常態」を深く研究しようとするなら、真摯に「旧常態」の分析に取り組まなくてはならない。

　もし、出発点も、現在に至る発展の状況も、また現在なぜ従来通りではやっていけなくなったのか、今後どこへ向かうのかを理解していないとすれば、「新常態」を知ることも、適応することもできず、まして推し進めることもできない。

　「新常態」に入る前、世界は経済学界が「グレート・モデレーション（超安定化）」と呼ぶ「旧常態」の段階を経験してきた。高い成長率、低いインフレ、低失業率及び景気変動の弱化が同時に存在するのが基本的な特徴である。「グレート・モデレーション」は、世界の科学技術の進歩、システムの変革、グローバル化の進展による総合的な産物だった。

　2007年は「グレート・モデレーション」から大危機への重要なターニングポイントだった。この転換が起こった主要な原因は3つある。一つは20年あまりの穏やかな国際情勢のもと、世界各国はおしなべて経済発展の偏りと経済構造のねじれという問題を抱えるに至った。「超安定化」のぬるま湯に浸って、多くの国、特に先進国では長期にわたって経済への介入を行ってこなかった。二つ目は国際分業が再構築された後で形成された、不合理な世界経済秩序とそれに対応した管理体制が引き起こしたグローバル・インバランスである。中国に代表される新興国の台頭が従来の秩序に対してショックを与えることとなった。三つ目に、上昇の段階にあった世界経済の長期的な循環が

その原動力を失い、下降周期に入ったことである。

「グレート・モデレーション」を主な特徴とする「旧常態」の終わりとともに、世界経済は本格的な調整とリバランスの「新常態」に入った。世界も中国も、一切の例外はない。

第一章　「新常態」前史

「新常態」とは「旧常態」に対応するものであるばかりでなく、そこから新たに生まれ出たものだ。従って「新常態」を論じるには「旧常態」から説き起こさねばならない。まず「旧常態」の発現パターン、実体経済の基本及び内在する矛盾について深く分析し、さらにそれら旧常態に存在する深層での矛盾がいかに広がっていったか、そしていかに危機を招き「新常態」にはいっていったかを詳細に研究する必要がある。

本章でいう「旧」とは過去の意味ばかりではなく、1980年代半ばから今世紀の世界金融危機に至る前の、20年あまりの時期を指している。国際経済学界が言う「グレート・モデレーション（超安定化）」①の概念は、この時代の基本的な状態のことをさす。「旧常態」は人類社会の忘れがたき繁栄の時代だったことはいうまでもない。

本章ではまず「旧常態」の基本的な特徴を分析した後、「グレート・モデレーション」を支えた実体経済のファンダメンタルズを検討、最後に繁栄の下に隠された「旧常態」の深刻な矛盾を分析する。筆者が見るところでは、「旧常態」は高成長、低インフレ率、低失業率が併存するのが基本的な特徴である。また同時にこの時期は景気変動も弱化していた。「グレート・モデレーション」は、世界の科学技術の進歩、システムの変革、グローバル化の進展による総合的な産物だった。2007年は「グレート・モデレーション」から大危機への重要なターニングポイントだった。この転換が起こった主

要な原因は3つある。一つは20年あまりの穏やかな国際情勢のもと、世界各国はおしなべて経済発展の偏りと経済構造のねじれという問題を抱えるに至った。「グレート・モデレーション」のぬるま湯に浸り、多くの国、特に先進国では長期的に経済への介入を行ってこなかった。二つ目は国際分業が再構築された後形成された、不合理な世界経済秩序とそれに応じた管理体制が引き起こした深刻なグローバル・インバランスである。中国に代表される新興国の台頭が従来の秩序に対してショックを与えることとなった。三つ目に、上昇の段階にあった世界経済の長期的な循環がその原動力を失い、下降周期に入ったことである。

　「グレート・モデレーション」を主な特徴とする「旧常態」の終わりとともに、世界経済は本格的な調整とリバランスの「新常態」に入った。世界も、中国も例外は全くない。

一、輝かしい「グレート・モデレーション」のもとでの 「旧常態」

　1980年台後半から金融危機が発生するまで、世界はそれまでに経験のない、20年あまりにわたる「グレート・モデレーション」の時代を経験した。この間、1990年から91年にかけての、アメリカ経済の低迷、1997年から98年のアジア通貨危機、そして2000年代初めのITバブル崩壊が起こったものの、欧米等先進国及び中国等新興国の発展は、総体として良好で、動揺や衰退の兆しもなかった。全体としては経済は持続的に発展、低インフレ率と低失業率が併存し、景気変動も特徴的に弱化している、というのがこの時期の、世界経済発展の基本形態だった。表1-1、1-2に示された主要国の主なマクロ経済指標がそれを表している。

　グレート・モデレーションは平均値に見ることができるばかりでなく、この平均値を構成する各国や地域にも、また経済の様々な側面にも存在した。

表 1-1　世界の主要国の年平均GDP伸び率　(単位：%)

地区 ＼ 時期	1970-1979	1980-1989	1990-2007	2008-2013
アメリカ	3.54 (2.28)	3.14 (2.57)	2.98 (1.32)	0.99 (2.15)
EU	3.51 (1.83)	2.29 (1.16)	2.32 (1.00)	-0.12 (2.35)
中国	8.37 (6.37)	10.09 (2.96)	9.98 (3.06)	8.99 (1.11)
東アジア及び太平洋地域（発展途上国）	7.68 (3.12)	7.91 (1.80)	8.42 (2.52)	8.09 (0.96)
中南米及びカリブ海地域	6.00 (1.33)	2.08 (2.59)	3.14 (1.93)	2.85 (2.45)
サハラ以南のアフリカ	4.06 (2.66)	1.74 (1.71)	3.49 (2.70)	3.98 (1.17)
世界全体	3.99 (1.65)	3.07 (1.34)	2.97 (0.96)	1.80 (2.09)

注：①世界銀行によるデータ、World Development Indicators, 2014
　　②カッコ内は各時期における年成長率標準偏差

表 1-2　世界の主要国のインフレ率　(単位：%)

地区 ＼ 時期	1970-1979	1980-1989	1990-2007	2008-2013
アメリカ	6.72	4.72	2.32	1.53
EU	9.00	6.12	3.84	1.73
中国	-0.27	4.91	6.13	4.22
東アジア及び太平洋地域（発展途上国）	-	5.27 *	5.20	3.64
中南米及びカリブ海地域	11.39	9.25	7.92	4.68
サハラ以南のアフリカ	9.28	10.15	8.13	6.75
世界全体	9.50	7.74	5.74	4.41

注：①世界銀行によるデータ、World Development Indicators, 2014
　　②インフレ率はGDPデフレーターにより計算
　　③＊は1982 ～ 1989年のデータ

　以下の5つの面から具体的にグレート・モデレーション時代の主な特徴を見ていこう。

　一つ目は1970年代のスタグフレーションにもかかわらず、先進国はこの時期順調に経済成長し、深刻なインフレも起こっていなかったことである。アメリカを例にとると、1970年代から80年代の初めにかけて、アメリカの経済成長は遅く、そのうえ大きく変動していた。この間、1982年には年成長率がマイナス2％、1984年には7.3％の最大値であった。その後、比較的長期にわたり高い成長率を見せる。特に1991年には、わずかに景気後退が現れ（その年のGDP成長率はマイナス0.07％）、わずか8ヶ月の間に景気の山と谷を見せた。アメリカは1992年から2007年に、戦後では例のない16年にわたる経済拡大を経験した。その間にGDPはマイナスとなることがないばかりか、年平均3.24％の成長率であった。1970年から1982年の年平均成長率は2.76％で、2008年から2013年の0.99％とは明らかに違いがある。さらに珍しいのは、成長に伴うインフレの進行が穏やかだったことだ。アメリカの1990年から2007年の年間インフレ率はわずか2.32％（表1-2参照）で、物価はほぼ安定し、かつ不況にならないという理想的な水準だった。こうした良好な状態は多くの研究者を興奮させた。長くアメリカにおける生産性を研究してきた著名な経済学者、ロバート・ゴードンは、「大恐慌」前の1920年代との類似を指摘、1990年代のアメリカの経済状況は、まったくもってマクロ経済学の基本法則の一つであるフィリップス曲線（Phillips Curve）[2]にぴったりだと揶揄した。（Gordon, 2005）

　二つ目として、さらに幸運だったのは、経済指標が良好な数値を示すのと同時に、景気の波も比較的穏やかだったこと、これがグレート・モデレーション時代の最も顕著な点だ。ストックとワトソン（2002）は四半期のGDP成長偏差を研究することにより、1990年から2001年におけるアメリカの経済成長の振れ幅が、1960年から1969年、1970年から1979年、1980年から1989年の3つの時期と比較し

て、明らかに小さいことを発見した。ストックとワトソンはさらに、GDPの振れ幅が穏やかであると同時に、インフレ率、投資、消費、輸出入、政府支出、農業以外の就業率など多くの重要なマクロ指標がこの時期には振れ幅が減少していたという特徴があることを示した。当然、指摘しておかなくてはならないのは、各指標の動き、下げ幅にはかなりの違いがあるということだ。デイビスとカーン（2008）が言うように、耐久消費財部門と棚卸し資産の変動が、総生産の振れ幅の安定に比較的大きく影響し、企業のさまざまな雇用の変動も明らかに小さくなる。しかしミクロ的な給与、収入と消費支出（主に非耐久財及びサービス消費）の下降の度合いは明らかではない。グレート・モデレーションが国民生活に与える恩恵はさほどないという考え方の根拠はここから来ている[3]。アメリカ以外では、ブランチャードとサイモン（Blanchard and Simon, 2001）の研究が示すとおり、20年の長きにわたり不況の続いた日本以外の、イギリス、フランス、ドイツ、カナダなど主要な先進国は、同じような時期に程度の違いはあれ、グレート・モデレーションの状態にあった。

　3つめに、第二次世界大戦後の日本経済の急速な復興に続いて、1960年代、70年代に始まったアジア四小竜の奇跡的な発展がおこった。その後、タイ、マレーシア、インドネシア、フィリピン、ベトナムなど東南アジア諸国（いわゆる ASEAN5）は輸出指向型の経済発展戦略のもと、飛躍的な発展を遂げ、東南アジアの奇跡的成長と呼ばれた。データを見ると、1980年から1997年、上述の五カ国の年平均GDP増加率は5.30％、1990年から1997年ではさらに6.94％と高くなった。こうした順調な発展は、1997年から1998年にかけてのアジア金融危機で深い痛手をこうむったものの、その後韓国などは急速に復興している。中国の持続的な成長は、地域の発展に積極的な影響を及ぼし、安定化させる効果があった。アジアの新興マーケットはグレート・モデレーションのすばらしい時期で終わってしまったわけではない。数字を見ると、1990年には国際通貨

基金の定義によるアジアの新興・発展途上国29か国全体のGDPは4.8％（中国の3.0％を含まず。以下同様）だった。1997年になると、その比率は6.7％（中国：3.6％）、2007年にはさらに伸びて10.6％となった（中国：4.5％）。ただし、アジア金融危機の前後で、新興市場は金融開放など重要な領域で大きな方向転換を行っていることに注意しなくてはならない。金融危機の前、新興市場国は一般的に金融開放、変動為替相場制、および外資の自由な進出に熱心だった。危機後に、新進市場国は巨額の外貨準備をすすめ、国際資本の流入と為替管理を強化した。また財政基盤強化などの方法で公共部門の貸借対照表を修復し始めた。アイゼンマン他（2010）はこのため、グレート・モデレーションを二つの時期に分け（参照：Bernanke, 2004）その分岐点をアジア金融危機とした。

　4つめに、多くの発展途上国も「グレート・モデレーション」時代に大きく成長を遂げた。例えば中南米の国々は1970年代から80年代に景気不安や債務危機から回復し、新たな経済成長期に入った。外資の導入、対外貿易の発展、財政の安定化など多くの方面で様変わりした。経済成長を再度例にとると、1990年代には、メキシコ（1994～95年）とブラジル（1999年）で通貨危機が起きたにもかかわらず、中南米地域の経済成長はかなりのもので、年平均成長率は3.2％だった。これは1980年代と比較して高いばかりでなく、同時期の世界経済における平均成長率の上をいっていた。このほか、中南米が上昇期であるのと同時に、「忘れられた大陸」といわれたアフリカも追いつき追い越すための一歩を踏み出した。特に深いレベルの経済改革、積極的なグローバル化、経済構造の転換推進、インフラ建設強化および資源の開発利用など多くの要因により、サハラ以南のアフリカ地域は、独立以降まれに見る急速な経済成長と社会発展を実現させ、アジアの新興市場に次ぐ世界経済の活力源となり、他の国との差を縮めつつある。

　5つ目として、グレート・モデレーション時代に世界で最も輝い

ていたのは、古き東方である。五千年の文明を持つ中国は、市場へ向けた経済体制改革を断固として実施、また国際市場や国際分業にも積極的に参加した。その結果、中国は30年余りにわたり、工業化と輸出主導を特徴とする構造的な成長プロセスを経てきた。1978年から2013年、中国は毎年10％近くの成長率を保ち、世界人口の5分の1の生活水準を目に見えて向上させ、経済全体を新たな工業化、新たな都市化、そして中間所得層を主な特徴とする新たな発展の段階へと進めた。この、「旧常態」での奇跡的な発展は、18世紀におきた工業革命以降の人類史の中で例がないばかりでなく、中国がこの200年あまりの零落のあと、改めて国際経済、政治、金融の中心に戻ってきたことを表している。そのため、世界中でますます「中国ファクター」の影響が強まっている。

二、「グレート・モデレーション」の原因を探る

　「グレート・モデレーション」が起こった原因を論じようとすると、さまざまな観点が次々に現れ、重視する点もそれぞれ異なる。（詳しくはClark, 2009に関係文献の概要あり）バーナンキがいうとおり、「グレート・モデレーション」のような複雑な現象は明確な解釈が難しく、どの説をとっても部分的には真実を含んでいる（Bernanke, 2004）。20年余り続いたグレート・モデレーションは、多くの要因がいくつも重なった結果ではあるが、その中で科学技術の進展、システムの変革、マクロ政策の安定、経済構造の調整、外からの圧力の減少、及びグローバル化の進展の六項目が最も重要である。

　まずは科学技術の進展である。1980年代の終わりから、アメリカなど先進国では技術の進歩が加速する時期に入った（Gordon, 2005）[④]。特に情報、通信、エネルギー、バイオメディカルなど多くの分野で、一連の科学技術イノベーションに重要な進展があった。特に指摘しなくてはならないのは、過去のどんなに繁栄した時代と比べても異なっているのが、この時期金融の分野で、投資銀行システ

ムとリスク投資システムの隆盛に代表される一連のイノベーション
が起こったことである。こうしたイノベーションは金融と実体経済
を直接結びつけ、相互に促進する作用があった。金融イノベーショ
ンの活発さを受けて、技術革新はスピードアップと大規模な産業化
が可能となった。この時期急速な経済成長の最も重要な実体経済の
基礎となったのである。短い間に、情報技術等の先端技術産業及び
高度な生産性のあるサービス業を中心とした「ニュー・エコノミー」
が流行となり、製造業を中心とした従来型の経済構造や産業モデル
に取って代わり始めた。生産性は急速に上向き、グレート・モデレ
ーション時代の、経済発展の重要な原動力となった（Gordon, 2010）。

　制度上の要因を見ると、1980年代には世界の主要国は、多くが
マーケット指向型の体制改革と産業構造調整に力を入れ始めた。ア
メリカを例にとると、規制緩和を目的とする改革が、ケインズ主義
に変わって主流となり、時のレーガン大統領は、サプライサイド経
済学及びマネタリストなどの学説を参考に、財政緊縮、減税、社会
福祉の縮小、企業管理の緩和、通貨供給量の安定化などを手段とす
る経済施策、いわゆる「レーガノミクス」（またはサプライサイド
経済学）を推し進めた。これに呼応するように、イギリス首相サッ
チャー夫人は大西洋の向こうで、大規模な民営化政策を推進した。
エネルギー、通信、交通など多くの国営企業株が個人に売却され、
第二次世界大戦後、政府が大規模に建設した住宅も私有化された。
同時に国は、金融等の行政による管理監督を段階的に緩めた。こう
した背景により、ロンドンの金融の中心、シティは「ビッグバン」
を発端に再度台頭、急速に成長し、ニューヨークに次ぐ影響力を持
つ国際金融センターとなった。西側の先進国が、新自由主義改革を
推し進めている間に、1990年前後、ソ連や東欧国家、及び中南米、
アフリカなどの発展途上国も相次いで改革を実行した。これらの
国々は様々な形式の市場経済体制を実現するとともに、以前の隔絶
された状態から、国際分業体制の中に参入していった。中国を含む

アジア諸国は、おおむね適切な政策体系を策定するとともに、大幅な対外開放を進めていき、発展途上国としての典型的な後発利益を享受した。

　政策的要素を見ると、数度の石油危機とスタグフレーションを経験した後、先進国のマクロ経済管理、特に通貨政策の水準は著しい向上をみた。これは主に、政策決定者が経済運営や政策の期待する効果に対して理解を深め、マクロ調整政策に習熟してきたことに起因するものである。ブランチャードとサイモン（Blanchard and Simon, 2001）の研究によれば、古典派理論に相反して、第二次世界大戦後からアメリカでは、生産率の変動とインフレ率の振れ幅には明らかに同時性が見られた。これが指し示すのは、物価水準が穏やかに保たれている時には、通貨政策もまた経済の波を穏やかにすることに貢献しているということだ。この他、バーナンキ（Bernanke, 2004）はテイラー曲線⑤を用いて、通貨政策の効率の向上を指摘した。特に1960年代から70年代、通貨政策が失敗したと考えられている時期⑥と比較すると、テイラー曲線は原点へ向かって遷移しており、先進国はより低い生産率とインフレ率の組合せを見せた。

　経済構造から見れば、1980年代の中期以降、市場制度の充実、情報技術の普及、金融市場のさらなる発展、産業構造の製造業からサービス業への転換などの要素により、アメリカなど先進国は、景気循環を押さえる力を大きくつけてきた。特に企業は、よりうまく需給の差を調整し在庫を管理⑦して、ショックを和らげ、さらに金融市場の細分化とリスクヘッジを有効に活用することができた。以上のように、いずれもがグレート・モデレーションをもたらした無視することの出来ない要素である。金融だけをとってみても、グレート・モデレーションの時代は、第二次世界大戦後の世界の金融業に、最も繁栄した発展期をもたらした。その金融業の発展が、資本の有効配分、さらには財務リスクを管理、回避するのに貢献した度合いは軽視できない。アビアド（Abiad）らが提唱した金融自由化

指数によれば、ブレトンウッズ体制崩壊後の30年あまりの間に、先進国やアジアの新興市場を含めたほとんどすべての国で、金融自由化の流れが加速した。その中でも、1990年から95年にかけてが、最も改革の進んだ時期であった。そのほかにもこの時期、金融部門の投資銀行化と直接投資化の動きが起こり、金融と実体経済、特に革新的企業との関係が緊密となって、「グレート・モデレーション」に忘れてはならない貢献をした。

　外部からのショックについて見ると、初めて「グレート・モデレーション」の考え方を打ち出したストックとワトソン（Stock and Watson, 2002）は経済循環の緩和を、運が良かったためとみなす傾向がある。それによれば、この時期、経済における各種の外部圧力はおおむね弱まり、認識されている生産性や価格へのショック及び未知のショックを含めて、グレート・モデレーションの主要な成因となったと考えている。また、先に述べた経済政策のレベルアップやミクロ管理の改善などの要素は「グレート・モデレーション」に対して目立った貢献をしていない。こうした論理からいうと、「グレート・モデレーション」の外因は経済システムの変化が穏やかだったためで、もっぱら偶然によるものである。それゆえ、「グレート・モデレーション」には、持続可能な基礎定量がないのかもしれない[8]。

　最後に、国際分業の枠組みから見ると、「グレート・モデレーション」の始まりはちょうど、第二次世界大戦後40年近く続いた冷戦の終結時である。冷戦の終結は、国際関係に世界的な緊張緩和をもたらし、長期的な東西両陣営のイデオロギー対立が解消に向かったことにより、グローバル化は新たな盛り上がりを見せた。特にこの時期、中国、インド、ソ連をはじめ東欧諸国が積極的に世界市場及びルールの統一に参画し、グローバル化による利益を享受したばかりか、世界的な資源配分の効率化に寄与した。これは、この時期の世界経済全体の向上にとって大きな力となったことは間違いない

（Freeman 2005, IMF 2007）。

三、禍福は糾える縄の如し──安定からアンバランスへ

　グレート・モデレーションの輝かしさは、ある種の歴史上の誤解を免れない。その最も代表的なものが「歴史の終焉説」の登場である。こうした観点を持つ学者は、このような未曾有の黄金発展期は、「自由放任」と小さな政府を基本とした自由資本主義市場経済の世界的な発展によるもので、この基本原則が現れたワシントン・コンセンサスの広がりが反映されていると考えた。このような制度を下敷きに、大規模な経済危機はなくなり、ある意味で人類の歴史はこのすばらしい状態で終焉を迎えるというものである（フクヤマ，1998）。

　歴史をひもとけば、歴史終焉論は決して目新しいものではないことがわかる。おおむね世界が長くめざましい繁栄の時代を過ごすと、これに酔って妄言を放つ人がいるということだ。例えば早くも19世紀の後半、欧州人がビクトリア時代及びベル・エポック（良き時代）と呼ばれる光り輝く時期に浸っていたころ、同じような歴史終焉の妄想が生まれていた。程なくして、第一次世界大戦の砲煙とそれに続く大恐慌により、こうした幻想は雲散霧消した[9]。

　しかし、歴史は総じて「禍福は糾える縄の如し」のことわざどおり、繰り返されてきた。2007年初めに、アメリカでサブプライムローン危機が起こり、グレート・モデレーションのもとでの旧常態は終わりを告げた。長く続いた成長は力を失い、瞬く間に、高止まりする失業率、物価の乱高下、荒れる金融市場など「いつかきた道」があらわれ、世界経済は1930年代以来最大の規模となる不況に陥っていった。グレート・モデレーション永続論やいわゆる「歴史の終焉論」は自然消滅した[10]。

　2007年以降の金融危機は理由なく起こったものではなく、「グレート・モデレーション」の下に隠されていた、様々な矛盾が累積した必然的な結果であり、それが一気に爆発したものに間違いない。

アメリカを例に取ると、危機の前20年余り、伝統産業の緩やかな
衰退、経済のバブル化の激化（新技術分野及び資産市場等におけ
る）、金融の過度な活況、政府の財政赤字の急増、政府の管理監督
の欠如、住宅部門の負債比率の上昇、国際収支の赤字拡大等、一連
の構造的な矛盾とアンバランスが見られるようになった。さらに悪
いことにはこの時期、各国政府は「いい意味で無視する」という考
え方のもとで各種の政策をとり、こうした問題点を解消することな
く、ますますひどくなっていった。またさらに重要なのは、アメリ
カをはじめとする先進国は、手にしている国際通貨供給の権利や国
際情勢での発言権を頼りに、相当程度、またかなりの長期にわたり、
新興国の発展の勢いを借りて、日増しにゆがんでいく経済行為を清
算することができたということだ。このような繰り返し、悪循環は、
経済構造をゆがませ、常にアンバランスな状態が永続化して、大き
な危機でもなければ修復ができなかったのだ。

　グローバル化した経済において、経済の盛衰の転換、鍵となるポ
イント、爆発点は、すべて各国の国際収支、特に経常収支の変化の
中に集中している。アメリカでは、1970年代、ニクソン・ショック
や「スミソニアン協定」などの事件が相次いで発生し、金本位制を
とっていたブレトンウッズ体制は徐々に崩れていった。しかしアメ
リカの強大な国力を背景に、米ドルは国際外貨準備、貿易、投資等
多くの領域で基軸通貨となっている[11]。結果としてアメリカは米ド
ルをいくらでも使える特権を持つと同時に（例えば通貨発行益の獲
得、対外投資に有利、自身の国際貿易や投資リスクの軽減など）、ま
た、引き続き流動性のジレンマ（Triffin Dilenma）に悩まされてい
る[12]。それをまとめると、ブレトンウッズ体制の崩壊後、アメリカ
の経常項目の赤字は継続するのみならず、さらに大きくなるすう勢
にあるといえる。図1-1のとおり、1992年から、アメリカの経常
収支は毎年マイナスが続き、今回の金融危機の前にはそのマイナス
が拡大していく傾向にあった。2006年には、赤字はGDPの5.8％を

占めるようになっていた。これと同時に、中国など新興市場国及び石油輸出国の国際収支は黒字を続け、そのうちかなりの部分は、アメリカの赤字に符合している。中国の黒字の増加は特に顕著で、2001年のWTO加盟以降、その貿易黒字のGDPに占める割合は、2001年には1.3％だったが、急速に伸びて2007年には10.1％を記録した。さらに厳しいことに、世界的なマクロ経済運営の基本からみると、経常収支のアンバランスな状態は対外債務の悪化につながる。すなわち、アメリカの貿易赤字が増していく一方で、対外債務も増えていく。長期的には予算に制約がある中で、こうした不均衡の持続は不可能である（Taylor, 2002）[13]。

図1-1　中国及びアメリカの外部インバランス（1980 ～ 2013年）

（経常収支差額／GDP）

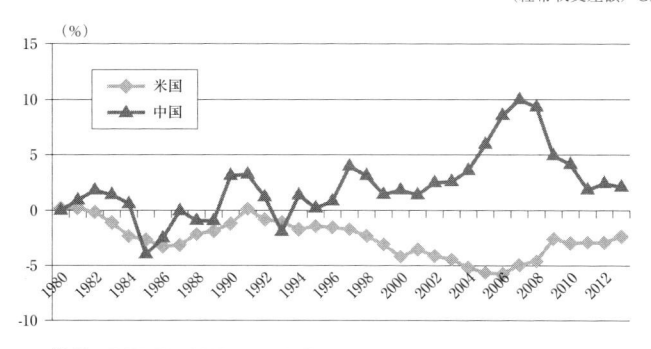

資料：IMF, World Economic Outlook Database, 2014

　グローバル・インバランスは、もとより各国の国際収支の不均衡によるものではあるが、元をたどれば、グローバル経済に参加している各国の国内貯蓄と投資のアンバランスに行き着く。理論上、開放経済では、ある国の総供給は国民の貯蓄、政府貯蓄及び輸入からなる。また総需要は国民の投資、政府出資金及び輸出からなる。国民所得の恒等式によれば、国民貯蓄と政府歳入の和が一国の総貯蓄

に相当し、国民投資と政府支出の和が一国の総投資に相当する。そして一国の総貯蓄と総投資の差が純輸出額である。従って、その国の貯蓄が投資を下回れば、貯蓄の不足が生じる。その国は貿易赤字の形で、他の国の貯蓄を輸入し、マクロ経済上のバランスが保たれる。逆に、もしある国の貯蓄が投資より多いとすれば、投資の不足が発生することになり、その国は貿易黒字の形で貯蓄を輸出することにより、マクロ経済上のバランスをとることになる。こうした国内外の関係については、グローバル化のもとでは、一つの国（特にアメリカのように国際影響力の大きい大国）の国内経済と、その国際収支の状況は鏡に映したようなものである。さらに言えば、これまで見てきたとおり、一国の経常収支が赤字で、それがますますひどくなる場合、その国の国内経済の構造には無理がきていて、持続できない状況であると言える。そしてさらには、ある主要国の国内外のアンバランスが積み重なっていき、ある程度に超えると、世界的な金融、経済危機を免れることは出来ないと考えられる。

　グローバル・インバランスでの実体経済は、各国の貯蓄と投資の不均衡に根ざしている。それゆえ、グローバル・インバランスを分析するには、国や地域について、それぞれの貯蓄、投資の状況及びその関連性について見ていかなくてはいけない。

　IMF（国際通貨基金）の統計によれば、1970年代以降、先進国の貯蓄率は下降の一途をたどっている。日本やユーロ圏の各国では、まず公的部門の貯蓄率が下がり、その後、家計貯蓄率が下がるのが主な要因となっていた。アメリカでは、家計貯蓄率が下がるのが初期の主な要因で、2000年以降、公的部門の貯蓄率の低下（財政赤字の増大とも言える）が主な要因となった。同じ時期、先進国の投資率も同様に下降線をたどったが、その平均の下げ幅は貯蓄率ほどではなかった。

　一方、新興国と発展途上国についていえば[14]、1970年以降、貯蓄率と投資率は上昇傾向にある。しかし、その間の振れ幅は非常に大

きい。第一の波は1980年代半ばで、中南米の債務危機、またソ連や東欧諸国に巨大な変化が起こり、経済体制を転換したのが下落の主な原因である。第二の波は1990年代の末で、東南アジア諸国がこの時期の下落の主な原因となった。この地域で金融危機が発生したためである。

　貯蓄不足の動きから見ると、1998年より前、新興国と発展途上国は基本的に貯蓄不足の状態にあった。これに対応するのは、長期的な貿易赤字と資本流入となる。すなわち、この間これらの国は長期に先進国の貯蓄を「輸入」することにより、その経済を発展させてきた。しかも比較的成功していた。こうした状態は開発経済学の古典理論に比較的合致していた。しかし、1998年以降、逆転が生じ、新興国と発展途上国には投資の不足（貯蓄過剰）が生じ、多くの貯蓄が先進国に流れていくこととなった。そこで先進国が債務者となり、新興国と発展途上国が債権者となる、社会通念とは全く合わないおかしな現象が発生した。この状態は悪化を続け、世界金融危機の引き金となったのである。

　問題はさらに複雑で、上述の経常収支がバランスを欠いている状態で、国際資本の構成はさらに、優良な準備資産の不足に悩まされることになるだろう（Farhi他, 2011）。特に、長年貿易黒字を続け、巨額の対外財産を持った新興市場国では、米ドルとアメリカ金融市場に優位性があり、自国の金融システムの育成が十分にできていないため、やむを得ず米ドルによる資産を主要な投資のリスクヘッジとしている。その中でも、国家が信用を保証しているアメリカの国債に主に投資している。従ってかなりの程度自己資産の安全を、米ドルを基調にした資産に頼っているのである。実際こうした状況は1997年から98年にかけてのアジア緊急危機の後、明らかとなった。大きな危機を迎えたアジアの国は次々に米ドルを中心とした外貨準備を拡大させ、国際資本の移動に伴うリスクに対応しようとした（Bernanke, 2005）。そして2008年以降、アメリカの経済が重大な

危機に陥っているにもかかわらず、アメリカ国債の「シェルター」としての働きは、一層顕著になった。金融が動揺している場合、各国はその良好な流動性、安全性やマーケットの巨大さから、アメリカ政府の公債に殺到しているのだ。その上2011年、アメリカ政府の債券の投資格付けが引き下げられ、その利回りが依然として下げ続けている。（これは相変わらず多くの買い手が米国債を購入していることを示している）。実際、ファーリ他（2011）の研究によれば、2006年から2007年の第2四半期まで、外国がアメリカの国債を購入した量は、21億ドルの純増に過ぎなかったが、2008年の第3、第4四半期（この年の9月にリーマン・ブラザーズが倒産した）純増額は2730億ドルに急増した。再度中国を例にとると、2000年から2008年の間に中国の外貨準備高は1,656億米ドルから1兆9,460億ドルに一気に上昇、年平均の増加率は28％だった。指摘しておくべきは、少なくとも理論上から見て、このような逆流型の資本移動モデル、すなわち発展途上国から先進国への資金提供は、資本がさらなる限界生産性を実現する妨げとなり、ひいては資本の効率的配置にダメージを与えることだ。こうした点を踏まえて、アメリカの著名な経済学者でノーベル賞受賞者のルーカスが提唱した、いわゆる「ルーカス・パラドックス」（Lucas Paradox）が学会で改めて熱心に議論されるようになった[15]。

　総合的に見ると、20年あまりのグレート・モデレーションの好景気のもとで、アメリカは巨額の経常収支赤字と、それに相当する巨額の対外債務を抱えることとなった。こうした負債は、ドルベースの債券の形で、最終的には債権者が投資するという方法で、世界の各地からアメリカへ戻ってきた。これが旧常態の下での国際資本配分の基本パターンであり、この時期の各国の国際経常収支と投資のアンバランスが大きく現れたものだった。こうした深刻な不均衡を造り出した主要な原因はアメリカにあり、米ドル一極の国際通貨システムとアメリカ金融市場の優位性によるものだ。これが主な原因

であるとの前提のもと、さらに一歩進めて原因を考えると多くの新興国に行き着く。客観的に見て、中国を中心とする多くの新興国が急速な発展をとげ、国内貯蓄率を上昇させたため、世界で「過剰貯蓄」（Saving Glut；Bernanke, 2005）が発生、米ドルとアメリカ金融市場の優位性を支え、しかも強化してきた。

　要するに、国際社会はグレート・モデレーションのもと、国際収支と資本の流動性のアンバランスな状態がもたらす様々な危険をかなり容認しており、さらには、グレート・モデレーションの終わりは、かなりの程度この不均衡によるものである。アメリカについて言えば、大量に流入した投資により、国内市場のレートを低く抑えてきた。同時に1980年以降、アメリカなど先進国では、金融業の大好況を経験した。瞬く間に、様々な名前の金融イノベーション、金融派生商品やシャドーバンキングシステムが流行りとなり、自由主義的な雰囲気の中で、相応の管理監督が失われていた。こうした背景の中で、まず株、後に不動産などの資産価格は高騰を続け、こうした資産バブルは大きく膨らみ、破裂した。表面上は優良な資産で予想収益が高く、民間部門が「理性ある軽率さ」によりリスクを喜んで受け入れたため債務規模が拡大した（ウルフ, 2014）。例えば、債務レバレッジ比率、すなわち債務のGDPに占める割合から考えると、「グレート・モデレーション」以降、アメリカの民間（非営利団体を含む）と金融部門のレバレッジ率は大幅に上昇した。図1-2のとおり、1989年から2007年、民間部門は58％から96％へ、金融部門は42％から112％へ急増した。レバレッジ率の急上昇は、金融リスクが積み重なってきたことを反映している。2000年のITバブルと、さらに厳しい2007年のサブプライムローン危機、そして2008年の国際金融危機の重大な誘因となった（Bernanke, 2005）。さらに手に負えないのは、債務の高止まりが示すように、危機の後で実施された政府による各種の救済策、特に流動性の導入などの量的緩和政策は、往々にして、個人部門がある期間内にその貸借対照

表の修復（主に脱レバレッジもしくは債務最小化）を急ぐことによってその効力を失ったことだ。実際、この傾向は図1-2の中に反映されている。2008年以降、民間部門と金融機関の債務レバレッジ率はそれぞれ下落している。2013年には民間部門が78.4％、金融機関は83.0％となった。同時に非金融企業のレバレッジ率も少し低下している。これにより、ある程度危機後のアメリカの消費や投資マインドが弱まっていて、経済回復力に乏しい、苦しい状態にあると解釈できる[16]。

図1-2　アメリカ国民経済各部門のレバレッジ周期　　（債務／GDP）

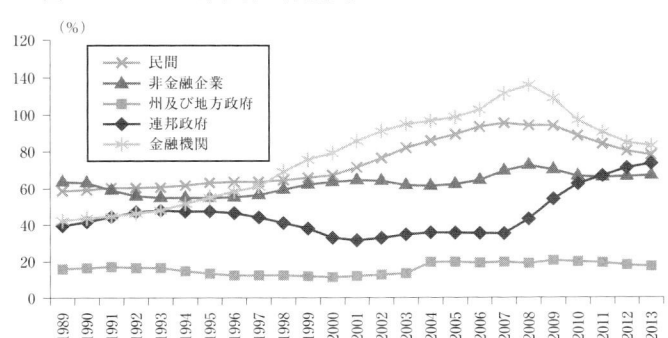

注：①債務データはFRB "Financial Accounts of the United States" の中の "Credit Market Debt Outstanding by Sector" の項による
　　②GDPデータは世界銀行 World Development Indicators 2014 データベースによる
　　③「民間」には非営利組織（NPO）を含む

特に強調しなくてはならないのは、中国など黒字国からすると、これまで述べたような不均衡は、益になりこそすれ害にはならない、というわけではない。短期的に見れば、先進国の金融システムと貿易赤字への高度な依存により、黒字国は危機から逃れられるわけでなく、むしろより多くの災難を被るのである（Aizenman 他、2010）。長期的に見れば、不均衡な国際経済金融の構成は、黒字国の国内需

給構造を大きくゆがませることになる。経済成長を過度に外需に頼って、国内市場の発展は逆に滞り、市場の分断と独占が横行し、個人消費は大きく圧迫される。同時に供給サイドとして、対外資産を継続的に累積してきた中国など黒字国は、現在の国際分業体制に満足し、産業発展の連鎖の弱い、付加価値が低い、資源の消耗が激しくて環境汚染のひどい産業を当然であるとして、生産コストの優位性に安住し、技術開発と市場開拓を怠ってしまった。これらにより、国内の生産構造の合理化や産業の高度化のスピードは遅れ、金融部門自身の改革や発展も引き延ばされる[17]。こうした背景のもと、中所得の経済発展段階に相次いで入っていった中国などの新興国はまた、人口構造の変遷、人件費の上昇、資源の制約、国際政治経済状況の変化など複雑に重なり合った問題に直面している。結果として、グレート・モデレーションからアメリカなど先進国がしだいに離れ、低成長を見せる中、中国を含む新興国も比較的長期にわたった好況のあと、その経済成長は減速の傾向を見せ始めた。

一言で言えば2007年に始まった世界経済危機は、例のない激しいやり方で、グレート・モデレーションに特徴づけられる旧常態の終焉を宣言したのである。すでに不均衡となった世界経済金融及び政治の枠組みは、「新常態」に向けて高度な調整とリバランスの時期に入った。世界も中国も一切の例外はない。

四、長期的に見た「旧常態」

もし長期的な観点からみるなら、「旧常態」の輝かしい時代とは、世界経済が長周期の上昇段階にあったものであり、旧常態の転換とは世界経済が下降段階には言ったことを表している。

景気循環の研究は常にマクロ経済の重要課題である。しかし長周期の研究は主流とは言えない。これはある時期以降、景気の波と経済成長の研究が切り離されてきたことによる。狭義には、景気の波は短期的な変動であり、経済成長は長期的な趨向である。この二者

が分割され、短期研究と長期研究の分野に分かれた。しかし内生的
成長理論が現れると、成長を中心とし、成長と景気変動の相互作用
を一つの枠組みの中に入れて研究が行われるようになった。リアル
ビジネスサイクル理論を唱える学派が強調する「景気循環がトレン
ドである」という名言のとおり、もっと長い時間軸で景気循環を考
えることも有効である。

　本当の意味で長期の景気変動に注目するのは、経済史学である。
フランスのアナール学派を代表するブローデル（1979）は、資本主
義には13世紀から20世紀にかけて４つの長周期があったとしてい
る。百年にわたる構造的な周期が存在し、その周期に影響を及ぼす
のは自然環境、地理的環境そして社会心理などである。

　経済の長期的な研究の中で、最も影響力のあるのはいわゆるコン
ドラチェフ循環である。旧ソ連のニコライ・コンドラチェフが提唱
したものだ。コンドラチェフは主要な先進国の時系列データをつか
って実証研究を行い、資本主義の発展プロセスの中に約50年の周期
的な変動があり、固定資本の更新がその長周期（長波とも称する）
を生む原因であると発表した（Kondratieff, 1935）。また、ロストウ
（Rostow, 1978）は相対価格長周期論を提唱した。それによれば、一
次産品と工業製品の相対価格の高低が、世界経済の長期波動に影響
を与える働きをもつ。長期波動をつくりだす基本要因は、食料や原
料など一次産品が相対的に豊富か、欠乏しているかによる。マンデ
ル（Mandel, 1980）はマルクス主義理論によって経済長周期を研究、
平均利益率の変動が長周期に作用すると主張し、利益率変動長周期
論を提唱した。ゴールドステイン（Goldstein, 1988）は長周期理論
を総括し、その要因から周期理論を、戦争学派、資本主義危機学派、
イノベーション学派、資本投資学派の４大流派に分類した。また、
多くの統計データを駆使して長周期に対して検証を行った。現在主
流となっているのはシュンペーター、メンシュ（Mensch, 1975）、
ファン・ドゥイン（Van Duijn, 1983）らで、技術革新の面から経済

長周期理論を詳説したものである。

　シュンペーターは、技術革新と産業構造の転換が長周期に及ぼす影響について提起した。技術革新が長周期の源であり、ここでいう技術革新とは、産業革命に代表される、重要かつ基本的なイノベーションのことである[18]。シュンペーターは、50年前後に渡る長周期は、巨大で実現に時間のかかるイノベーションに影響を受けると考えていた。すなわち産業革命に代表される技術革新で、例えば鉄道建設、蒸気機関の広範囲での応用、及び電化や化学工業の出現などである。シュンペーターは産業革命を大きなイノベーションの波ととらえ、一つの長周期には一度の産業革命とその消化、吸収の過程が含まれると考えた。シュンペーターは当初から、経済学の中心問題はバランスではなく構造的変化だと確信していた。経済が変化の結果を吸収し、恒常的にその構造を変化させたとき初めて経済は成長できると発表している。シュンペーターはイノベーションを使って長周期が発生する原因を明確に解釈した初めての経済学者である。その提唱したイノベーション理論は、後の経済学者に、世界経済の長周期研究に新たな視点と方向性を示した。

　オランダの経済学者、ファン・ドゥインは、シュンペーターのイノベーション長周期論をもとに、メンシュの長周期理論の適切な部分を取り入れ、イノベーションライフサイクル理論を打ち出し、これを基本とした自己の長周期理論を構築した。ファン・ドゥインは、いかなる基本イノベーションも、すべて「導入、成長、成熟、下降」という4つの段階を踏むと考えた。また、同様に長周期を分類し、「繁栄、衰退、低迷、回復」という4段階に分けた（そのうち、繁栄と衰退は長周期の上昇部分を、低迷と回復は下降部分を形成する）。これによって、経済長波の4つの段階と、基本技術のイノベーションライフサイクルの4つの段階がひもづけられ、経済長波の「繁栄、衰退、低迷、回復」がそれぞれ、イノベーションライフサイクルの「導入、成長、成熟、下降」に対応している。イノベーシ

ョンライフサイクル理論では、その導入段階においては、多くの新製品のイノベーションが存在し、新産業を形成する。投資は増え、長周期を上昇段階へ導く。イノベーションライフサイクルが成長段階にいたると、新製品への需要が拡大するにつれて、新興産業の利益は上昇、投資も急速に拡大し、経済全体が急成長、経済長周期は繁栄の段階に至る。イノベーションライフサイクルが成熟段階に入ると、製品とその生産能力は過剰になり、投資は飽和に向かい長周期は衰退の段階へ向かう。またサイクルが下降段階へ向かうと、投資はさらに萎縮し、需給は停滞、製品と生産能力は相当に過剰となり大量の失業者が出て、長周期も発展から危機と低迷の段階を迎える。新しい技術革新が改めて出現するとまた新たなサイクルが始まり、投資が増え、新製品への需給が増加、長周期が新たな上昇段階に入る…このように周期がまた始まっていく。経済生活の中で半世紀前後に渡る長波周期は、イノベーションライフサイクルによって決定づけられる。基礎技術革新を取り入れた国は、いずれも長波周期にはいり、同様の過程を経ている（任希麗, 2013）。

　基礎技術革新の面から、18世紀末からの世界経済成長の長期動向を見ていこう。

　第一次世界経済長周期の上昇期は、1795年から1825年に発生した。この上昇期では、イギリスで蒸気機関に代表される基礎技術革新と紡績技術の発展がきっかけとなったもので、これがはっきりとした目印ともなっている。蒸気機関はこの時期すでに出現していたが、技術発明を完全に生産力とするための転化を図るには、非常に時間がかかるという特性があったため、この時期の技術・経済モデルの主流な産業技術は鉄や紡績機械、そして水力を中心とした機械技術であった。また、生産の中心は綿、鋳鉄、石炭であった。この時期、欧米は運河開発による好況とイギリスの大躍進を経験した。

　第二次世界経済長周期の上昇期は1850年から1873年で鋼鉄と鉄道に関する革新が主因である。イギリスは広く蒸気機関を使うこと

で、第2の長周期に入った。この時期、生産の中心は石炭と鉄だった。この周期には、鉄道による好況とビクトリア時代の繁栄を謳歌したが、範囲はイギリスのみだった。

　第三次世界経済長周期の上昇期は1890年から1913年にかけてである。電気、自動車の生産技術の革新は、電気、自動車、化学工業の急速な発展ばかりでなく、工業化国家の産業の向上をもたらし、最終的には自動車製造業を当時の主要な産業へと育てた。生産の核心が重要な位置を占めたのは鋼鉄、銅及び合金などである。こうした技術革新は、イギリス、アメリカ、ドイツで同時に進行し、革新が進む地域は拡大を続け、欧州ではいわゆる「ベル・エポック」、アメリカでは「進歩の時代」に入った。この後、欧米の先進国は第一次世界大戦、大恐慌、そして第二次世界大戦に突入したことを指摘しておくべきだろう。このような破壊的な衝撃により、第三次長周期の上昇期は終わったが、「場を一掃する」効果もあり、第四次長周期へ向けて力を蓄えることとなった。

　第四次世界経済長周期の上昇期は1945年から1973年である。この時期、科学技術のイノベーションが多くの領域でもたらされた。例えばコンピューター、生物、宇宙、新素材などの分野での技術革新や応用は、産業構造の改善を推し進めることとなった。この上昇期は、先進国の第二次世界大戦後における経済成長の黄金期と重なっている。1950年代から1970年代、世界経済の成長率は5%に達した。これは長周期の上昇期である。その後に石油危機とスタグフレーションが出現したが、これは下降期と言えるだろう。

　第五次世界経済長周期の上昇期は1980年から2007年である。これは先に触れた、世界的な繁栄期で、また学術的に付け加えるとすれば「グレート・モデレーション」の時期となるのである。「グレート・モデレーション」を支えるものはいろいろとある（特に政策要素を強調する人もいる）。その中でも、特に重要な実体経済の要素は、科学技術である。この時期、情報技術などの高度科学技術産

業と先進生産性サービス業を核心とした新経済（ニュー・エコノミー）が世界経済発展を主導して、30年にわたる経済繁栄周期を拓き、コンドラチェフ循環の上昇段階を造り上げた。これに対してロストウ（1984）は30年前、先見性を持って、二極の大きな力が世界経済に影響を与えると指摘した。1980年代から90年代、経済政策を策定する際には、この点を認識していなくてはいけなかった。またこれを軸に共同の戦略を立てる必要があった。この二つの力[19]は、コンドラチェフ長波の第五周期の上昇とも第四次産業革命[20]とも言われる。

1970年代、コンピューターの広範な利用にともない、情報技術業界は大きく発展を始めた。コンピューター技術の発展はおおむね4つの主要な段階を経た。第1には大型機の段階、第2は小型化、第3はマイクロ化、第4はインターネットの段階である。数十年来、コンピューターはモデルチェンジを続け、その情報処理能力と記憶容量は日ごとに増大し、社会全体の技術を大きく進歩させた。現在、IT技術は社会のすみずみに浸透し、人々の生活様式と企業の生産経営モデル、産業の組織と発展方法を変化させた。IT技術は空前のスピードで発展を続けている。同時にIT技術を中心に、新素材、新エネルギー、バイオメディカルなどの分野で技術革新が促進され、第五次長周期の上昇期に対して主要な原動力となった。

本来、2000年のアメリカのITバブル崩壊で、この上昇期は終わる可能性があった。幸いなことに、ITバブルの崩壊は思ったほどには大きくなく、特に1990年代末から、中国に代表される多くの新興国がグローバル経済の発展に参加したことによって、景気サイクルの下降を免れた。しかし、来るべきものは必ず来る。2007年にアメリカのサブプライムローン問題をきっかけに世界経済は下降し始める。長周期の観点から見ると、2007年以降、世界経済は第五次世界経済長周期の下降段階に入った。ここが新、旧常態の転換点となり、世界経済は「新常態」に入った。

① アメリカの経済学者ストックとワトソン（Stock and Watson 2002）が提唱。その後、アメリカの連邦準備制度理事会（FRB）の議長をつとめたバーナンキ（Bernanke 2004）がさらに発展させた。

② フィリップス曲線（Phillips Curve）は失業率とインフレのマイナスの相関関係を表している。

③ この考え方の根拠は、もし生産額に大きな変動が発生したとしても、国民が金融市場等を通してその消費を平滑化できるのであれば、その利益は大きくは下がらないだろうとマクロ経済学の主流派が考えていることによる。

④ 注意が必要なのは、ゴードンによれば、1990年代の技術革新が速いというのは1980年代と比較してのことである。1920年代から1970年代とくらべると、この時期の技術進歩の速度は比較的遅く、以下のその詳細の説明がある。

⑤ Taylor Curveは、生産変動とインフレの波の間にマイナスの相関関係があることを説明している。相関理論の仮説では、通貨管理当局は高い（低い）生産変動と低い（高い）インフレ率のどちらかを選ぶしかない。

⑥ ローマーとローマー（2002）の研究は、以下のように指摘している。1960年代、アメリカの政策決定者は、拡張的通貨財政政策が失業率を持続的に低く抑え、かつその代償も少ないと考えていた。1970年代、政策決定者は、フリードマンとフェルプスの自然失業率に関する仮説、すなわち長期的、拡張的通貨政策は失業率を自然失業率より低くすることはできず、物価水準を押し上げるのみであること、を認めるようになってきていた。しかし、当時は政策決定者が見積もっていた自然失業率が低すぎたため、拡大政策を続けていた。このような誤りの結果、1960年代後半から80年代前半のアメリカのインフレ率は比較的高かった。

⑦ 強調すべきは総産出額と最終消費の差額として、在庫は投資的な性質を持ち、相対的な規模は一般的に小さいということだ。ただし経験から見て、一般的に在庫の変動が総生産額の変動の主な原因となることは多い。「グレート・モデレーション」時代のアメリカの在庫管理については、デイビスとカーン（Davis and Kahn 2008）を参照。

⑧ 定量的に考えると、ストックとワトソン（2002）の推計が示すとおり、マクロ政策による改善は10％から25％景気変動を押さえたに過ぎず、生産性及び価格へのショックは20％から30％、その他の未知のショックは40％から60％影響したと解釈される。

⑨ 李揚、張暁晶『失衡与再平衡』（2013）中国社会科学出版社　参照

⑩ 「グレート・モデレーション」が2007年の金融危機で終わったかどうかについては、学者により見方が異なる。例えばクラーク（Clark 2009）の指摘によれば、2007年以降の生産高の変動は、サービス業にまでは及んでおらず、加えて、変動の主な要因が石油価格と金融市場運営に関するショックだとしている。またこの種の「運の悪さ」が招いた変動は長続きせず、アメリカなどの国はまた金融危機以前の高成長、低変動の軌道へと戻っている。したがってこの意味で「グレート・モデレーション」は終わっていない。

⑪ 国際通貨基金のコーファー・データベースによれば、米ドルの外貨準備は現在でも、世界各国の公式外貨準備の60％を占めており、第二位のユーロよりは

るかに高い。ユーロは四分の一にすぎない。（ファーリ他参照　Farhi 2011）

⑫「流動性のジレンマ」とは1960年代アメリカの経済学者トリフィンが提唱したものである。（Triffin 1960）「流動性のジレンマ」とは、「信用」と「償還力」とのジレンマと言える。すなわち、国際通貨の提供をする者として、一つにはアメリカは長期的に国際貿易を黒字に保ち、米ドルの価値を安定させて、米ドルに対する信用を造り上げなくてはならない。その一方で、国際市場の償還についての需要により、米ドルは大量に外国へ流れるため、長期的に貿易赤字を続けることになる。

⑬ 同様に、マクロ経済学の恒等式からみて、アメリカの国内貯蓄及び投資に不足があり、外部資金が必要だということが、ここから理解できる。また、中国などの国内貯蓄が国内で投資された後の余剰は、対外投資に向けられなければならない。こうして見ると、この二つの状況はいずれも国際資本の流れが持続できないアンバランスな状態にあることがわかる。

⑭ 1980年から2010年の「新興国と発展途上国」のデータによる、これより以前の「新興国と石油輸出国」のデータと一致しないところがある。「新興国と発展途上国」がカバーしているのは後者が多いので、データ上に差異が見られる。

⑮ Lucas Paradox：理論上では、資本は限界生産性の比較的高い所へ流入して行くはずだと改めて指摘した。資本の限界生産性と資本ストックは反比例するので、資本は富める国から貧しい国へ流れるはずだ。しかし実際にはしばしば逆の状況が見られ、資本が貧しい国から富める国へ流れていく。このように理論と現実の間にパラドックスが起こっている（Lucas 1990）

⑯ 注意すべきは、図1-2からわかるとおり、アメリカ連邦政府のレバレッジ率の変化は、民間部門とまったく異なるということだ。危機の前は基本的に穏やかだが、その後大幅に上昇を続けている。2007年には35.4％だったが上昇を続け、2013年には73.5％となった。これは主に危機以降アメリカ連邦政府が行った各種の救済措置と拡大政策が反映されており債務の圧力は民間部門から政府部門へも移動した。

⑰ 例えば中国の対アメリカ貿易黒字は、両国間の加工貿易によるものである。例えばアップル社のスマートフォンなどは、実際に中国で生み出される付加価値は極めて小さい。人件費は総コストの約7％にすぎず、大部分の付加価値はアメリカで生み出される。

⑱ シュンペーターは、技術革新を「新結合」（new combination）と呼び、メンシュはベーシック・イノベーションと、モキーアはマクロイノベーション、ヘルプマンとトラフテンバーグ（1994）やアギオンとハウイット（1998）らは、GPT（ジェネラル・パーパス・テクノロジー）と呼んだ。

⑲ この二極の力というのは、実際は一つに合わせることが可能だった。（もし科学技術が長波を動かす根本要素とするのであれば。ロストウが二極を強調したのは、長波に影響する要素を一次産品の相対価格変化としたからである。）

⑳ 産業革命の区分には様々な見方がある。これは提唱者の時代背景による。

第二篇

世界的な「新常態」

　2007年の危機以降、世界経済には新たな特徴が現れている。この特徴は、初めは異常な現象と考えられていたが、時間とともに、異常な現象がなくならないことがわかった。異常が普通のことになり、「新常態」はやむを得ず受け入れられることとなった。

　世界的な「新常態」には様々な表し方があるが、まとめると五つの主な特徴がある。経済成長の低水準での変動、各国の経済回復が「デレバレッジ」と「バランスシートの修復」というジレンマに陥ること、保護貿易主義の横行、主要国の政策の足並みがそろわなくなること、そしてグローバルガバナンスが空白になることである。

　この世界的な「新常態」の五つの特徴は「長期的停滞」ともいえる。その他の諸々のことはそれに関係したことか、派生したものである。世界的な（主に先進国の）長期的停滞をもたらす原因には、一つには供給サイドの要因がある。技術革新の停滞、人口構造と労働力市場の悪化、実質金利が低下しあるいはマイナスになることである。二つ目には需要サイドの要因で、実質成長が長期にわたってその潜在的傾向を下回ること（すなわち生産高不足）、及びいわゆる「バランスシート不況」が起こっていることである。三つ目には、マクロ政策の責任、すなわち政策金利がゼロもしくはマイナスという状況でも、依然として需要に頼る政策を行い、のっぴきならない状況に陥ること、四つ目には所得分布が引き続き悪化し、先進国経済の成長潜在力と社会的な活力をさらに抑制することである。

第二章　世界的な「新常態」

　2007 年にアメリカで始まった国際金融危機は、世界経済の構図を一変させた。世界経済の動きや構造は言うに及ばず、その管理監督に到るまで、危機の前とは大きく異なっている。2010 年以降、危機後の世界経済におきた新しい変化、新しい特徴を表す「新常態」という言葉がメディアに頻繁に出てくるようになり、アメリカや先進国の政策決定者でこれを認める者も多くなってきた。

　本章では、まず新常態という概念が出現し、認められ、広まるプロセスを概括し、世界的な新常態の主要な特徴を見ていく。その特徴とは、経済成長の低水準での変動、各国の経済回復が「デレバレッジ」と「バランスシートの修復」というジレンマに陥ること、保護貿易主義の横行、主要国の政策がちぐはぐになること、そしてグローバルガバナンスが空白になることである、の五つである。

一、国際的にみた「新常態」

　新常態の考え方は 21 世紀の経済、金融危機に伴って生まれてきた。危機以降、世界経済に出てきた新たな特徴は、初めはアブノーマルな現象と思われていた。そのため、多くの人がこの異常な現象はすぐになくなるだろうと考えた。しかし、危機の進展により人々の楽観的な見方は崩された。パシフィック・インベストメント・マネジメント（PIMCO）の CEO の「初めはかすり傷と思われていたが、後に骨にまで到る傷だとわかった」という言葉どおりだった。言い換えれば、世界的な危機は、各国及び世界経済の構造にその原因があり、そのため相当の間続くものだった。こうして「アブノーマル」が「ノーマル」となり、新常態が認知されることとなった。

　パーシュ（Pash, 2011）によれば、早くも 2002 年には「ニュー・ノーマル」という言葉が欧米の主要なメディアで使われ始め、その

意味するものは「雇用なき景気回復」だった。世界的な金融危機が起こった後、新常態はすぐにポスト危機時代の世界経済の新たな特徴を表す専門用語となったのである。

2009年、一部のメディアと著名な学者が長期的な高度の調整の意味で新常態を使い始めた。例えば、パシフィック・インベストメント・マネジメント（PIMCO）のCEO、モハメド・エラリアンは"Navigating the New Normal in Industrial Countries"（工業先進国におけるニュー・ノーマルのナビゲート）と題した講演の中で、ポスト危機時代の長期にわたる巨大な変化として「新常態」の概念を提唱した。この後、この考え方は、危機後の世界経済を説明する言葉として広く流行した。

クラリダ（Clarida, 2010）は、ニュー・ノーマルを使って、先進国（高所得の国家もしくは先進工業国）の経済を表現し、その特徴は「低成長、高い失業率及び低い投資回収率」を示す、更に踏み込んだ指摘をしている。林毅夫（2012）の見方もこれと似通っており、世界経済の新常態とは低成長、リスクの増大、高失業率の状況であるとしている。林はさらに、新常態は通貨政策の緩和、政府の負債の増大、株式市場の乱高下、短期資金の発展途上国への大量流入など、一連の現象を指摘している。宋雷磊（2012）は、ポスト危機時代の新常態はグレート・モデレーションとはまったく異なったもので、構造調整が頻繁で、経済成長率が比較的低く、循環変動が比較的高い状態であると考えている。李揚（2013）は、多くの規制政策が強く打ち出されたため、現段階で危機はマイナス成長として現れてはいないが、経済成長の低水準での推移、世界的な過剰流動性の発生、主要商品価格と資産価格の不安定、保護貿易主義の台頭、地政学的リスクの発生等はすべて世界的な新常態の実際の現れであるとしている。「ニュー・ノーマル」の考え方を提起した後、エラリアン本人（El-Erian, 2014）も、改めてニュー・ノーマルに対して詳しい解説をしている。すなわちニュー・ノーマルとは、主に先進

国が金融危機以降陥った、長期に弱含みで、失業率が高止まりしている泥沼の状態である。こうした状況に陥った直接の原因は、高すぎるレバレッジ比率、過度の負債、無責任にハイリスクを引き受け、信用貸付を拡大したことなどによるもので、先進国はこのマイナスのショックを吸収するのに比較的長い時間を必要とした。しかも政策決定者の旧態依然とした経済政策が新常態の長期化を招いた。

　「新常態」は旧常態との対比により生まれたものである。クラリダ（Clarida, 2010）のいう、「低成長、高失業率、及び低い投資回収率」の新常態とは明らかに異なり、1980 年代から今回の危機の前までのグレート・モデレーション時代はグローバル経済（主に先進国を指す）の旧常態とみなすことができる。

　2007 年にアメリカで起こったサブプライムローン危機は、世界金融、経済危機を引き起こし、20 年にわたるグレート・モデレーションに終焉をもたらした。もしこの危機を、経済が通常から逸脱したと見るなら、危機からの回復には二つの道がある。一つは旧来に戻すこと、二つ目は新たな路を切り開くことである。旧来に戻すということは多くの危機をはらんだ道である。外れた軌道に戻そうとすれば、また元のとおり経済はその周期性を形成する。新しい道を切り開くのはそれとは異なり、古い道から離れるばかりでなく、周期的な循環からも離れ、新たな道を模索することになる。人類社会の発展の歴史は、それにより質的に変化する。今回の危機は、7 年にわたる苦難と高度な経済介入にもかかわらず依然として変化がない、ということから明らかなのは、1930 年代と 1970 年代の危機と同様、今回の危機が世界経済の発展に大きな変化をもたらすものであるということだ。この変化に対して、標準的な刺激策が（それが慣例を破るものだったとしても）功を奏するのは難しい。危機によって破壊的な衝撃を受けた体制やシステムを、修復に務めようと「リカバリ機能」を使っても、勢いを戻すのは難しい。これは、新たな世界経済の成長の強固な基礎を再度模索し、かつこれに対応し

たグローバルガバナンスの仕組みを再構築する必要があることを意味している。

　我々が直面している歴史的任務と、通常の危機サイクル中の、衰退と回復段階で直面する責務とは明らかな違いがある。このように、危機からはじまり、世界経済の新たな発展の道を模索することを主とした回復過程は、世界経済の新常態と考えることができる。

二、経済成長の低水準での変動

　旧常態に対して、新常態の大きな外見的特徴は、経済成長が長期に低い水準で変動するということである。世界経済の成長速度は明らかに危機の前に比べて低い。表2-1は、1999 ～ 2013年の、世界経済成長のデータである。危機前（1999 ～ 2007）の世界全体の経済成長速度は、年平均3.89%、危機の後（2008 ～ 2013）では2.8%で、約1.1ポイント低くなっている。また、アメリカ及び欧州で起こった経済危機では、先進国の経済下落がより深刻だった。平均の成長率は危機前の2.63%から0.51%に下がっている。

　経済全体の成長速度が下がるほか、新常態のもう一つの特徴はGDPの成長の変動がはっきりと拡大していることである。

　表2-1は危機前後の世界経済成長率のばらつき（分散）を示しているが、その中で、世界全体の経済成長速度の分散は危機以前が1.15なのに対し、危機以後では3.25に拡大している。GDPの成長率と同様に、景気循環の変動の拡大も主に先進国で起こっており、経済成長率の分散は危機以前の0.77から4.86になった。しかし発展途上国では、経済成長率の分散は危機以後はむしろ縮小しており、危機以前の3.67から2に下がった。もちろん発展途上国の成長率は均等ではない。例えば、東欧他ではGDP成長率の分散は、危機以降明らかに拡大している。

表2-1　世界経済成長率

GDP成長率	世界全体	先進国	米国	ユーロ圏	発展途上国	アジア	東欧等	中東、北アフリカ、アフガニスタン、パキスタン	南サハラ以南アフリカ	西半球
1999	3.47	3.56	4.69	2.94	3.32	6.12	1.85	2.12	1.46	0.65
2000	4.54	3.92	4.09	3.83	5.60	6.60	8.16	4.83	4.77	2.78
2001	2.20	1.37	0.98	2.02	3.63	5.92	3.39	2.90	2.90	0.61
2002	2.50	1.46	1.79	0.95	4.29	6.80	4.76	3.88	4.04	0.22
2003	3.49	2.06	2.81	0.76	5.96	8.74	5.69	6.36	3.54	2.02
2004	5.06	3.11	3.79	2.23	7.89	8.66	7.59	8.93	6.45	6.22
2005	3.88	2.72	3.35	1.74	5.53	9.14	5.94	-6.13	6.14	4.50
2006	5.01	2.91	2.67	3.27	8.07	10.30	6.78	6.81	5.87	5.64
2007	4.90	2.53	1.78	3.01	8.36	11.10	6.61	6.40	6.01	5.70
2008	2.36	-0.04	-0.29	0.38	5.86	8.08	3.81	4.43	5.14	3.96
2009	-0.40	-3.60	-2.78	-4.46	3.23	7.79	-5.77	3.86	1.10	-1.20
2010	5.01	2.77	2.53	1.98	7.51	9.65	4.30	5.45	4.80	6.07
2011	3.70	1.47	1.60	1.61	6.28	7.78	4.71	4.80	4.17	4.53
2012	3.15	1.17	2.32	-0.64	5.47	6.67	2.28	11.74	3.81	2.91
2013	2.99	1.31	2.22	-0.42	5.15	6.56	1.82	...	3.15	2.75
危機前平均	3.89	2.63	2.88	2.30	5.85	8.15	5.64	4.01	4.57	3.15
危機後平均	2.80	0.51	0.93	-0.26	5.59	7.75	1.86	6.06	3.70	3.17
危機前分散	1.15	0.77	1.48	1.10	3.67	3.53	4.09	18.94	2.95	5.83
危機前分散	3.25	4.86	4.37	5.35	2.00	1.27	15.25	10.43	2.11	6.03

注：本表で、欧州をユーロ圏としているのは、欧州債務危機が主にユーロ圏国家
　　で発生したからである。
出典：IMF：International Financial Statistics；World Bank

経済の減速は、一方では確かに危機のもたらした衝撃であると考えられるが、もう一方では主要先進国の潜在成長率の鈍化によるものともいえる。米国を例にとると、連邦議会予算事務局（CBO）の推計では、2014年の米国GDPの水準は、2007年時点での予測値より、10ポイントあまり低くなっている。その中で、潜在成長率の減少と産出量ギャップは、それぞれ5ポイント寄与している（図2-1）。これは、アメリカ経済成長の鈍化が、周期的な要素と潜在成長率の下落傾向がともに作用した結果であることを表している。

図2-1　米国の実質および潜在GDP　（十億米ドル、2013年値）

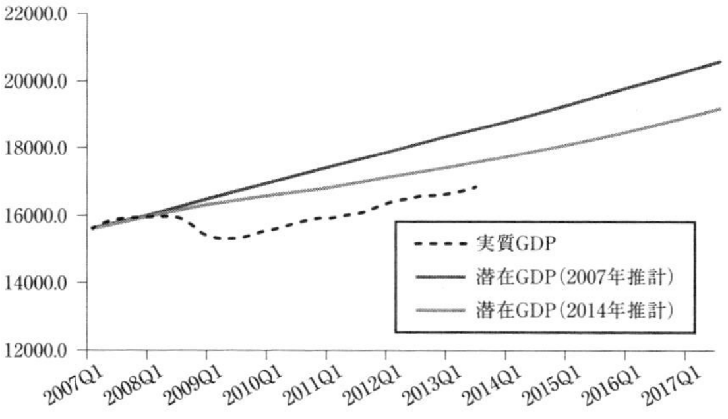

資料出典：Summers（2014）から引用

　世界に目を向けると、その他の先進国でも程度の差はあれ、似たような問題に遭遇している。例えばユーロ圏と日本では、2007年の世界危機以前に、経済はすでに長期的に減速していた。明らかに世界の先進国は、経済成長率が下がり、かつ長期化する状態に相次いで陥っており、原因は単に経済循環と政策では説明のつかないものだった。世界の経済成長率の長期的な下落については本書の後半で、原因をさらに検討していく。

三、「デレバレッジ」と「バランスシート修復」二つの難題

　今回の危機は、金融危機として、各経済主体の負債率が高すぎることによって発生した。

　負債率の問題は、近年「レバレッジ率」という概念の下で、より深い検討が成されてきた。人々はグレート・モデレーションがはぐくんだ非常に楽観的な雰囲気により、個人、企業また政府が大規模に債務を起こし、レバレッジをかける方式でその消費、生産、投資能力を上げ、最大限にその時期での享受を増加させた。次々と生み出される金融イノベーションは、レバレッジを更に容易にしてきた。しかしながらまさにレバレッジ比率が全体的に、迅速に高くなることにより、住宅ローンの分野の中で、ある商品（サブプライムローン）に問題が生じた。これが容易に金融システムに蔓延、さらに経済全体に影響し、あげくに全世界に広まって、世界的な危機を引き起こした。

　原因がレバレッジ比率の急騰にあるからには、危機からの回復には「デレバレッジ」すなわち過剰債務の縮減が必要条件となる。しかし、デレバレッジのためには少なくとも二つの問題を解決しなくてはならない。その一つとして、根本的に過剰債務を縮減するには、巨額の貯蓄が必要になる。そのため、まず貯蓄率を上げなくてはならない。しかし貯蓄率は国民経済やその他個人や企業の複雑な行動様式の関数であり、その変化は自ずから容易では無い。その2には、デレバレッジを経済回復の主要な道筋とすると、バランスシートの修復というプロセスを全面的に引き起こすことになる。このプロセスの中で、各々の経済主体が新たに資金が増えた後に取るべき道は、消費生産や投資などのマクロ調整を行い、当局が望む「正常な」経済活動を行うことではなく、資本を充実させ債務を減少させてバランスシートを「修復」することに用いられるべきである。言い換えれば、デレバレッジのプロセスは、多くの企業にかなり長い時間をかけて、経営目標を「利潤の最大化」から「負債の最小化」に転換

させることになる。すなわち企業は、利用できて到達しうるすべて
のキャッシュフローを債務の返済にあてることにより、全力でバラ
ンスシートの修復に努め、自己保全を図る傾向を見せる。もし、多
くの企業が負債の最小化対策に努めると、社会全体は、ある種の生
産も投資もしない、債務を返すだけという「合成の誤謬」に陥るこ
とになる。こうした状況は、危機の後から、学会が非常に注目して
きたバランスシート不況であり、全社会の信用収縮はこうして形成
される。貨幣政策についていえば、そのマイナス影響はさらに致命
的である。ミクロの視点では、相当長い期間、デレバレッジとバラ
ンスシートの修復に力を注ぐことになるからである。そこで通貨当
局は、経済システムに資金を注入するが、逆に消費の停滞、投資不
振及び信用市場の縮小を生み出すことになり、危機の回復のプロセ
スもまた、先送りされることになる。これがすなわちデレバレッジ
とバランスシート修復のパラドックスである。景気の回復はデレバ
レッジの成功にかかっているが、しかしデレバレッジの過程では、
経済の収縮を引き起こす事はまぬがれず、またさらに危機からの回
復プロセスを阻害することになりかねない。

　それだけではない。かつての如何なる危機とも違い、今回の危機
では、そのショックをやわらげるため、通貨当局は市場救済の旗印
のもと、自ら大規模にレバレッジをかけた。それは、米国、ユーロ
圏、日本①によく表れている。米国と欧州は全力を傾けて、様々な
政策を採用し、挽回しようした。その一つとして、できるかぎり基
準金利を引き下げた。米連邦準備制度理事会（FRB）は2007年6
月から2008年4月までに、フェデラル・ファンド金利の目標値を
徐々に5.25％から2％に、また公定歩合を5.75％から2.25％に引き
下げた。危機がさらに悪化すると、2008年12月以降、FRBはフェ
デラル・ファンド金利の目標値を0〜0.25％に引き下げ、ゼロ金利
に近い超低金利とした。インフレ率を換算に入れると実質金利はマ
イナスになっている。その二として、量的金融緩和政策を大規模に

実施し、市場に通貨を投入した。市場の資金が逼迫している状況を緩和するため、各国の中央銀行は「異次元の」市場救済措置を取らざるを得ず、様々なやり方で通貨供給量を増やした。これは公開市場操作で各種債券などの買い付けるといった通常の操作ばかりでなく、市中銀行から中央銀行への当座預金の拡大や、直接銀行から資産を買い入れるなどの通常ではない操作も含まれている。こうした措置は、市場金利を低下させる効果があり、これにより銀行の資金調達コストと、同業市場のリターンにおける銀行の投資を引き下げ、銀行の資金の充足度を高め、銀行がさらに貸し付けを行うよう誘導した。米国は2008年以降、多くの量的緩和政策を実行した。俗にQE1〜QE3と言われるが、その中で2012年9月から開始された量的緩和策は、購買規模も期限も限定されなかったためQE-infinityと呼ばれた。その三として、銀行及び主要企業に救済措置を実施した。例えば、2008年3月、JPモルガン・チェースは米国財務省とFRBの仲介により、ベアー・スターンズを12億米ドルで買収、その条件は、FRBがベアー・スターンズに290米ドルのノンリコース型（非遡及型）債務貸し付けを与えることだった。米国の政府支援企業であるファニーメイ（連邦住宅抵当公庫）と、フレディーマック（連邦住宅金融抵当金庫）に対しては2008年9月から連邦がその監督下に置いた。実質的には、納税者の資金を使って国有化という手段で、その維持と存続を図った。AIGは2008年にFRBから850億米ドルの緊急貸し付けを得て、その代わりとして政府はAIGの株式を79.9％取得したが、これはAIGを国有化するのに等しかった。金融業以外でも、自動車産業など、国民経済を支える非金融企業を政府による資金救済の対象とした。これは米国史上でも異例のことだった。このような非通常措置を取ったのは、巨大な関連性をもつ主要企業の倒産を防ぎ、ドミノ倒し的な連鎖反応を防ぐことにあった。その四として、各種の不良資産を購入、受け入れた。公開市場での金融資産購入は米国当局が初期にとった主要な金融緩和政策だ

った。しかし、表向きFRBの操作は依然として「公開市場」で行われていたが、その購買対象は大きく異なっていた。危機以降、FRBが公開市場で売買しているのは、国債や準政府債ではなく、各種の民間機構の債務が主で、さらに優良債務だけでなく、あまり優良でない、さらには非常にリスクの高い不良資産だった。これは主に私企業や政府部門が残した不良資産で、特に不動産担保証券（MBS）や債務担保証券（CDO）など住宅や事業用不動産の担保貸し付け資産に関係した金融派生商品だった。しかし、こうした通貨政策操作の危機に対する効果を見ると、不良資産を市場から政府の手に移転させ、投資家のマインドを増強し、関係資産の市場流動性を高めるものであった。その五として、不動産市場に対し、方向をしぼった調整政策を実施した。今回の米国金融危機は、不動産市場のバブルがはじけたことによる派生商品市場の破綻に端を発する。さらなる状況の悪化を避けるため、ブッシュ大統領時代の「緊急経済安定化法」（Emergency Economic Stabilization Act）、「住宅公社支援法」（Housing and Economic Recovery Act）及びオバマ大統領時代の「住宅市場安定化計画」（Homeowners Affordability and Stability Plan）など、住宅市場、特に広く不動産所有者に向けたサポートを実施した。関連する施策には、利率及び貸付元本の引き下げ、ローンの年限の延長、変動金利から固定金利への変更、裁判所による不動産所有者の持ち家の競売を避けるための支援、などがある。融資期間に対して資金のサポートを提供するなど、担保貸し付けに担保等を提供する、目的は投資家の担保貸付市場に対する信頼を取り戻すことである[2]。

　それぞれの国が行う手段や政策の強弱は異なるが、しかしこうした措置は概ね古典的なマクロ調整政策の考え方に従ったもので、流動性のリスクを防ぎ、市場への信頼回復に好ましい効果がある。しかしながら、劇薬としての金融緩和政策がもたらす副作用、過剰流動性も軽視できない。表2-2では、世界平均から言って、M2／GDP

が危機の前には緩やかに上昇していた。2001年～2006年の5年間で、6.4ポイントの上昇しかなかったが、2007年以降、特に2007年～2009年には、M2／GDPの上昇は大幅にスピードアップした。2009年、世界平均のM2／GDPは、2006年に比べ18.27ポイント上昇した。主要な先進国では、ドイツ以外の米国、イギリス、フランス、日本などの国のM2／GDPが大幅にあがっている。

表2-2　世界の主要国のM2／GDP割合　　(単位：%)

M2／GDP	世界平均	米国	ユーロ圏	イギリス	フランス	ドイツ	日本
2001	102.47	71.03	124.47	109.29	104.04	169.13	200.79
2002	103.69	71.76	125.66	109.47	104.90	171.96	205.24
2003	105.77	71.50	128.86	113.18	110.51	174.79	206.47
2004	106.09	70.88	133.37	117.69	114.28	177.39	205.75
2005	107.08	71.87	141.47	127.30	117.96	182.18	206.63
2006	108.84	74.05	147.61	137.41	123.50	182.29	204.02
2007	111.53	79.19	155.72	150.40	133.20	183.00	202.80
2008	116.09	84.27	162.66	173.04	140.22	188.11	209.07
2009	127.11	90.41	173.91	178.38	145.90	193.43	227.00
2010	122.93	84.79	173.72	176.97	150.19	184.19	226.07
2011	123.99	87.10	173.03	163.51	158.54	178.64	238.05
2012	125.06	87.44	171.93	162.49	157.81	173.31	241.94
2013	126.72	87.99	165.97	160.24	155.08	163.07	248.70

出典：世界銀行

量的緩和政策に全力を注ぎ、これまでになく長期に金利ゼロに押さえ、いわゆる再融資計画を大規模に実施する等々により、各国の中央銀行のバランスシートは倍増し（李揚他，2003）、全世界で金余りの状態を引き起こした。このような行いの結果は、明らかで、社会全体のレバレッジ比率がさらに引きあがった。表2-3は主要な先進国の債務構造と総レバレッジ率を示している。

表2-3　中国と先進国の債務構造と総レバレッジ比率の比較

（GDPに占める割合、％）

	個人 債務比率	非金融企業 債務比率	金融機関 債務比率	政府 債務比率	合計
日本	67	99	120	226	512
イギリス	98	109	219	81	507
スペイン	82	134	76	71	363
フランス	48	111	97	90	346
イタリア	45	82	76	111	314
韓国	81	107	93	33	314
米国	87	72	40	80	279
ドイツ	60	49	87	83	279
オーストラリア	105	59	91	21	276
カナダ	91	53	63	69	276
中国	31	113	18	53	215

出典：世界銀行

　危機から脱出しようと取られた量的緩和政策は、その避けられない結果として明らかに通貨当局の負債を増やし、レバレッジ率を引き上げた。こうしたレバレッジを加えることにより高いレバレッジ率に対応し、負債をもって負債率が高すぎる状況に対応する政策は、毒酒を飲んで渇きをいやすようなものだ。負債とレバレッジ率の高さが今回の危機の元凶であることを考えると、もし現在の救済策が次の危機への温床をもたらすものでないとしたら、危機からの回復歩調を遅らせる結果をもたらすものでもある、と合理的に説明がつく。これが意味するものは、我々は量的緩和政策を解消しようとする過程で、経済に対するマイナスの影響を非常に警戒しなくてはならないということだ。救済される側から見れば、危機の中で借金だらけになった民間部門では、バランスシートの修復をトップに掲げ、生き残りのため、例外なく負債を減らすことに邁進し（こうした過

程と一致するのがデレバレッジである）、新たな投資には関心を示さない。こうして量的緩和策の効果は相当に低減され、通貨当局は社会信用の増加、経済活動レベルの引き上げという初心を実現することが難しくなるのだ（辜朝明, 2008）。

四、保護貿易主義の加速

　経済の衰退は往々にして保護貿易主義を促進する。米国の歴史上、1929年の株式暴落後、保護貿易主義者は、『スムート・ホーリー法』を提出、自らを守ろうとやっきになって、従価税の平均税率を1921年〜1925年の25.9％から1931年から1935年の50％まで大幅に引き上げた。これは当然ながら、他の国から関税による報復措置を受けた。結果として、悪しき貿易戦争は世界貿易の壊滅を加速し、世界経済を急速に手詰まりの状態にしていった。例えば、米国の輸出入額の下げ幅は、同時期のGDPの下げ幅よりも大きかった。輸入額は1929年の44億米ドルから66％急落し、1933年には15億米ドルとなった。また、輸出額は54億米ドルから61％急落し、21億米ドルとなった。多くの歴史学者や経済学者が、スムート・ホーリー法案の実施と他国の報復的関税が大恐慌の原因と考えている。今、1930年代の恐るべき事態を提起する目的は、世界が歴史から学び、同じ轍を踏まないようにするためである。しかし、言うは易く行うは難し、経済が全般的に失速し、失業率が上昇している状況では、各国政府はさらに大きくなる国内圧力に対応しなくてはならない。また自国の産業と雇用を守るという名の下に、明に暗に保護貿易主義政策を推進する。言い換えれば、金融危機の引き起こす経済の減速、失業率の上昇を背景として、自国の産業と雇用を守ると言う名の下に保護貿易を実施することを、各国政府が第一の選択とするのは自然な成り行きである。こうした、災いを隣国に押しやる政策の害は、すぐには現れてこない。危機が頂点に達した2009年、世界の輸出はいったん10.4％さがった。なかでも先進国は11.7％の減少、新興

国と発展途上国は7.9％の減だった（図2-2）。この驚くべき下げ幅は30年来で初めてのことで、経済のグローバル化がある程度後退したことを示している。グローバル化が阻害された重要な証拠が、世界の貿易成長率とGDP成長率の逆転という事実に見てとれる。通常、世界経済の中では、各国が利益を比較して国際分業に参加し、幅広く貿易活動を展開するので、世界貿易の成長率は同時期の世界のGDP成長率より高くなるものだ。しかし、2012年は世界のGDP成長率は3.4％、同時期の貿易の成長率は2.3％でとなり、0年余りで初めて逆転した。2014年の予測値では、依然としてこの緊縮型の構造は変わらない③。

図2-2　商品とサービスの輸出量年増加率

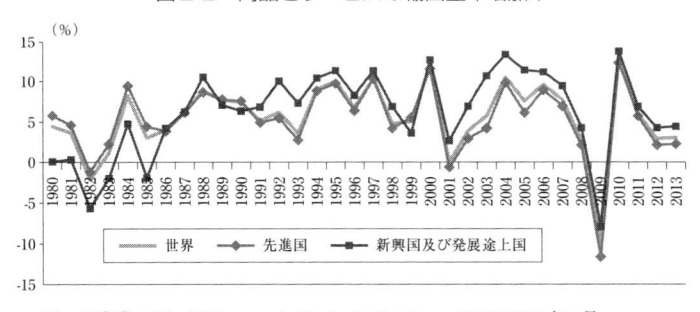

データ出典：World Economic Outlook Database, IMF, 2014年4月

　この他、関税の変動は、今回の危機の中での、各国の貿易保護主義傾向を繁栄している。現在多くの国がWTOに加盟し、関係する関税協定を遵守しているとはいえ、危機のショックで、多くの国が一部の商品の関税を一定程度上げることにより、なお自国の国際貿易収支のアンバランスを解消し、国内のある種の産業を保護しようとしている。表2-4は歴年のEUと米国の関税税率を示したものである。表では、EUと米国の関税税率は、2001年から基本的に穏やかに下降する傾向を保っている。しかし今回の危機が起こった後、

税率は明らかに高くなっている。米国のあらゆる製品に対する加重平均関税率は、2001年は1.84％、2007年は1.6％だった。同じ時期、完成品に対する関税は2001年は2.03％、2007年は1.71％だった。しかし危機が発生した後、関税税率は2008年から2010年の間にはっきりと上昇しており、そのなかで、すべての産品に関する税率は2008年と2010では1.78％、完成品の関税は2009年には最高の2.04％だった。EUもの同様で完成品の税率は2007年末1.81％だったが、2010年には2.34％となった。データから見ると、完成品の関税税率は危機にあっては上昇が明らかである。こうした変化は各国政府が自国の雇用をより重視したことと関係がある。

表2-4　2001～2012年のEU及び米国の関税税率

年	米国加重平均関税率		EU加重平均関税率	
	全ての産品	完成品	全ての産品	完成品
2001	1.84	2.03	3.02	2.65
2002	1.84	2.02	1.99	1.82
2003	1.79	2.02	2.03	1.78
2004	1.63	1.87	2.07	1.82
2005	1.58	1.86	1.84	1.79
2006	1.52	1.84	1.85	1.78
2007	1.60	1.71	1.81	1.81
2008	1.78	2.00	1.77	1.81
2009	1.62	2.04	1.51	1.75
2010	1.78	2.00	1.61	2.34
2011	1.58	1.74	1.09	1.64
2012	1.54	1.69	1.02	1.61

出典：世界銀行

　説明が必要なのは、WTO等世界貿易機構や規則が広く創設されているため、各国は世界の反対を受けてまで、直接に保護貿易を推

進しようとはしていない。この数十年、各国が採用しているのは伝統的な関税障壁といったものから、非関税障壁に転換している。より隠された、複雑な環境、技術水準の壁、為替や隠された補助金など各種の手段である。こうした貿易障壁は、一般に自国の特定の産業を保護するためのものである。その特定の産業と国家の安全戦略とは密接な関係がある。例えば第二次世界大戦前、イギリスとフランスの使用する時計は、ほとんどスイスとドイツからの輸入だった。戦争が勃発すると、イギリス人は、時計産業の欠如が国防や軍事産業に大きく影響する痛みを体感することになる。このため、戦争終結後しばらくの間、国外の時計の輸入を禁じた。こうした特定産業は経済発展から見れば国家が出てきて保護しなくてはならない「未成熟産業」である。日本を例に取ると、1951年の実質関税税率は1.6％しかなかった。そのため非関税障壁を設けることにより国内工業を保護した。1952年6月、日本は「乗用車関係外資導入に関する基本政策」を公布し、乗用車の輸入量の制限と事業税の税率等を規定した。これは戦後20年近くに及び、アメリカの自動車製造業は日本の自動車市場に手を染めることができなかった。これがトヨタ、ホンダなどの自動車製造産業に大きく発展する機会を与えた。

　この他、先進国は経済が強く、技術水準が高く、産業が発展していて、多くの多国籍企業も多いため、その貿易はより開放的で、発展途上国は保護貿易を求める傾向があると一般的に考えられている。しかし実際のデータに基づく研究によれば、これは思い込みに過ぎない。図2-3では、GTA（Global Trade Alert）が2008年世界各国が取った保護貿易主義的な政策の数と種類の統計である。世界経済で最も発展しているアメリカと欧州は、保護貿易主義政策の最も多い地域であり、世界の多くの発展途上国、例えばアフリカ、南米（ブラジルとアルゼンチン以外）、西アジア、モンゴル、東南アジア等では保護貿易主義的政策はむしろ相対的に少ないことがわかる。こうした我々の直感や思いこみと全く異なるこの図から言えるのは、

今日の世界では、貿易自由化を推進しているのは先進国であり、先進国は保護貿易を理由に発展途上国を批判し、市場開放を迫っているし、また先進国は自由貿易では優等生として、発展途上国にあれこれ指図しているが、実際の統計をみると、先進国の保護貿易主義政策は少ないどころか、むしろ多いということである④。ケンブリッジ大学のハジュン・チャン准教授は歯に衣を着せずに、以下の通り語っている。今日、全ての先進国の成功は、おおむね保護貿易主義政策により自国の産業を振興させたことによる。イギリス、米国及び多くの国家は工業化の過程で、比較的高い関税と保護貿易主義政策をとっていた、と。したがって、先進国は他の国の経済が自由化されていないという時、まずは自己の現在の政策を省みると同時に、自国の歴史についても振り返るべきなのである。

図2-3　世界各国の保護貿易主義政策数

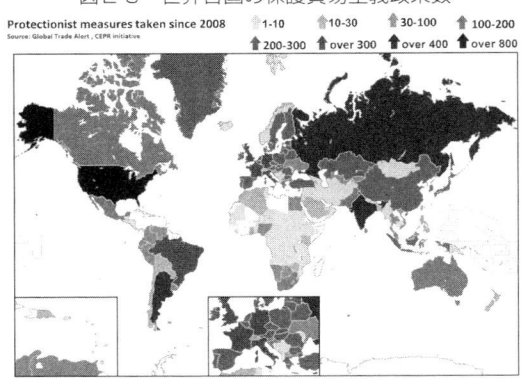

出典：http://www.globaltradealert.org/

　この他、関税や輸入割当制などの保護貿易主義的な方法の他に、先進国は国際貿易のルールをうまく利用し、貿易紛争の申し立て（例：アンチダンピング調査）を使って他国の保護貿易主義政策に対抗して、貿易における優位性を確保しようとしている。図2-4

図2-4　米国、インド、中国のWTOにおける貿易紛争申し立て概況地図

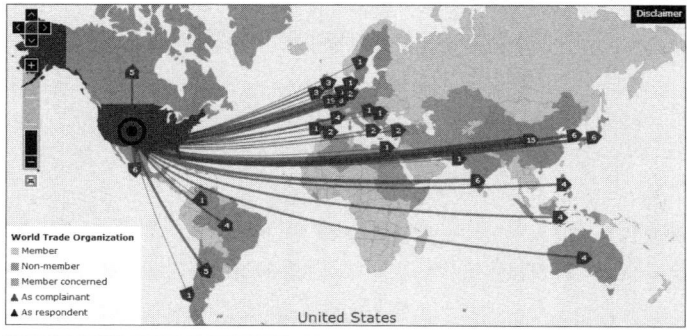

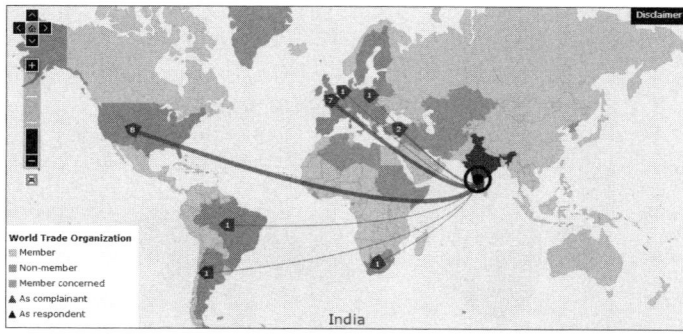

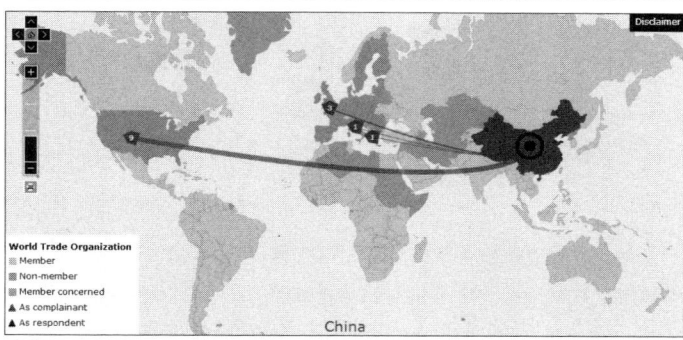

出典：WTO　http://www.wto.org/

は米国、インド、中国がWTOにおいて貿易紛争を提起した概況の
図である。図からわかるのは、米国は貿易紛争の申し立てが非常に
多く、インドと中国が申し立てる数は相対的に少ないということだ。
特に中国が申し立てた数はインドに比べてもさらに少ない。これは
中国の貿易大国としての地位とは明らかに釣り合っておらず、中国
が国際貿易のルールを利用して自身の利益を守ろうとする意識と能
力が不十分であることを表している。

五．政策サイクルの不統一

　高度にグローバル化した中で商品と生産要素が自由に動き、各国
の経済情勢には経済成長率、物価、金利等々、確かに高度な同時性
が存在することは、理解に難くない。このために、世界のシステム
で中心的な地位を占める国のマクロ経済政策は、世界各国の経済に
即時に大きな影響を与える。「グレート・モデレーション」の時代、
各国の経済は深く関係があり、米国のマクロ経済政策が世界を主導
しているのは確かだった。それゆえ、グレート・モデレーションで
は、各国と主要国のマクロ経済政策には似たような周期性が見られ
た。ところが、2007年から世界経済の同時性は変わり始める。危
機の発生後まもなく、先進国と新興国の経済成長に複線的に関連が
なくなる現象が現れはじめた⑤。2012年から新興国内部（たとえば
BRICKS）と先進国内部（米、英と欧州、日本）の各主要国の経済
動向にはさらに高い非同時性が見られるようになった。

　各国の政策サイクルが同調しない場合、問題を引き起こすか、問
題を拡大する原因となることが多い。1980年代の中南米累積債務
危機は、中南米の国と米国の通貨政策が同調していないことが部分
的な原因となった。1970年代、国際市場に米ドルがあふれ、中南
米の国はこの時期、大量の債務を負った。これは金利が低い時期に
は問題とならなかったが、1980年代の初め、経済情勢に変化が起
こる。レーガン政権の経済政策は1970年代のインフレ問題の解決

に力を注ぎ、財政支出を制限し、通貨供給量をコントロールし、金利を上げる政策をとった。これは、一方では金利の劇的な上昇をよび、国際資本が米国に環流して、さらには世界的に資金のランニングコストを引き上げた。もう一方で、利率の上昇は原材料価格の下落を招いたが、中南米の発展途上国の経済は、多く天然資源の輸出に頼って外貨を獲得していた。こうした不均衡は、中南米の国からの資本流出と、債務返済能力の低下を招き、結果として中南米の債務危機が始まった。

　今回の危機では様々な国が、危機後に異なる回復段階にあったり、異なる発展段階にあったりするため、その政策には、行動と目的が一致しなくなる差異が見られた。ちょうど、米国とイギリス等の中央銀行が量的緩和をやめようとするころ、欧州と日本は量的緩和の真っ盛りだった⑥。こうした国際政策サイクルの明らかな不連続は、政策を実施する国では、その国内で予期したマクロ経済目標の達成が難しくなるばかりでなく、国際的に隣の国に面倒を押しつける過当競争を招き、ゼロサムゲーム、ひいては互いが損をするネガティブサムゲームを引き起こす。世界経済の成長率が2012年以降世界のGDP成長率より低くなっているのは、この理論と合致した結果である。今回の危機の中で、ネガティブサムの例はいくらでもある。例えばアイルランドは2008年9月に預金の全額保証を発表したが、EUの他の国はこの政策への取組を即座に発表しなかったので、結果として、その他のEUの金融機関に資金流出の圧力がかかり、EUの流動性の危機がにわかに深刻になった。巨大な流動性の圧力の前に、その他の国は一方でアイルランドを非難し、もう一方でやむを得ず、預金を全額担保すると発表した。明らかに、国際政策の協調の欠如は、特にある国がいきなり規制政策を変更すると、そうした措置をとっていない国に問題を引き起こす。しかし、協調した政策行動をとることにより、危機をさらに大きく拡大するのを防ぐことが可能である。

　経済循環のずれと政策サイクルの不一致は、各国のマクロ経済変数に自然と差異を発生させる。各国のマクロ経済変数の違いが長期化し無秩序化すると、国際的なベンチャーキャピタルがキャリー取り引きを始めるのにちょうどいい下地を作り出す。この意味で、国際政策の有効な協調体制を作り上げるのは、当面の急務となっている。

　実際には、国際政策の協調は非常に困難ではある。国際政策協調は、関係する国の間で、緊密で持続的な政策協議と協力が必要だからだ。過去数十年間、学会や政策立案者たちは、マクロ経済政策の国際協調のメリットについて、幅広く議論してきた。しかし実際には、比較的広い範囲の国際政策協調はまれである。ただし、危機以降の各国の対応を見ると、今回の危機により、通貨政策協調行動がある程度進展してきている。おそらく、今回の危機に関する国際協調を最もよく表していることは二つある。一つは通貨スワップを通して、米ドルに流動性を与えるよう調整することだ。2007年の12月から、G10の中央銀行は、通貨スワップを通してFRB（米連邦準備制度理事会）が世界の短期米ドル資金市場の「最後の貸し手」としての機能を発揮できるようにした。通貨交換に関与したその他の国の中央銀行は、FRBから米ドルの資金を借り入れ、その後、あらかじめ確定していた固定金利で、米ドルの資金を入札、貸し出し、その国の米ドル市場が極度に逼迫するのを抑えた。2008年には、すでに14か国の中央銀行がFRBと大規模な通貨交換を行った。その2として、主要国の中央銀行は、そろって通貨政策の緩和を行い、金利水準を大幅に下げた。FRBが危機に対応して金利引き下げを始めるのに伴い、世界の主要国の中央銀行は一致して金利を下げる通貨政策を実施した。特に2008年の10月から、FRB、カナダ銀行、イングランド銀行、欧州中央銀行、EU中央銀行、スイス国立銀行などは、共同で金利の引き下げを発表した。（彭興韵, 2009）。中国もすぐ後に続いた。というのも、経済危機に対応する中で、各国の経

済調整担当部門は、連絡と協力を強めたので、国際政策協調が、ますます容易になったためである。

とはいえ、確立され制度化された国際マクロ経済政策協調体制は、未だに初期の、模索の段階にあるといえる。特に重要なのは、2008年から国際政策協調は、比較的特殊な状況のもとにあり、危機の規模が大きいため、世界経済が同じ景気後退に陥る中で、異なる国の経済周期が同調することが、2008年以降国政政策協調の基礎になっていることに依っている。しかし、時間と状況の変化により、ある国は経済危機からの回復が早く、ある国は遅く、ある国では新たな問題が発生するなど、国によってそれぞれ違う状況に置かれている。国家間の経済周期の非同一性が強まって、国家政策の協調一致のための経済基礎がもはや存在しなくなっている。今回の危機以降の通貨政策を例にとれば、ちょうどFRB、イングランド銀行などの中央銀行が量的緩和政策を終わらせようとしているとき、欧州中央銀行は2014年9月に突然利下げを発表、その年10月には欧州版の量的緩和政策を推し進め（主な方法は資産担保証券と担保付き債券の購入による）、欧州の悪化しつつあるインフレと実体経済の低迷に抵抗しようとした。こうした経済周期の不一致により、欧州と米国の政策周期に比較的大きな偏りを生じさせ、資本の欧州からの流出を加速して、それによりその政策効果は削られた。

さらに考察すると、先進国と新興国は異なる発展段階に属しているので、その間の経済周期には、非同一性がさらに出現している。前述のとおり、新興国の受けた経済危機の衝撃は比較的小さい。危機後の経済回復も早く、全体的な経済成長も危機前に比べ、決してはっきりと下降しているわけではない。このため、新興国は政策周期の上で先進国と比較的大きく違っている。例えば、中国は真っ先に危機を脱したため、最も早く量的緩和を脱した経済体であることを強調している。中国の国情の特殊性を考えて、中国では、全般的に厳しく、高い成長率から中程度に下降させることを容認する

（「新常態」におちいる）ことにより、それより前の刺激策がもたらした、不良資産と生産能力過剰の問題を解決しようとした。しかしながら、先進国は一方で、米国、イギリスなどが量的緩和から撤退を考えているとき、アベノミクスでは相変わらず拡散性政策を主張し、欧州中央銀行は思いきって、空前のマイナス金利政策を講じた。このように、政策周期に全面的なズレがあると、例えばキャリー取引、為替相場の変動、国際資本の大移動など、国際金融市場の動揺をもたらすので、より頻繁かつ有効な国際政策協調は当面の急務となっている。

六、グローバルガバナンスの空白

　第二次世界大戦以降、国際社会はほぼあらゆる分野で、専門的な管理機構を構築し、専門的で指向性のある相応の管理規則を制定し、これにより、各領域で整った管理システムを構成した。こうした機構やシステムはずっと実効的に運営されてきた。しかし、今回の危機のショックには耐えられなかったようだ。2007年以降、グローバルガバナンス機構やシステムは、ほとんど正常に機能しなくなっており、グローバルガバナンスに空白が生じた。現在、あらゆる国際業務はすべて各国の元首が直接協議決定する必要があり、その効率の低下は前例のないものである。

　世界の政治経済構造の再編が避けられないとき、各国はそれぞれ新たなゲームルールの形成に関与し、自己の利益を求めようとする。特に先進国は今回の危機を引き起こしたため、受けた衝撃がより大きく、中国をはじめとする多くの発展途上国や新進市場国が受けた影響は比較的少ない。特に危機のはじめの数年は逆風の中を前進するようなもので、実力差に明らかな変化が生じている。このトレードオフの元では、多くの新進市場国が、国際組織の運用や国際規則の制定についてより強い発言権を得ようとするのは自然であり、また従来からの先進国がこれを快く思わないのも自然である。現実に

は、新進市場国が国際規則の再構築に当たり、より大きな権利を得ようとするには、二つの道がある。一つは現存する国際組織や国際ルールの改正を通して、自己の影響力を拡大していくこと。もう一つは新たにやり直すことで、現行の国際組織や国際ルールではなく、新たな国際組織、国際ルールの構築を図ることである。世界危機以降、状況が激変し、国や地域グループの分裂や改編、国際規則の廃止、修正については、詳しく述べるのが難しい。そのうち最も変化の大きいのは、国際通貨システム、国際貿易規則、国際金融規制、そして国際経済組織の四つである。

（一）国際通貨システムが直面する大きな改革

　今回の金融危機により、米ドルをはじめとする欧米の通貨を主とした国際通貨システムに、大きな矛盾があることが明らかになった。特に、基軸通貨を握る米国が「トリフィンのジレンマ（流動性のジレンマ）」に直面し、米国自身が経常収支で輸入超過の赤字に陥り、米国が他国の商品を購入し、他国が米国債の国際商品や債務を購入するという繰り返しが形成されている。2008年からの国際金融危機は、こうしたモデルが持続不可能なことを証明した。また欧州ソブリン危機は、最も素晴らしい通貨圏理論のもとで域内の通貨を統合したことの欠陥を暴露し、通貨システム等財政システムの密接な関係と後者が決定的な働きを持つという事を明らかにした。

　トリフィンのジレンマは依然として準備通貨発行国が直面している最も主な苦境である。しかし問題なのは、こうしたすでに原罪とも言える矛盾が明らかになっている国際準備通貨システムに関して、我々はさしあたって実現可能な代替案を持ち合わせていないということである。今回の危機の教訓は、「卵は一つのカゴに盛るな（一事業だけに全財産を投じてはいけない）」という言い古された言葉の繰り返しかもしれない。すなわち、一つの基軸通貨に依存しすぎると、トリフィンのジレンマの負荷が全てその通貨に集中し、その

ためリスクの度合いが強くなるということである。今後、国際通貨の多極化は1つの趨勢となるであろう。ユーロ圏の安定と発展に伴い、また新興国の実力次第に大きくなるにつれて、より多くの国の通貨が国際通貨の列の中に加わってくるだろう。特に中国のように、過去に大量に外貨準備を蓄積した新興国については、その地位と動きは無視できない。もちろん新興国は、程度の差はあれ、資本収支に制限が存在する。同時に、金融市場が充分発展、開放されていなかったり、投資ルートや投資手段が不足したりしている。加えて、準備通貨には経路依存性があり、新興国の通貨は、既存の国際準備通貨と実効的な競争を展開しているものの、まだ大きな差異が存在している。こうした変化はゆっくりで曲折も多いが、しかし確実に進んでいる。多様な通貨交換ネットワークの構築、IMF（国際通貨基金）の改革、中国人民元の国際化の推進が進むにつれて、多元的な競争性を持った国際通貨システムの構成とそれに対応したガバナンス体系が、いつの日にか構築されるだろうと我々は確信している。

（二）国際貿易ルールの新動向

　危機の発生後、多くの国で左翼政党が台頭してきている。経済政策については、「左派」は政府が市場経済に対する関与を強めることを支持し、平等な財政基礎と公平な基本的権利の分配を求めている。この変化は、必然的に一連の政策の枠組みに変更をもたらすものである。この変化はいろいろな領域に現れているが、貿易がもっとも深刻である。輸出を奨励し、自国の製造業を守るため、危機以降世界的に保護貿易主義が強まる傾向があり、特に貿易赤字に苦しむ国では、貿易摩擦が常態化している。国際貿易ルールの策定において、利益関係は非常に複雑で、各勢力の新たな組み合わせが起こってはいるが、主な相違はやはり先進国と発展途上国の間に集中している。先進国のハイエンドの工業製品とサービス業は、絶対的な優位性を持ち、これにより先進国は新興国や発展途上国が、工業や

サービス業市場を開放することを望んでいる。またこれと、発展途上国が自国の産業の発展を保護する意向とは矛盾する。もう一方で、新興国と発展途上国は第一次産品や労働集約型製品に多く依存している。特に農産物については、貿易相手国である先進国は一般的に自国の農業を守るため、高額の補助金を出し、他国の農産物には非常に高い障壁を築いている。このため途上国の商品は、価格の上で有利でなくなる。そのため、発展途上国が先進国に自国の農業に対する補助金を引き下げ、農産物市場を開放することを望むのは、国際貿易の中では長らく存在する現象である。そしてこれは、自国の農民や農業を支援したい考えと相矛盾している。ある意味で、先進国と発展途上国のこの対立は、2001年からのドーハ・ラウンド交渉が遅遅として進まない重要な原因である。喜ぶべきは、2013年12月、WTO第9回閣僚会議でバリ・パッケージが合意となったことである。内容は農業、知的財産権、紛争解決と発展など、多くの貿易障壁の解消を狙った内容となっている。WTOが成立して18年、ドーハ・ラウンド交渉が始まってから12年で、初の世界多国間貿易協定となった。2014年11月27日、WTO（世界貿易機関）は、その日の理事会特別会議で貿易円滑化協議の議定書が最終的に採択されたことを宣言、これはWTO設立以来、初の世界貿易改革協定で19年にわたる長い道のりで得られたものだった。国際金融危機の衝撃により、世界はよりはっきりと国際貿易の重要性を認識し、そのためWTOルールの改革に実質的な一歩を踏み出した、と言わざるを得ない。

　WTOの枠組みのゆっくりとした進展以外に、危機以降の世界経済貿易関係の発展で、人々の注目を浴びたのは、各地域の自由貿易協定が様々な範囲、様々な地域で雨後の竹の子のように現れたことである。その中でも代表的なのものは、米国と欧州諸国が参加した大西洋横断貿易投資パートナーシップ協定（TTIP）と、アジア太平洋諸国が参加した環太平洋パートナーシップ協定（TPP）である。

注意すべきは、域内貿易自由化の準備と多国間貿易投資の枠組みは、域内の分業を調整し、産業と貿易の関係を再構築し、世界発展の新潮流を具体化させようというものだということである。WTOの統計によれば、2014年10月までに、WTOに通知された域内貿易の自由化協議は、379にのぼり、そのうちの70％がこの10年間で成立したものである。中国は国際経済貿易関係の積極的な推進者として、近年、広く様々な自由貿易協議交渉と設立のプロセスに関わっている。中国と韓国の自由貿易協定交渉はすでに実質的な段階を終えている。また中国と東南アジア諸国連合（ASEAN）の間の交渉は、ずっと安定的に推進されてきたが、2014年にはすでに明らかな進展が見られた。2014年11月10日から11日にかけて、北京で開催されたAPECの席上で、中国は2020年にAPEC自由貿易圏を構築するビジョンを打ち出し、会議出席者はそろって賛同した。これと表裏をなすように、中国は2013年8月、正式に上海で中国（上海）自由貿易試験区を設立、自国の国内で新たな自由貿易規則の試行を始めた。一年あまりの積極的な模索を経て、上海自由貿易試験区の試験地域は、2014年中央経済工作会議において、天津、福建、広東などの地域に拡大された。これは新たな自由貿易の仕組みが、すでに中国に根を下ろしていることを示すものである。

　危機以降、WTOの枠組みの外で、国際経済貿易関係での新発展は、サービス貿易の自由化枠組みの変化である。周知の通り、歴史的な原因で、既存のWTOなどの国際貿易協定は比較的商品の貿易に偏重しており、サービス貿易に関しては足りないところがある。ドーハ・ラウンド交渉は結果を出すことができなかったが、主な問題点は、農業とサービス部門での不一致を埋めることが難しいということだった。2013年のバリ合意で農産物貿易の問題は一定程度の解決を見たが、サービス貿易については伸展がなかった。2011年から、WTO加盟国の一部は、自由貿易のさらなる自由化を目指し、サービスの貿易に関する一般協定（GATS）の改訂しようと、新サ

ービス貿易協定（Trade in Service Agreement, TiSA）の協議を開始した。これは新たな、高いレベルの貿易自由化組織に向けての交渉である。TiSA が確立しようとしている原則には、外資に全面的に内国民待遇を与えることである。各国が明確に保留した例外を除き、サービス部門では外資に対しても平等な扱いをするということである。原則として、合弁企業の設立に必要な条件を廃止し、外資の持ち株比率や経営範囲を制限してはならない。中国は2013年9月13日から TiSA 交渉に参加すると発表した。中国が TiSA 交渉に参加するのは、さらに深くグローバルマーケットに溶け込み、サービス貿易の発展を促し、サービス業の発展を通して国内の経済モデルの転換をアップグレードするためである。これは中国が第18期三中全会で決定した、輸出指向型経済体を確立し、実体化するための歩みである。

　注目すべきは、世界の経済、貿易の新たな発展の中でも、米国は依然として主導的な地位にあり、TPP、TTIP、TiSA は米国の新たな世界的経済貿易ガバナンスの三本柱だということだ。域内貿易の自由化が、広範囲、高レベルになり、かつ、WTO 等の世界的な多国間システムと並行している状況であるので、このため、WTO のルールは、依然として世界の最大公約数であるにもかかわらず、将来的に TPP、TTIP、TiSA からの挑戦を受けるのは避けられず、それらがお互いに影響を受けることもまた避けられない。このような国際規則の変化の新たな傾向は、世界経済の将来に大きな影響を及ぼすものである。

（三）世界金融管理ルールの調整

　管理の欠如がサブプライムローン危機の重大な原因だと、様々な分野で考えられている。このため、さらなる金融業管理の強化が、国際社会の共通認識となっている。リーマン・ブラザーズの破綻から二周年となる際に合意が成立した『バーゼルⅢ』は、民間銀行に

中核的自己資本比率を高めるよう要求し、新たに流動性及びレバレッジ比率に対する規制を導入し、ストレステストや市場の流動性の観点から金融機関の潜在リスクを考え監督することを重視している。『バーゼルⅡ』では、信用貸し付けとその他の信用資産に関するリスク評価は、かなりの部分外部機関（特に格付け会社）の評価に依存していた。またこうした機関は管理の対象外だった。このため、後に安全でないとわかった資産（例えば、危機の中で、世界中の投資者がぼろきれのように捨てた仕組み債など）が、危機の前にはむしろ安全性が高いＡＡＡの格付けがされていた。既存の信用格付機関も、間違いなく、金融危機の発生と悪化を助長する働きをした。『バーゼルⅢ』では、こうした金融商品のリスク評価にもさらに厳密なシナリオ分析が要求されている。

　このほか、信用（ローン）証券化及び金融派生商品市場は、今回の金融危機の発生源であり、危機以降、各界から証券化及び金融派生商品に対して多くの非難がおこった。しかし、資産証券化及び派生商品市場は、リスク分散、銀行資本に対する占有の軽減、投融資発展の促進に大きな効果があり、根本から否定されるべきものでもない。しかし、この問題に対して、改革を行うことは必要である。信用取引証券化市場には、二つの問題点がある。一つはモラルハザードである。信用の証券化の中で、ローン支払機関と証券化機関は、証券化し販売したあとはその債券に関して信用リスクを負わないので、最終的な投資家と、ローン支払機関、証券化機関の利益は一致しない（インセンティブ・コンパチビリティー（誘因両立性）は実現できない）。ローン支払機関、証券化機関は、貸し手のリスクに対する適正評価手続き（デューデリジェンス）に関しては、不適格の貸し手を拒絶するインセンティブが不足しており、信用リスクを元から増大させている。二つ目には、過度に複雑化した多層構造化、パッケージ化などの操作により、金融商品の透明度は低下し、投資家は自分が購入した金融派生商品のもともとの基礎となる資産はな

んであったのか知るよしもなく、はなはだ欠陥の多い、格付会社などの第三者機関によるリスク評価に頼るしかない。さしあたって、信用金融派生商品市場に対する監督を強めるという主要な措置は、まず、ローン支払機関と証券化機関が証券化資産の部分的な信用リスクを負うよう求め、ローン支払機関、証券化機関と証券化商品の最終投資家のインセンティブ・コンパチビリティーを部分的に実現させるものである。次に証券化市場の透明度を上げ、行き過ぎたパッケージ化を減らし、リスクを投資家に、より分かりやすくさせることである（謝平，鄒伝，2010）。

　先の、バーゼルⅢと資産証券化改革の議論は、信用格付け機関にも及び、現在の金融市場での重要性を物語っている。人々は一般的に、格付情報は情報の非対称性や、投資者が信用情報を得るためのコストを減らし、それぞれの投資家が骨を折る手間を避けて、社会的コストを節約することができる、と考えている。しかし、今回の金融危機でさらけ出された問題点により、信用格付機関の改革が強く望まれている。売り手が費用を負担し格付けを受ける方式や、いくつかの金融商品の格付けに存在する不備により、格付機関は故意にまたは無意識に、資産リスクを過小評価させ、また、投資家、金融機関、監督当局は信用格付け機関に過度に依存し、適切な格付け機関が、ある信用主体のまたは金融商品の格付を引き下げようとするとき、あらゆる市場参加者はすぐに同一の行動を取るため、システマチック・リスクが形成されるのである。格付機関の改革は多方面に関係してくるので、必要なのは、一つには信用格付機関を監督体制の中に組み込み、責任ある態度でしっかりと格付作業を行うように保証し、利益衝突を公表してモラルハザードをさげることである。二つ目には、既存の格付方法を見直し、評価の正確性と客観性を向上させることである。三つ目には、投資家、監督当局、金融機関の格付機関への依存度を減らし、環境の整った機関が、自ら開発し運用する格付モデルを、自身で値決めするのを奨励することであ

る。四つ目には、理論と実践のイノベーション、特に商業モデルイノベーションを模索し、格付機関と格付情報の利用者がインセンティブ・コンパチビリティーを実現させて、以前の売り主が値段を決める方法の弊害を避けることである（謝平、鄒伝, 2010）。

（四）政治、経済、安全面でのグローバル・ガバナンス・システムも大きく調整中で、国際組織、機関における権利関係も再分配に直面している。

　先進国と新興国の相対的な実力がトレードオフの関係にあり、今回の危機のショックにより、地域的な衝突が頻繁に起こり、地政学的にも緊張が起こるなどの矛盾が顕在化し、従来の欧米主導型の国際政治と経済の秩序、ガバナンスはすでに新しい情勢に対応できなくなっている。中国をはじめとする新進市場国は、国際ガバナンスシステムのなかで、次第に重要な勢力となりつつある。新興国は、政治、経済、安全面でのグローバルガバナンスシステムのなかで、より大きな発言権と影響力の獲得を模索している。しかしそれは先進国の地位や権利を相対的に引き下げる可能性があり、それは先進国の意図するところではない。こうした状況は、2013年米国がIMFの改革案を否決したということからも推測できる。

　ブレトンウッズ体制の2本の柱である機関、IMF（国際通貨基金）と世界銀行は、第二次世界大戦後の国際経済、金融のガバナンスに、大きな役割を果たしてきた。現在この二機関が直面する主要な問題は、いかに目下の国際経済の構造に基づき、自身の管理システムを改善し、国際政治経済の舞台に上がってきた新興市場国と発展途上国の、しだいに大きくなる力を反映させ、この二機関において ての権益と発言権を増やすことである。2010年のG20サミットにおいて、IMFの管理機構改革は重要な決定事項となった。しかし、四年が経過しても、米国議会が批准しないため、IMFの出資割当額改革案は未だに承認されていない。最近では、欧州が深刻な危機

に陥ったため、IMFはウクライナに対する170億米ドルの支援計画を批准し、IMFの貸付資金の90％を欧州に充てることとなった（朱光耀、2014）。これによりIMFは国際社会からひろく疑問視されることとなった。IMFがほとんどの資金を一つの地域のために使うのは、公平性に欠けるのではないか、IMFはいかにして発展途上国への責任を負うのか、こうした疑問はIMFの試練となった（朱光耀、2014）。しかし、米国はIMFへの17％を超える出資割り当てを持っているため、「拒否権」を握っている。その他の国がどうがんばっても、実質的な影響を生むことはない。これはIMFと世界銀行の体制や運用制度の合理性に疑念を抱かせるものである。

　指摘しておかなくてはならないのは、旧来の先進国が、いかに手中の権利をみすみす取られまいとしても、こうした変革は、実際の力に比例して発生する変化により、必然的に起こる反応であり、先進国が阻止しようとしても、決して完全に阻止できるものでは無い。また、このようなガバナンス体系の変革は、グローバルガバナンスシステムのもとでの、国家間の地位と権利の公平、公正に関わるばかりでなく、さらに国際組織のグローバルガバナンスシステムの効率にも関わるのである。今日、高度にグローバル化した環境のもとで、経済貿易、金融、さらには科学技術、文化、地域の安全等一連の問題の中で、新興国の関与と協力がなければ、先進国もまた自身の利益を追求することは難しい。こうした意味で、新たなグローバルガバナンスシステムを確立することは、多方面でプラスになるばかりでなく、先進国にとっても、悪いことばかりというわけでは無い。旧来の先進国は未だに「パイの分け前」という考え方に囚われており、自らが持つ利益や力を他国に取られることを心配している。もし「パイ」を大きくすることに力を注げば、グローバル経済システムに参加している国すべてが得るパイを、以前よりさらに大きすることができるとは、意外にも思っていないのだ。

第三章　世界的な「新常態」の原因──長期停滞仮説

　これまで述べてきたとおり、20年あまりのグレート・モデレーションの後、世界経済は2007年に金融危機のショックで、あっという間に米国、欧州、日本などの先進国は同時に衰退に陥った。しかも、危機のピークが過ぎて6年が過ぎても、多くの国が極めて不安定な、かすかな回復しか見せていない。また、程度の差はあるが、傾向性のない低成長の時期に入り、たびたび経済の低迷、デフレ、公共部門の債務不履行、銀行業の危機など多くの不確定で現実的なリスクを伴っている。経済の回復過程がこんなにも長く苦しいのは、危機の発生した要因が複雑で重なり合い、深刻であるからだ。

一、長期停滞 『いつか来た道』

　繁栄を極めた世界的なグレート・モデレーションから、長期に低成長が続くという特徴のある、「新常態」に移行するというのは、たいへん大きな転換である。その原因については諸説あるが、その中で最も説得力があり、かつ代表的な解釈はアメリカの著名な経済学者で、元米財務長官のサマーズが2013年末に提唱した長期停滞論（Secular Stagnation, Summers, 2014）である。周知の通り、「長期停滞」の概念は、サマーズが初めて提唱したわけではない。実際、1938年にはすでに、「アメリカのケインズ」とも呼ばれる経済学者ハンセン（Hansen, 1939）が、この概念をすでに提起している。その当時、投資需要の不足と、移民数の減少の供給からくる労働力の供給不足などの要因により、経済が長期に低成長に陥るとしたものだ。ハンセンは同時に、もし関連する刺激政策の介入がなければ、アメリカ経済自体が、市場原理によって単独でこの苦境を抜け出すことは難しかったと強調している[7]。これは明らかにケインズ式の「不況の経済学」である。しかし間もなく、第二次世界大戦の勃発

と軍需景気の思わぬ到来により、ハンセンの長期停滞説はすぐに忘れ去られることになった。サマーズが、今また、古い理論を持ち出すのは、歴史が繰り返されようとしていることを、もちろん新しい形式により、過去の悪夢が再度演じられようとしているのだが、強烈に感じているからである。サマーズによれば、今回の長期停滞は、主に三つの新しい項目を内包している。まず、長期停滞とは、完全雇用の実現が可能で、かつ貯蓄と投資のバランスである実際の利率（つまり自然利子率）が比較的大きなマイナス値にあり、その時の実質利子率の状況よりもはるかに低いことを指す。ローバックとウィリアムズ（Laubach and Williams, 2003）の試算によれば（図3-1）、21世紀に入って以来、米国の自然利子率はすでに明らかに低下している。2008年の年末には、すでに0のレベルに近づいており、また2012年の第3四半期から今まではマイナスの値に陥っている。問題は、現行の実質利子率はこの30年あまり、下降傾向にあるものの、依然として明らかに自然利子率よりも高い。こうして状況の主な帰結は、一連の、人に二の足を踏ませる停滞局面が現れることで、投資不足、消費の低迷、人余り、雇用不足、実質経済成長率が潜在レベルを下回る、通常の通貨政策がゼロ金利に近づくことにより実効性がなくなるなどが典型的な特徴である。次には、経済成長が長期に潜在的成長率を下回ることに対応するという、深刻な難問について、米通貨当局はすでに名目利率を限りなくゼロに近づけるという歴史的な低さに下げており、さらに欧州中央銀行は2014年4月に史上初めて政策金利を－0.1％まで下げ、同年9月にはさらに－0.2％まで下げた。しかしこうした「超法規的」措置も、依然として現行の利子率と均衡利子率の差を埋めることはできなかった。金融緩和政策の副作用として、株式、不動産などの資産価格は上昇し、資産バブルは抑制が難しくなった。（本書第二章参照）完全雇用、経済の妥当な成長と金融の安定という3項目のマクロ目標は、同時に実現するのが難しい状況に陥り、政策決定者は低迷する経済成長と膨

らむ資産バブルの中で、苦しみながら選択するしかなかった。

図3-1　アメリカの自然実質率推計

出典：Laubach and Williams, 2003　最新の試算は以下を参照
　　　http://www.frbsf.org/economic-research/economists/john-williams/

図3-2　米国の実質利子率

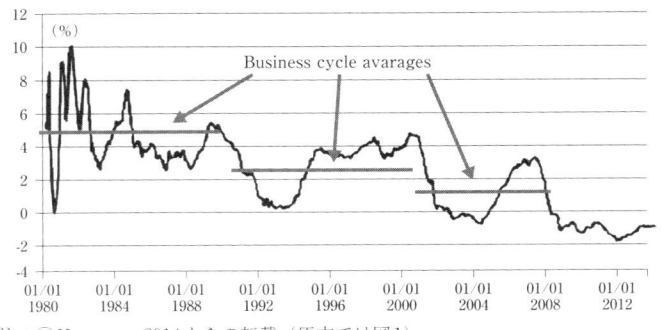

注：①Krugman 2014からの転載（原文では図1）
　　②実質利子率はフェデラルファンド金利とコアインフレ率の差
　　③図中の三本の線は、経済循環の中での実質利子率の平均値

　サマーズの以上の見方は学会から注目を浴びたが、もちろん論争
や異論は避けられないところだ。たとえば、マッキンゼーレポート
（2013）は、米国の将来的な成長の可能性はそれでも大変に大きく、

特にエネルギー、貿易、ビッグデータ、社会基盤と人材という五つの大きな柱には多くのチャンスがあるとしている。エネルギー分野では、シェールガスやシェールオイルの採掘は拡大していく。貿易では、米国は知識集約型の商品に関しての競争力を増強している。ビッグデータに関しては、ビッグデータの基盤とその分析能力は日進月歩で進化し、産業の生産性に関する将来性を向上させている。社会インフラでは、新たな投資重点は確固たる基礎を作り、その生産性を上げている。人材では、幼稚園から高校まで、また大学以降の教育について新たな手法が取り入れられ、米国の人的資本を大きく向上させることになるだろう。このレポートでは、2020年には、上記の五つの分野で、成長が米国の年間GDPを数千億米ドル増加させ、数百万の雇用を生むだろう、さらに素晴らしいことに、2030年以降、このうちのインフラと人材の投資は、よりめざましい収益を上げるだろう、としている。

あるイギリスの経済学者が最近行ったアンケート調査（Armstrong et al., 2014）によると、回答者の半数近くが、先進国が長期停滞に陥ったことを否定し、陥ったとする回答者はわずか4分の1、残り4分の1はどちらともいえないと回答した。その中で、多くの人が長期停滞の定義や中身についてはっきりとせず、足りないところがあると考えていた。たとえば、「長期停滞とは長期にわたる衰退である」とか「長期停滞という言い方は、需要者側と供給者側の問題を混同している」といった見方である。しかし均衡利子率が下落していることに関して、また積極的な財政政策を重視し誘導することについては、比較的多くの共通認識が見られた。

上述の論争は、ゴードン（Gordon, 2014）の研究で報告されている。ゴードンによれば、「長期停滞」と「長期にわたる低成長」は別物であるという。「長期停滞」は、主に、需要の不足により実質成長率が比較的長期にわたって潜在成長率よりも低い状況である。（すなわち産出量不足が存在する）。ちょうど、ハンセンが1930年

代に直面した米国の経済状況と同様である。「長期にわたる低成長」は主に、潜在成長率そのものが低くなるもので、そのため、より正確に現在の経済情勢を総括することができる。

　いろいろな見方があるにもかかわらず、危機の続いた6年以降、世界経済、特に先進国の全体の回復は、力不足で、歩調が一致していないのは確かな事実である。ドミンゲスとシャピロ（Dominguez and Shapiro, 2013）の研究によれば、1980年代の回復（例えば1982年の景気停滞後）と違い、今回の不景気は、底を打った後、短期間で経済成長を実現して損失を埋めることができておらず、かつ、すう勢成長率を下回る歩みは遅い。これは、経済の中に比較的大きくかつ長期間にわたる産出量不足が存在することを示している。こうした状況は1991年と2001年の軽微な景気後退（マイルド・リセッション）の後の回復に近い。ドミンゲスとシャピロの判断は、ある程度サマーズの、需要不足が長期停滞を引き起こすという論述に合っているのは明らかである。また、ラインハートとロゴフ（Reinhart and Rogoff, 2014）の指摘では、危機の波が去った5〜6年間、調査した12の国家（主に先進国）では、アメリカとドイツの1人当たりGDPが、危機以前のレベルをわずかに超えたが、ギリシャ、オランダ、イタリア、スペイン、ポルトガルなどの国は2013年になっても所得が減少する傾向に歯止めがかからない（このうち、ギリシャでは、1人当たりGDPが危機の底では、危機前に比べ24％も下がった）。関連の推計では、上述の国は2018年〜2019年になってようやく、危機前の所得水準に戻るだろうと考えられている。

　以上の認識は、すでに国際組織の未来の世界的な成長の予測の中に反映されている。こうした組織は将来の経済成長についての憂慮を示している。2014年9月、OECD（経済開発協力機構）は同年5月に出した経済成長予測を訂正した。中国（変わらず）インド（＋0.8％）以外、ほとんどの国について下方修正した。そのうち、米国は2.6％から2.1％に、ユーロ圏は1.2％から0.8％に、日本は1.2％から

0.9％に下方修正された。その直後の2014年10月、国際通貨基金は新たな『世界経済見通し』を発表、2011年秋以降、IMFの中期、すなわち予測時から5年間の世界経済では、次第に下がる傾向にあると予測されている（図3-3）。特にユーロ圏では、40％の確率で、2008年危機以来の、第三次の景気後退に陥る。また、この確率は2014年4月版の報告では、わずか20％だった。（このほか、ユーロ圏ではデフレの危険が高まっている。）これはある程度、長期停滞の判断の支えとなっている。当然ながら図3-3が示すとおり、IMFの予測の中で、新興市場国の中期的な経済成長もまた、明らかな下降傾向を示している。こうした見通しに至る主要な原因の1つは、最大の新興経済体である中国が、すでに新常態のもとで、構造的な成長の減速が現れているからであると我々は考えている。我々はこの点をテーマに、中国経済の新常態を討論していく。

図3-3　IMF中長期経済成長予測　　　　　　（%）

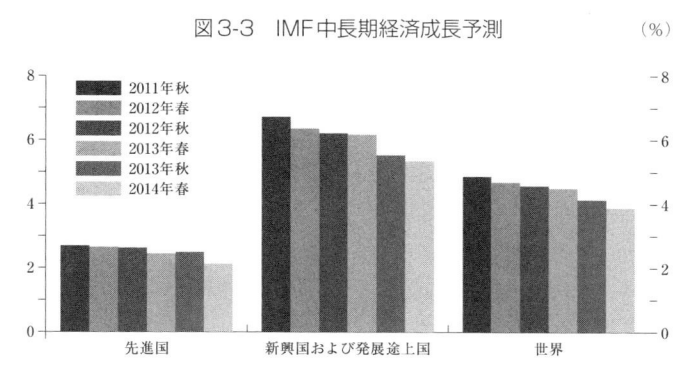

出典：IMF（2014）から転載、原文は図3-1

　長期停滞は、ある種、世界的な影響力を持った見方である。すでにIMF等の国際組織（例としてIMF, 2014）や、多くの世界一流の経済学者が注目し採用している。（Teulings and Baldwin,2014、これに関する文献概要参照）これは、この見方が少なくとも、当面の世界経済の情勢及び将来的動向についての分析の出発点となるものだ

からである。少なくとも、ノーベル賞受賞者で新古典派成長モデル
を打ち立てた一人、ロバート・スローが最近指摘したように（Solow,
2014）、長期停滞の判断は仮に確かでなかったとしても、この説を
支持することは「リスクの高い賭け（long shot）」ではない。

　本章の以下の部分では、我々は長周期理論に基づき、各方面の観
点をまとめ、供給、需要、政策、所得配分の４つについて、さらに
長期停滞の事実をまとめ、長期停滞の概念を詳しく述べる。

二、供給サイドの分析

　技術の進歩、人口構成、労働市場の変化、実質金利の水準は、供
給サイドから見て、長期停滞の主な要因である。

　経済成長と各国の経験から、長期の経済成長の中心的な変数は技
術革新だといえる。長期停滞論の観点では、長期停滞の主な要因の
１つはまさに技術革新の停滞にある。ゴードンの試算によると
（Gordon, 2012, 2014）、米国全要素生産性（Total Factor Productivity、
略して TFP）はすでに 1930 年代以前の歴史的な低い値に戻ってお
り、1980 年から今に至るまで、TFP の年平均増加率はわずか0.5％
で 1930 年から 1980 年の増加率のおおむね３分の１の速度である（図
3-4)[8]。また、グレート・モデレーションの時代（特に1990年代
半ばから今回の危機の前まで）短い間に技術進歩が加速したが、そ
の前の 10 数年から言えば、20 世紀の中ごろの水準からは、ほど遠
い。同時に、ある研究によれば、欧州や日本など主要な先進国自身
のイノベーション能力には限界があり、米国の知識技術のおこぼれ
に預かることが比較的多い。そのため、欧州などは米国の後塵を拝
すことになり、1990 年代以降、程度の差はあれ、生産性の拡大が
減速するという状況に陥っている。全般的に技術進歩が鈍化する原
因は、ゴードンによれば、この時期の主要な科学技術イノベーショ
ンの成果、例えば、インターネットやパーソナルコンピューターな
どは、生産効率の向上に効果をもたらすを作用を及ぼすものではあ

るが、しかしその程度は1世紀前の電力、内燃機関や水道システム
などの発明には遥か及ばない（米国の技術進歩には異なった見方が
ある。Crafts, 2014, Eichengree, 2014, Glaeser, 2014）。このほか、ノ
ーベル賞受賞者であるフェルプスが著書『なぜ近代は繁栄したのか』
（"Mass Flourishing How Grassroots Innovation Created Jobs,
Challenge, and Change", 2013）の中で、一歩進めて制度、文化、
職業態度、価値観など多くの方面から、1970年代以降の米国など
先進国の技術革新の減速とイノベーションの衰えを記述、解説して
いる。また生産性の伸びの鈍化が雇用に対して悪影響を及ぼすこと
を特に強調している（Phelps, 2013）。

図3-4　米国の年平均全要素生産性伸び率

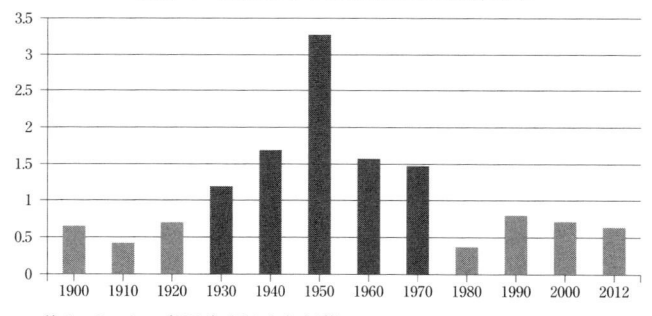

注1：Gordon（2014）図1より転載
注2：その年の前10年間のTFP伸び率の平均を示す

　供給サイドのもう1つの重要な要素は、人口の増加と労働市場の
変動である。出生率の低下および平均寿命の向上、戦後のベビーブ
ーム世代の退職などの要因が重なって起こることにより、21世紀
に入って以降、米国などの先進国は、おおむね労働力の供給量の減
少、労働力人口比率の低下に陥っている。例えば1972年から1996
年にかけて、米国の労働力人口比率の伸びは0.4ポイントだった。
また2007年から2014年にかけては、年平均で0.8ポイント下がって
いる。この1項目の変化だけでも、米国の一人当たり平均GDPは

1.2ポイント下降した（Gordon, 2014）。米国に比較して、欧州および日本の労働力供給はもっと悲観的である。図3-5の示すとおり、1990年代以降、人口の高齢化及び少子化等の要素が悪化し続けため、欧州および日本はいずれも、労働人口が相対的に減少する傾向がより明白であるばかりでなく、その持続的な期間も米国に比べてより長い。これと同時に、弱まった経済環境は、人的資本の蓄積と労働力人口比率をさらに弱めることになるだろう。この状況に直面して、学会は「欧州硬化症（Eurosclerasis）」の概念を再び取り上げ、また現状や欧州以外の国家の状況を踏まえて、新たな研究を展開した。文献からみると、欧州硬化症の研究は、1970 〜 80年代には既に始まっている[9]。かなり長い期間、研究の対象は欧州各国に限られていた。残念ながら、今回の危機の中で、欧州硬化症に似た状況が、米国内の多くのところで再現される傾向がある[10]。グレイザー（Glaeser, 2014）は、米国の研究に基づいて、衰退と関連した失業は、景気回復にも完全に回復することはないことを明らかにした。人的資本は、失業により恒久的に失われ、労働力人口比率もこれに伴って低下していく。このほか、戦後米国など先進国では、教育の普及は非常に速く、そこで蓄積された大量の人的資本は、戦後の経済復興と繁栄を支えてきた。しかしながら、おおむね1970年代から、さらなる教育の普及と人的資本の潜在力の向上は失われつつある。ゴードンの研究（2014）によれば、こうした現象は、米国で発生しているばかりかかなり深刻で、特に高校及び大学段階での教育普及率では、米国は先進国の中でも下位に位置している。ともかく、供給数の減少と質の低下は、危機後の経済成長に一時的なリバウンドがあったとしても、危機以前に戻るにはかなり長い道のりが必要である。言い換えれば1回の危機の衝撃で、潜在GDP算出水準は下降する。もし、より迅速な成長がなければ、潜在GDP算出水準が危機前のレベルに戻るにはかなりの時間を必要とすることをはっきりと示している。

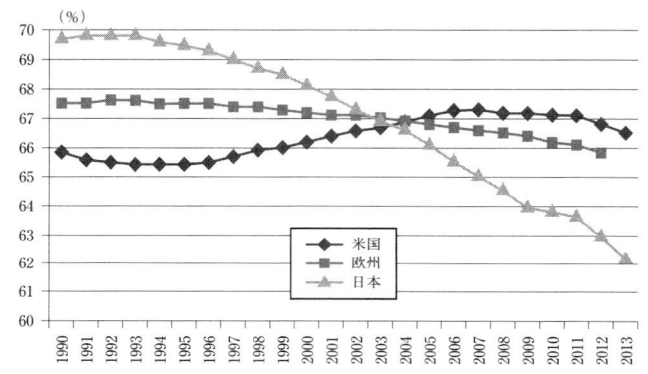

図3-5　主要国の総人口に占める15〜64歳人口の割合

出典：Organization for Economic Cooperation and Development, Main Economic Indicators

　供給サイドの諸々の変化の中で、最も意識されにくいものの、重大な影響のある要素は、完全雇用実質金利（the full-employment real interest rate, FERIR）の動きである。これは、完全雇用が成立し、かつ貯蓄と投資が均衡する利率を指す。この利率はまた「自然利率」とも言われ、ヴィクセルが初めて発表したため、「ヴィクセルの利率」とも呼ばれる。ヴィクセルの「累積過程」によれば、実体経済の中で、貯蓄と投資により決定される（均衡）実質利子率がある。この利率レベルは三つの要素から決定される。一つは貯蓄供給関数（貸付可能な資金の供給）、二つ目は投資需要関数（借り入れ可能資金への需要）は。三つはリスク資産の安全試算への要求程度の強さである。この利率レベルでは完全雇用が達成される。しかしながら、完全雇用実質金利は結局プラスのレベルに落ち着くことはない。もし、貯蓄供給が投資需要より大きく、安全資産の供給が過剰な貯蓄を完全に吸収することが難しければ、完全雇用実質金利はマイナスの値になる。図3-6は米国の完全雇用実質金利の下降傾向を示す。

図3-6　米国の自然利子率の傾向

出典：Laubach and Williams（2003）

　サマーズ等の研究では、1990年代の初め、及び2001年〜2005年に、米国の実質金利はゼロ以下に下がったことがあり、当時の名目金利よりかなり低かった。これによって米国の貨幣政策は、手も足も出ない状況に落ちいった。名目金利は下がっていったが、しかしながら完全雇用実質金利に比べ、まだ高く、投資への刺激や経済の牽引には十分ではなかった。また名目金利を下げるための、大量の通貨の放出は、さらに深刻な資産バブルを引き起こし、最終的には危機を誘発する導火線となった。危機後、特にリーマンブラザーズが倒産した後、米国の実質金利は一貫して−1％から−2％を保っていた（図3-7）。これにより、投資不足、産出額の下落（その潜在レベルを下回る）、及び不完全雇用などの経済停滞が現れた。この苦境に対応するため、FRBは名目利率を引き下げてゼロに近づける、歴史的にも低い値を長期に取らざるを得なかった。しかしこの利率は、それでも依然として完全雇用実質金利より高いだけでなく、ここまで「緩められた」通貨政策は一層深刻な資産バブルを引き起こし、危機からの回復を阻害した。簡単に言えば、実質金利が長期的にマイナスであれば、完全雇用と経済の適切な成長、金融の安定という、三項目のマクロ目標を同時に実現させるのが難しいだ

けでなく、政策決定者は成長の低迷と膨張する資産バブルの間で厳しい選択を迫られた。キングとロウ（King and Low, 2014）の研究によれば、債権の収益指数から見る主要国家の実質利率は、20世紀の終わりからすでに下がっていた。（図3-8）これは全世界のマクロ政策当局が対策に苦慮する厳しい局面だった。

図3-7　米国とユーロ圏の実質金利水準の変化

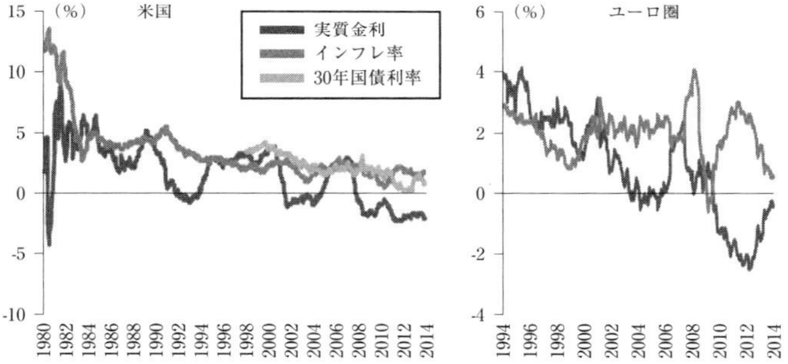

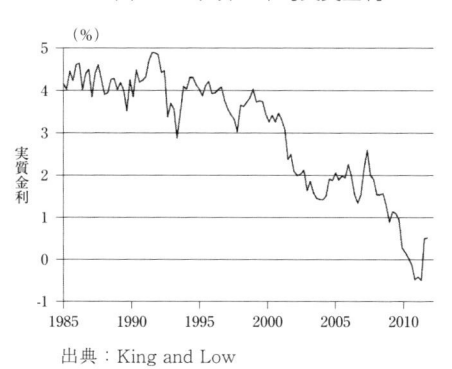

出典：ECB及びBloomberg（Coen Teulings & Richard Baldwin, Secular Stagnation
　　　より転載）

図3-8　世界の平均実質金利

出典：King and Low

三　需要サイドの分析

　需要サイドについて見てみよう。長期停滞は、現在でも引き続き存在する産出量不足になお現れている。それが指し示すのは、実質成長が長期にわたってその長期潜在動向より低いことである。産出量不足の本質は、ケインズ経済学の中心概念の一つであり、総需要の不足である。この分析の観点は、多くの研究者が取り入れ、重視している。実際、サマーズも主に関心を寄せているところである。このサマーズの見方について、ノーベル賞受賞者のクルーグマンも強力に支持している（Krugman, 2014）。それによれば、原因はいろいろあるものの、総需要の不足が最も重要な原因の一つであると考えている。また同時に長期停滞の判断は以下の通りである。過去5、6年、ゼロ金利政策によっても完全雇用は実現されていない。こうした状況は将来いっそうよく見かけるようになり、ある種常態化するだろう。

　この他、特に強調しておかねばならないのは、在日のエコノミスト、リチャード・クーは、さらに「バランスシート不況（Balance Sheet Recession）」という、在庫量の観点から長期停滞の形成メカニズムについて解釈を試みている（Koo, 2014）。危機の中で、特に資産バブルが崩壊した後、生き残りをかけて行き過ぎた借金をした企業と個人部門は投資と消費を削減し、バランスシートを修復とデレバレッジに転換する（すなわち、負債を減らす）とクーは指摘している。これは間違いなく、貯蓄と投資がアンバランスが進み、総需要不足と経済成長の鈍化という負のスパイラルを生み出す。日本は1990年代のバブル経済が崩壊した後、「失われた20年」と最近の長期停滞を経験しているが、この観点で説明することができる。最近の関連研究によれば、投資収益率の低下につれて、米国の個人部門の貯蓄は増加を続け、投資は逆に減少傾向にある。企業部門においてすら、貯蓄が投資を上回り、経済システムに於いて貸し手ばかりという異常な現象が見られる（Solow, 2014）。企業は危機後の時

期には、おしなべて貸借対照表の修復に注力し、これが危機の長期化の主要な原因の一つであると考える。

四　マクロ政策の責任

　経済が長期停滞に陥ると、マクロ経済政策も責められることを免れない。前にも触れたとおり、長期停滞の判断はまず、均衡利率がマイナスのとき、通貨政策が効力を失うことに基づいてなされる。実際、2008年12月からFRBは、フェデラルファンド金利が0～0.25％という歴史的な低さを今日にいたるまで続けている。しかし2008年1月には3.5％と高く、2007年末には4.25％とさらに高かった。これと同時に、欧州中央銀行もユーロ圏の主要な利率を下げる傾向があった。そのうち、個人銀行の欧州中央銀行における預金利率は、2014年6月にはマイナスとなった。問題は、もし貯蓄と投資が釣り合う実質金利がマイナスとなると、利子率という通常の手段が的外れなものになってしまうことだ。それは、経済成長と完全雇用というマクロ政策目標を達成することを難しくするばかりか、むしろ株や不動産の資産価格を押し上げ、経済体が「バブルに頼ってのみ、富を築ける」危険な状態に陥る結果となる。(Solow, 2014) この点を鑑みて、米国の通貨当局は長年にわたって採用してきた価格という手段でなく、長らく顧みることのなかった数量的手段を使うこととし、ターム物入札ファシリティ（TAF）、CP資金供給ファシリティ（CPFF）、ターム・アセットバック証券ローン・ファシリティ（TALF）などを相次いで打ち出した。続けて、三種の量的緩和政策（Quantitative Easing, QE）を思い切って大々的に実施、同時に市場に向けて大量に流動性を注ぎ込み、長期利率をゼロ水準に押さえ込んだ。欧州中央銀行はFRBほど機を見るのが早くなく、危機が発生してから3年を過ぎても、通貨政策の目標をインフレのコントロールに限るべきか、金融の安定と景気への刺激を含めるべきかで論争が続いている。ソブリン債務危機から3年が経過したあと欧

州中央銀行は、2012年9月にゆっくりとFRBに追随し、無制限の債券買い付けを発表した。しかし、実際は2014年下半期になってようやく、欧州中央銀行はFRBのような規模の大きな資産購入計画を策定、実施し、いわゆる「欧州版」量的緩和を実施した。同時に、欧州中央銀行はそのバランスシートの規模を、2012年初めのレベルまで迅速に拡大すると発表した。以上の政策分野での、米国と欧州の危機後の経済回復におけるパフォーマンスの違いというべきであろう。

表3-1　欧州中央銀行の主要利率　　　　　　　　　(%)

発効期日	預金ファシリティ (Deposit Facility)	主要資金供給オペレーション (Main Refinancing Operations)	限界貸出ファシリティ (Marginal Lending Facility)
2014年 9月10日	-0.20	0.05	0.30
2014年 6月11日	-0.10	0.15	0.40
2013年11月13日	0.00	0.25	0.75
2013年 5月 8日	0.00	0.50	1.00
2012年 7月11日	0.00	0.75	1.50
2011年12月14日	0.25	1.00	1.75
2011年11月9日	0.50	1.25	2.00
2011年 7月13日	0.75	1.50	2.25
2011年 4月13日	0.50	1.25	2.00
2009年 5月13日	0.25	1.00	1.75
2009年 4月 8日	0.25	1.25	2.25
2009年 3月11日	0.50	1.50	2.50
2009年 1月21日	1.00	2.00	3.00
2008年12月10日	2.00	2.50	3.00
2008年11月12日	2.75	3.25	3.75
2008年10月15日	3.25	3.75	4.25

出典：欧州中央銀行
http://www.ecb.europa.eu/stats/monetary/rates/html/index.en.html　参照

百年に一度あるかないかの国際金融危機に対して、各国政府は思い切った通貨政策を実施したばかりでなく、財政による刺激策にも力を入れ、公的支出の拡大、財政赤字の増加、流動性の注入など、現在、各国のマクロコントロール政策のメニューに頻出しているものを増強した。それのみならず、衰退の長期化に連れて、過度に拡張した通貨政策と、その財政政策との内在する関係が次第に表面化してきたため、各国の財政政策への依存度は次第に重くなっていく傾向を招いた。問題が深刻なのは、拡大的財政政策が総需要を刺激し、民間部門の不良資産を買い入れて資産と負債の構成を改善し、債務不履行の蔓延を防止し、市場のマインドの回復をはかるなど多くの方面で効果がすぐに出るものの、政府部門のバランスシートの悪化が深刻になり、さらに債務のレバレッジを引き起こすことである。このようにして、拡大的財政政策はその場しのぎになってしまうのである。こうした状況は国際社会からの高い関心を集めた。例えば、2014年末の「ジュネーブ世界経済報告書」は、戦々恐々として（Buttiglione et al., 2014）、異なる経済発展段階にある国でも、政府債務は皆、危機以降明らかに高くなっており、特に先進国の状況は非常に深刻であるとしている。IMF（国際通貨基金）の最新のデータでは、2007 ～ 2013年、G7参加国の政府債務残高とGDPの比率は、程度の差はあれ、上昇している。そのうち、米国が40ポイント、ユーロ圏は29ポイント、日本は60ポイント、先進国全体では33ポイントの上昇である（表3-2）。これもまた危機後の民間部門がデレバレッジを始めるのと同時に、経済全体のレバレッジ率が上昇を続け、近年延びていて落ち着く気配がない原因である。これによる悪影響ははっきりしており、負債がかさんでいる政府は、いわゆる反循環政策で需要を後押しする政策的な余地がなく、むしろやむを得ず支出の削減を開始して、財政再建（Fiscal Consolidation）を図るようになる。これでは間違いなく、力ない経済回復に追い打ちをかけるものである。これに関しては、ユーロ圏の債務危機の悪化

と経済成長の衰えが同時に見られ、確かな証拠となっている。この他、クルーグマンはさらに、政府が、赤字を拡大して財政出動をするという通常の拡大的財政政策によって、需要を後押しして不足を補填したとしても、均衡利率が長期にマイナスの状況では、政策の効力は一時的で、根本的かつ持続的な解決とはならないと指摘している（Krugman, 2014）。景気衰退は一連の、供給サイドの実体経済変数の不足が招いたことにあり、また、需要サイドの政策がもっとも良い状況の下でも、供給サイドの構造調整のための条件を整えることしかできず、需要政策を多用しすぎると、思うように行かない結果となるということが根本的な原因である。

表3-2　主要な先進国政府の債務とGDPの比率　(%)

	カナダ	フランス	ドイツ	イタリア	日本	英国	美国	ユーロ圏	先進国
2000	81	57	60	109	144	40	-	69	-
2001	82	57	59	108	154	37	53	68	71
2002	80	58	61	105	164	37	55	68	72
2003	77	63	64	104	170	39	59	69	74
2004	72	64	66	104	181	40	65	70	78
2005	71	66	69	106	186	42	65	70	77
2006	70	63	68	106	186	43	64	69	75
2007	67	63	65	103	183	44	64	66	72
2008	71	67	67	106	192	52	73	70	79
2009	83	78	75	116	210	67	86	80	92
2010	85	81	83	119	216	78	95	86	99
2011	86	84	80	121	230	84	99	88	103
2012	88	89	81	127	237	89	103	93	107
2013	89	92	78	133	243	91	104	95	105

出典：国際通貨基金，World Economic Outlook Database, 2014年10月
注1：政府債務は"General Government Gross Debt"（一般政府の負債総額）
注1：日本の2013年のデータは予測値

五、所得分配の悪化

　経済成長を考えるとき、所得分配の問題は一般に経済学者は視野に入れないものだ。しかし、危機が悪化し続けると、次第にこの問題の重要性があらわになってくる。日増しに悪化する所得分配構造は、先進国の成長性と社会の活力をさらに抑制し、長期停滞をもたらす重大な「逆風」の一つとなるという考えに、同意する研究者が次第に増加する（Gordon, 2014参照）。所得分配の問題を長く研究してきた著名な経済学者ピケティ他の研究の通り（Piketty and Saez, 2013）、経済が繁栄したグレート・モデレーションの時期、先進国ではすでに、所得分配の問題が継続して悪化してきた。著書『21世紀の資本』の中で、ピケティはさらに、21世紀の最初の10年で、多くの欧州の国、特にフランス、ドイツ、英国、イタリアでは、10％の最も裕福な人々が国の全体の正味資産（国富）の約60％を占有していると指摘している。米国に至っては、裕福な10％が富の約70％を占めているという。さらにショックなのは、こうした社会では人口の半数が貧困の状態で、貧しい50％が占めるのはおしなべて国富の10％より低いことだ。財産の不平等に比例して、資本的収入の分配も相当に不平等である。1970 〜 80年代、北欧各国では勤労所得の最も高い10％の人たちが資本的収入に占める割合は全体の50％となっていた。他の国では、格差はさらに広がっている。例を挙げると、2010年の米国では勤労所得の最も高い10％が勤労所得全体の35％を占めている。また、資本的収入の最も高い10％が資本的収入全体に占める割合は70％にも登っている。

　2008 〜 2009年の金融危機と景気後退の中で、この状況は一時的に逆転したが、しかし、長期的な悪化の状況は変わっていない。ノーベル賞受賞者のスティグリッツは、『世界の99％を貧困にする経済』（原題 The price of inequality）の中で、米国の所得と富の分配の格差は、第2次世界大戦後の30年間では変貌していたが、この30年間では常に悪化してきたと指摘している。しかも、欧州、カナダ、

オーストラリアなど主要な先進国に比べると、さらに憂慮される状況であるということだ。スティグリッツの研究によれば、1979 ～ 2007年にかけて、仮に税負担を差し引いた後でも、米国のトップ1％の所得は275％の増加、21 ～ 80％の所得の増加は40％、底辺の20％の人々は18％である。富者はますます富み、貧者はますます貧しくなる傾向は、グラフにありありと現れている（図3-9）。強調すべきは、このような分配構造は、社会不安や階層の固定化を招くばかりでなく、市場のイノベーションやベンチャー事業の活力を削ぎ、人的資本の蓄積を阻害し、消費需要を抑制し、財政への圧力を増すものだ。フェルプスは『なぜ近代は繁栄したのか』の中で、懸念を示しながら、米国政府が賃金格差の拡大を調整するための負担はしだいに財政上大きな負担となってきていると指摘している。その中で、「社会的な移転支出」がGDPに占める率は、1960年代に上昇しはじめ、政府の支援を受ける家庭の人口が総人口に占める割合も増加している。1983年から2011年にかけて、その割合は、29％から48％に上昇した。こうした状況は、現在米国の低収入層が受ける福祉はすでに勤労所得を遙かに超えているということだ。自らの勤労所得に頼らずに高い生活水準を維持する大きな集団がすでにできあがっている。疑いもなく、こうした福祉化は往々にして後戻りできず、それがある合理的な範囲を超えると、そのマイナスの影響がしだいに現れる。一方で、高すぎる福祉水準は勤労意欲とイノベーションの原動力を削ぎ、また他方で政府の負担が重くなりすぎて、借金が山積みされていくのである。もちろん、いかなる状況が出現しても、経済発展の長期的な活力を抑制し、社会不満と動揺を招くものだ。特に注意が必要なのは、下降傾向にあるために、経済停滞の中では低所得層はややもすれば被害が一番大きく、そのため頭割りでの格差はますます広がっていることである。ある意味で、欧州、特に南欧の国家は、すでにこの状況に深くはまっており、現在米国はその轍を踏んでいる状態であると言える[11]。

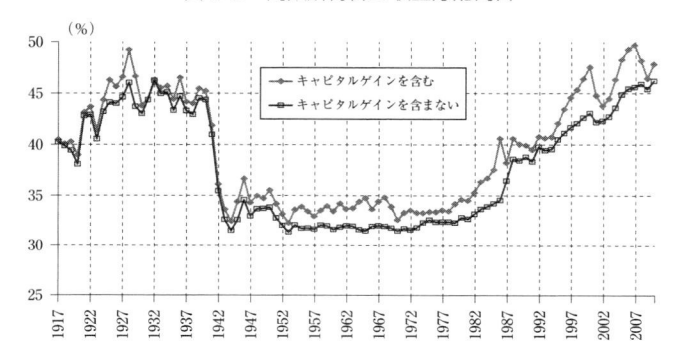

図3-9 高額所得群の収益分配割合

注1：Pikketty and Saez（2013）より転載、原文では図1b
　　　原資料は World Top Income Database、主に先進国を網羅する
参照：http://topincomes.g-mond.parisschoolofeconomics.eu/
注2：説明の上の線はキャピタルゲイン含む、下はキャピタルゲイン含まず

　総じて、先進国はすでに多くのマイナス要因が合わさって長期衰退期に陥ったと我々は考えている。こうした困難な時期を乗り切る為には、全面的な改革の中で、あらゆる国家がみな財政、通貨ひいては社会政策を総合的に運用する必要があり、経済の長期的な成長力を引き上げ、短期的には需給ギャップを縮小することである。これは供給サイドでは、構造改革を進め、イノベーションやベンチャー設立を勧め、教育と人的資本の蓄積を促進して、労働市場を弾力化し、退職年齢を引き上げるなど多くの改革が必要となる。需要サイドでいえば、ケインズ的な財政拡大政策と通貨の緩和政策を継続する必要があり、特に経済回復の基礎が固まっておらず、市場の主体的な内生的成長力が不足している状況下では、財政引き締めや政策の後退は厳に慎むべきである[12]。これと同時に最も重要なのは、あるいは各種の政策は所得配分等社会的要素を考慮して、特に基本的な社会保障の前提のもと、機会均等や公正な競争など市場の条件と価値基準を維持することに力を注ぐことであろう。一言で言えば、

現在の高度に複雑な情勢は、すでに単純な経済学では解釈できない。
我々には熟達した政治経済学が必要なのだ。

---

① 日本では2012年末の安倍政権発足後、通貨の緩和政策を積極的に推し進め、2%のインフレ目標を掲げている。

② ウィキペディア Subprime Mortgage Crisis。
http://en.wikipedia.org/wiki/Subprime_mortgage_crisis
ウィキペディア Subprime crisis impact timeline。
http://en.wikipedia.org/wiki/Subprime_crisis_impact_timeline

③ 国際通貨基金（IMF）及び国連貿易開発会議（UNCTAD）データベース

④ このため、先進国は他の国の経済が開かれていないと批判するとき、あるいは自らを省みて、発展途上国によき手本を見せるべきであろう。

⑤ いわゆる複線で関連がなくなるとは、新興国の経済成長率が長期に先進国の成長率を上回り、かつ相互に関連のない状況を指す。

⑥ 2014年9月、欧州中央銀行が金利引き下げを行い、デフレと実体経済の低迷に対応するため、年末に向けて欧州版の全面的な量的緩和を行う準備をしていた。（主な方法は、資産担保証券と担保付き債券の購入による）

⑦ ハンセンによれば、長期停滞とは、ケインズの言う不完全雇用均衡の別称といえる。

⑧ とは言え、ゴードンは技術革新の停滞を長期停滞の主要な原因とは考えていない。

⑨ 単に経済から見れば欧州硬化症は主に1970〜1980年代前期、欧州の国々が陥った、石油危機などの原因で経済減速、雇用拡大の衰退、失業率の高止まり等を指す。

⑩ Teulings and Baldwin（2014）の比較分析によれば、2000年から米国の労働力率は、長期に硬直化している欧州の国（例えば、フランス）よりもさらに悲観的である。2012年には、米国の男性の労働力率は、日本、中国、ドイツ、ユーロ圏の平均に次ぐ順位である。

⑪ 最近のAzzimonti ET AL.（2004）の研究によれば、所得分配の格差は、先進国の公的債務が高止まりし、レバレッジ比率が上昇する原因の一つであるという。

⑫ 指摘しておかねばならないのは、IMFが多くの先進国がインフラ投資を拡大するのは短期間に需要を促進できるばかりでなく、中期的にも潜在成長レベルを引き上げるにプラスになると認識していることだ。

第三篇

中国の「新常態」

　世界的な「新常態」の主な特徴が長期停滞なら、中国の新常態の基本的な特性は構造的な減速である。構造的な減速をもたらす主要な原因は、資源配分の効率の低下、供給効率の低下、資本蓄積の効率悪化という苦境、イノベーションの停滞、資源環境の制約及び国際競争の圧力の増加である。

　新常態は新たな挑戦をもたらす。経済成長率が下降して中高速に下がるのが外的な特徴である新常態は、国民経済に関して真相を明らかにする作用を及ぼす。これはわが国の経済活動の中で長期的に隠れていた深層での矛盾を明らかにし、しかも新たな矛盾を引き起こす。生産能力の過剰、負債比率とレバレッジ率の急上昇、都市化の転換、不動産市場の変化、「量にゆとりがあるが、価格が高い」というパラドクス、グローバルガバナンスに関する新たな規則の出現が、我々が新常態のもとで直面する主な挑戦である。

　経済の減速は、新常態の外的な特徴の１つに過ぎない。世界的な新常態が意味するものはサプライチェーンの再編、経済構造の転換、ガバナンス体系の再構築及び大国関係の再建である。中国の新常態が意味するものは、しかし、中国経済の再生であり、それが意味するものは、投資主導、輸出主導による成長方式から離脱し、品質、収益、イノベーション、生態文明及び持続可能な発展を追求することである。さらに、我々が中所得の罠に陥ることなく、中華民族の偉大な復興の道を邁進するということである。

> しかしながら、この輝かしいビジョンは、決してたやすく手に入れられるものではない。我々は必ずや新常態をリードし、投資の重要な機能をよりよく発揮し、イノベーションを起爆剤とし、政府が役割を発揮する。地域の発展と対外開放の新たな局面を作り、生態文明の建設に向けての経済成長、包括的な成長を実現し、社会の流動性を高める。そこで初めて成功したといえる。

第四章　中国経済の「新常態」──構造的減速

　怒濤のような中国の改革開放と，それによる「中国の奇跡」は新たなグローバル化の潮流のもとで展開した。19世紀工業革命後の、第1のグローバル化の波、第二次世界大戦後の第2の波に比べて、1980年代末から始まった第3の波は、正真正銘のグローバル化である。ソ連や東欧が解体され、おしなべて市場化改革を推進し、多くの発展途上国が次々に様々な形の改革開放戦略を実施した。自国の市場経済システムを発展させ、世界経済システムの中へ溶け込んでいった。圧倒的多数の国がグローバル化に巻き込まれるなかで、その利益を享受した。

　しかしながら、良い面も悪い面もあるというのは普遍的な真理だ。グローバル化は、もちろん各国の経済活動と緊密な関係があり、市場を統一し、運用規則を一本化し、国際分業体制を再構築し、それにより資源配分の効率を高めた。しかしそれは同時に、世界各国の経済活動と金融リスクの発生が日増しに複雑化するプロセスでもあった。このような角度から見ると、中国経済と世界経済の相互関係の脈動を感じることができる。グレート・モデレーションの時代、中国経済は年平均9.8％という奇跡的な成長をとげた。同様に、金融危機が発生してまもなく、世界経済が長期停滞に陥ると、中国経

済も中高速の成長という新しい段階に入ったのだ。

　中国経済の成長率のギアチェンジは、おおむね2009年からと考えられる。それ以降、特に2009年の大規模な経済刺激策の効果が次第に薄れ、緩和政策からの撤退もあって①、中国のGDP成長率は明らかに反落し、物価指数（CPI）も続いて下向きとなった（図4-1）。

図4-1　中国のGDP成長率とCPIの上昇率　　　　(%)

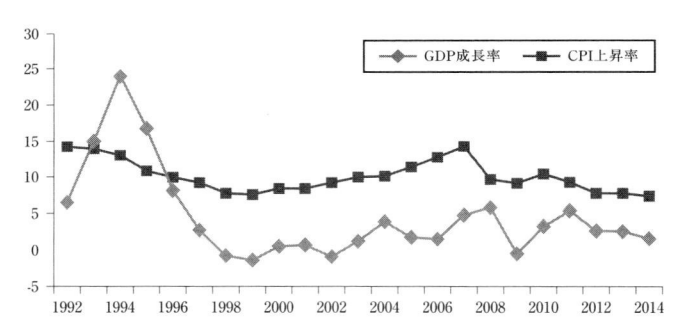

出典：中国国家統計局

　この他、中国経済の減速は、未来の中国経済成長率の予測からも根拠が挙げられる。中国経済成長に関する予測の大多数が、将来の中国経済成長は次第に鈍化するとしている。例えば中国社会科学院宏観経済運行実験室の予測では、(1)2011 ～ 2015年、(2)2016 ～ 2020年、(3)2021 ～ 2030年の3つの時期では、中国の潜在成長率はそれぞれ(1)7.8 ～ 8.7％、(2)5.7 ～ 6.6％、(3)5.4 ～ 6.3％であり、減速傾向は明らかである②。同時に、経済成長速度は国民経済活動の最も総合的な指標であり結果である。その変化により、関連した一連のマクロ経済指標もまた新たな状況を見せるだろう。

　中国経済が新常態に入ったのは、むろん世界経済の下降傾向によるものと説明がつけられるだろう。しかし、世界最大の、発展途上にある社会主義国家として、中国経済の長期動向には、そこに内在する規律があり、しかも、中国の国情に基づく内因が主導するもの

であることには疑いの余地がない。

　このところ、中国経済の新常態については、さまざまな研究が行われている。

　現在の成長率の鈍化は、おもに景気循環に原因があるとする考え方もある。こうした考えの底辺には、景気が底を打てば、中国経済は変わらずに高い経済成長を回復、維持し、さらに過去の二桁台の成長率にまで回復するという、隠された推論が存在する③。

　例えば、林毅夫教授は、転換期にある中国経済には、多くの構造的問題が存在するが、しかし近年の中国経済の減速は主に外部的な景気循環の要因によるものだとしている。その主な理由は、2010〜2013年、多くの新興市場国と一部の高所得国、例えば韓国などの経済成長が軒並み下降傾向にあり、その上、下降の度合いが中国よりもさらに深刻なところがあるということだ。これに基づいて、林はこの時期の経済減速は世界的な傾向であって、世界経済の広範な関連性のなかで、中国だけが独善的にはなれないということだと考えている。中国の経済成長の下降傾向は、主に国際的な景気循環によるもので、中国経済内部の構造が変化したものではないという。林はさらに、中国の発展レベル（一人当たりGDP）と世界の最先端との開きに基づき、また日本、韓国、台湾とシンガポールの発展の歩みを参考として、中国と発展途上国の発展レベルの差異は、1950年代の日本、1960年代のシンガポール、1970年代の韓国と非常に近く、こうした国は同様の差異レベルを保ちながら20年間8〜9％の成長速度を維持していた。こうした状況に鑑みて、林教授は、中国は今後20年間、年平均8％の潜在成長率を有していると考えている④。

　一部の学者は、将来の中国経済の成長について、比較的楽観視しているが、その理由と見方は、必ずしも林毅夫とは一致していない。例えば林教授と北京大学の同僚だった盧鋒は、潜在成長率の下降と、国際的な経済環境の悪化という以外に、目下の中国経済成長率の下

降傾向と圧力は、かなりの程度、以前のマクロ経済のバランス調整という段階的な要因と関係があり、過去の特定の発展モデルと調整政策によって積み重なった多くの問題、例えば改革の遅れ、要素価格のねじれ、生産能力の過剰などがある。我々は現在、こうした問題の解消段階にあり、盧教授はそれを、水分を絞り（生産過剰の解消）、バブルを解消し（不動産バブルの解消）、レバレッジを統制する（金融部門の過剰債務の縮減）こと、と総括している。（盧鋒,2014）我々の理解では、盧教授の見方は三期畳加（後の習近平主席の言葉参照）のうち、「4兆元景気対策の消化期」と比較的似ている。言い換えれば、過去の景気刺激策の効果が失われ、副作用が出てきて、現在の経済減速を引き起こす要因の一部となっている。この考えによれば「水気を切り、バブルを消し、レバレッジを統制」すれば、景気動向は正常化するかもしれない[5]。

　復旦大学の張軍教授も、類似の考え方をしている。教授は、現在の中国経済に現れた持続的な減速は、主に潜在成長率が著しく下落したためだとは考えていない。逆に、この2年、経済成長が8％を下回ったのは、主に中国政府が、信用貸付について過度な緊縮政策を取ったことによるものだとしている。銀行は貸し付けへの資金投入を控え、固定資産投資は大きく低下し、増加率は通常の年の25％前後から、16〜17％に下落した。中央銀行が直面した大きな難問は、一方では利下げにより経済を刺激したいと思うものの、もう一方では4兆元の過度な刺激策という轍を踏むことを恐れるあまり、通貨政策は慎重になり、貸し付けを引き締めるということにある。短期的に見れば、世界金融危機は中国にとっても巨大な衝撃で、経済成長を著しく低下させたが、これは改革のチャンスでもある。中長期的にみれば改革によって得られる利益は徐々に放出され、潜在成長力を実際に拡大していくのを促すものである。新たな財政、金融改革の切れ目ない推進により、都市化と産業の高度化はペースアップし、投資需要と消費ニーズは持続的に加熱し、中国の経済成長

率は潜在成長率のレベルまで回復するかもしれない。このため、さしあたって中国経済は試練に直面しているものの、「新常態」は必ずしも常態とはなりえないと張教授は考えている（張軍, 2014）。

2014年の河南省視察の途中で、習近平主席は初めて「三期畳加」の考えを示した。すなわち2009年以降、中国経済は基本的に30年余りにわたる高度成長期を終えて、成長速度の転換期、構造改革の陣痛期、過去の景気対策の消化期、この3つの期間が重なった段階に入ったということである。我々はこれを、中国経済発展の新段階を明確にするばかりでなく、この変化をもたらした主要な要因を適切に指摘するものであると考える。さらに分析すると、成長スピードの転換、過去の景気刺激策消化の効果の三者では、核心的な要素はもちろんスピード転換と構造調整である。というのも、過去の景気対策消化の効果は、実体的な要素でなく、また長く継続するものでもないからだ。さらに速度の変化と構造調整の関係を分析するならば、もちろん、速度の変化は現象であり、構造調整が原因ということになる。このように、「構造的な減速」で中国経済の新常態を描写するためには、その論理は厳密に総括されなければならない。さらに、我々は分析の範囲を過去30年あまりのさらに長い時期に拡大することができる。そうする事により構造の変化により、過去30年あまりの経済高度成長の原因を説明することができるのである。我々の見るところ、過去30年あまりの中国経済成長の奇跡は、主に改革開放により切れ目なく中国の経済構造が調整されてきたことにより生まれたものある。そのため我々は、過去30年あまりの経済成長を構造的成長率と呼ぶことができるのである。昨今、減速が始まったのは国民経済の構造が別の方向へと向かいつつあるということに過ぎない。

言い換えれば、現在の中国経済は、過去30年あまりの構造的成長から、すでに未来の構造的減速の時期に舵を切ったのであり、我々は旧常態での潜在成長率のレベルに戻ることは難しい。一桁台

の成長率が常態となり、かつ、さらに下降する可能性も大きい。

　実際に、国内にはすでに他にも、別の角度から同様の分析をした学者がいる。白重恩と張瓊は全要素生産性から中国の潜在成長率の動向を分析し（白重恩, 張瓊, 2014a；Hoffman and Polk, 2014）、その研究から、全要素生産性（TFP）の伸び率と人的資本の増加の下落は、世界金融危機以降の中国経済成長速度が鈍化した主要な原因であり、資本的な要素の寄与は危機の前と後で明らかな違いはないことがわかった。これはすなわち、さしあたっての成長率鈍化は、構造的な要因によるものということで、潜在成長率の下降の結果であって、実質成長率と潜在成長率が短期的に乖離したものではない。こうして見て来ると、危機後の中国経済の成長を支えた主な要因は資本要素の蓄積（投資）である。これはある程度、我々の構造的減速という判断の証拠となっている。

　本書は構造的減速により中国経済新常態の研究を進めることに焦点を合わせている。我々は、新常態のその他の特徴は、あるいは構造的減速から派生したか、または単に構造的減速がもたらした問題や試練に過ぎないかもしれない。我々は構造的減速の原因はおおむね次の六つの点にまとめられると考えている。(1)資源配分効率の改善余地の縮小、(2)労働力供給の減少、(3)資本蓄積の非効率化、(4)技術高度化の効率低下、(5)資源環境の制約強化、(6)国際競争の圧力増大、である。以下、この六つのポイントについて、簡単に見ていきたい。

一、資源配分効率の改善余地の縮小

　経済成長は、多くの要因が何らかの方式の組み合わせにより発生する作用の結果であり、これはすなわち経済成長の構造的問題である。関連する構造は数多く列挙できるが、その中で最も重要なものは一次、二次、三次産業の構造である。過去30年、中国の産業構造の変化には、一次産業の比重が下がり、二次産業の比重が迅速に

高まり、三次産業の伸びはゆっくりであるであるいう傾向があった。これに対応するのが、まさに我が国の工業化のプロセスである。それは、大量の労働力と資源が、労働生産性の低い一次産業、すなわち農業から、労働生産性の高い二次産業、すなわち工業、製造業、建築業への移行することに表れている。統計によれば、中国では製造業部門の労働生産性は、農業部門のおよそ10倍に相当する。これによれば、人口が大規模に製造業を主とした二次産業に移転するということは、国民経済全体の労働生産性を日増しに高め、経済成長速度はそれにつれて加速していくということを意味する。これがすなわち、「構造的成長」である。しかしながら、30年あまりの発展により、我が国の二次産業は飽和状態となり、多くの人口と資源を、サービス業を中心とした第三次産業に移行させなければならない。しかし、我々の研究では、中国のサービス業の労働生産性は、製造業には及ばず、およそ70％に過ぎない。こうした違いによって、人材と資源が製造業からサービス業にどんどん移転していくとき、中国経済全体の労働生産性は下がらざるを得ず、これが経済成長の速度低下にも影響しているのである。はっきりしているのは、こうした変化は全て長期的なもので、また政策的なものではなく、経済成長段階の移行がそうさせるのである。これは自然で、実体的側面で起こるプロセスである。国際的に見れば、サービス業の労働生産性が製造業より低いというのは、普遍的な法則である。このため資源が製造業からサービス業へ転移するプロセスで、経済全体の労働生産性（成長率）は必ず低下する。歴史的には、先進国はみな似たようなプロセスを経験している。ただ、中国のサービス業はほとんどがローエンドであるため、生産性のギャップがより深刻なのである[6]。このため、我が国の経済構造が製造業中心からサービス業中心に転換していくとき、社会全体の労働生産性は低下し、さらには経済成長の減速を誘引する[7]、これは落胆させられるが、しかし必ず直面しなくてはならない事実なのである。

人口の空間的分布から考えてみよう。伝統的な体制のもと、中国の人口は極めて流動性に乏しかった。市場経済が発展し始めると、人口の流動性も高まり、人々は農村から都市へ、中西部から東部へ集まってきた。このプロセスは、労働生産性と就業率の向上をも伴ったものだったので、中国の労働力配分の効率は大幅に高まった。しかしながら、今日（こんにち）では、億に上る人口がすでに立ち遅れた農村から移転し終え、人口分布改善の潜在力はかなり小さくなっている。人口の都市と農村での分布を例に取ると、現在戸籍により計算した都市化率は50％をわずかに上回るに過ぎず、潜在力は大きく見える。しかし、年齢構成を視野に入れて分析してみると、中国の人口再配置の余地は、実際はすでに小さなものである。というのも、都市へ移転可能な人口は青壮年の労働力であり、この階層はすでに大部分が移転済みである。現在農村に残っているのは、女性、子供、高齢者であり、こうした人々の移動が難しいことは想像に難くない。また移動できたとしても、その移動によってもたらされる人的資源の配分効率の上昇は相対的に少ない。

　資本配分に関しては、二つの角度から分析できる。一つは、資本供給と需要の関係である。インフレなき資本供給は国民貯蓄率により決定される。従って、検討しなくてならないのは、国内貯蓄と国内投資の関係である。二つ目には資本配分の仕組みである。考えなくてはならないのは、市場配分と政策による配分である。中国経済の最大の成果は、改革開放の初めに、貯蓄を経済建設の最重要事項と位置づけたことであり、国民貯蓄率は年々上昇した。1994年以前の中国は典型的な発展途上国の特徴を示していた。すなわち、貯蓄率の低さである。投資需要が盛んになってくると、預金を超えた供給能力が、一貫して国内経済に巨大なインフレ圧力をかけることとなった。1992年、党中央は、国内で社会主義市場経済体制を実施すると宣言した。この体制の変化は、貯蓄への大きな働きかけとなった。人口ボーナス及び工業化、都市化の推進により、中国の貯蓄率

は1994年史上初めて投資率を上回り、それは現在でも維持されている（図4-2）。しかしながら、2009年以降、人口ボーナスが徐々に消滅していくにつれて、従来型の工業化は終わりに近づき、都市化は質の向上という新たな段階に入り、中国の国民貯蓄率はピークを迎えて下降傾向にある。この変化により、新常態の下で使える資本の源が相対的に減少した。資本配分の仕組みから言えば、30年余り、我々は完全な計画分配から市場分配に次第に変わっていく過程を経験してきた。しかし、政府が経済活動、特に金融資源に対しては未だに強い操作力を持っており、現在でもなお、資本分配の効率には比較的大きな改善の余地がある。中国の資本分配を低効率でゆがんだものにしている原因は、非常に複雑である。分析してゆくと、経済主体では、国有経済部門の偏重と非国有経済部門への差別があり、配置の枠組みでは、政策要素と市場メカニズムの強化に余地があり、配置の手法では数量割り当てに頼って価格（利率）誘導を軽視している、これが金融資源分配の効率低下の、3つの主な原因である。新常態の下で、資本分配メカニズムの改変を通して、中国には資本配分の効率を上げる潜在力があるということを指摘しておくべきだろう。まとめれば、資本配置の効率に影響する、2つの要素には相反する発展の展望がある。我々には将来、資本配分の効率を引き上げる見込みはあまりない。

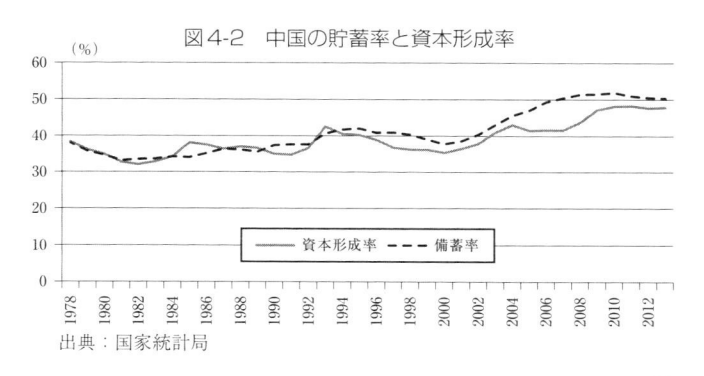

図4-2　中国の貯蓄率と資本形成率

出典：国家統計局

総じて言えば、もし要素が自由に速く流動でき、情報が十分な市場志向の下では、要素は市場の手を通して自然により良い分配となり、効率の向上を促進する。中国の目下の要素配分効率を上げる問題点は、主にやはり現在の市場向きでない制度の側面に現れている。例えば戸籍等の制度要因の制約は、人々の移動や就職の自由に影響し、さらには人的資源の最適な配置を妨げている[8]。国有企業の隠れた保証と制度の偏重により、社会資源が効率の低い国有企業に集まる可能性がある。多くの業種に参入への制限があり、特に非国有企業に対する参入制限は、競争が押さえられ効率が低くなる結果をもたらしているかもしれない。土地という要素の用途、取り引き（特に農村の土地）と建設用地の割り当て等の制限については、土地要素の最適な配分を阻害している、等々[9]。しかしながら、まさにこうした問題の存在により中国の資源配分の効率が依然として大きく上昇する余地が残っている[10]。しかしながら、疑うべくもないのは、各領域の改革の堅実な推進という前提の下で、資源配分の効率化の潜在力は現実となるということだ。

二、人口ボーナスの衰微

　労働力、資本と技術革新は経済発展の三大要素である。過去30年あまり、毎年数多くの労働力が休眠状態、半休眠状態から製造業に投入され、中国の経済高度成長の主要な原動力となってきた。これがよく知られた「人口ボーナス」である[11]。しかし、近年、中国の労働供給は全体的に緩慢になっており、人口の高齢化の傾向も明らかである。生産年齢人口に対する高齢者人口も増加し、従来の意味での人口ボーナスは終わろうとしている。人件費もそれに伴い、上昇している。私たちの計算では、2004 ～ 2010年、中国製造業の組織あたり労働コストの上昇は約16.9％である[12]。絶対的なレベルから見ても、中国の製造業は組織あたりの労働力コストが低いという強みは依然としてあるが、しかしコストの急速な上昇は、すでに

この強みを削ぎ始めており、中国製造業の国際競争力にマイナスの影響を落としつつある。将来の相当な期間にわたり、労働力の投入成長率の下降を背景として、摩擦的失業、構造的失業はある程度、人手不足と長期に併存する[13]。

　人口要因の経済成長に対する働きを分析するため、まず日本と中国の共通な発展段階で生じた典型的な事例を見てみよう。図4-3は、日本の15〜64歳の人口割合、15〜19歳の人口割合、と同時期の日本の経済成長を表している。その中で15〜64歳人口は総労働人口を、また15〜19歳人口は新たに増えた労働人口を示している。図からわかるとおり、日本の労働人口は1961〜1969年の間、基本的に上昇していた。この時期日本のGDP成長率は10％近くを保っていた。70年代から、日本の労働人口はわずかに下降し始めたが、1970〜1990年は基本的に67〜69％の高水準にあった。この時期、日本の経済成長は、60年代の約10％から、70年代初めには4〜5％に下がり、おおむね半分となった。平均4〜5％の経済成長率は1980年代末まで続いた。90年代に入り、日本の経済成長はさらに半分となり2％に満たない水準に急速に下降した。時期を一にして、労働人口は長期的な下降傾向に入った。15〜64歳人口と日本のGDP成長率との相関係数は0.23になる。

　図4-3の示すとおり、15〜64歳人口の総労働人口より、新たに増えた労働人口（15〜19歳）と経済成長の関係はさらに密接に見える。経済成長との相関係数は0.91にのぼり、経済成長と人口構造の転換点はさらに緊密に合致している。原因は、64歳を過ぎてすぐに労働市場から抜け出るわけではなく、現在のGDPの中に反映されない家事労働も価値を創造することができ、さらに15〜64歳人口は異なる年齢層による労働効率上の違いを反映できないからである。また、新たな労働人口の増加は人的資本の純増であり、そのため経済成長とより密接なのである[14]。

図4-3　日本の人口年齢構成とGDP成長率の関係

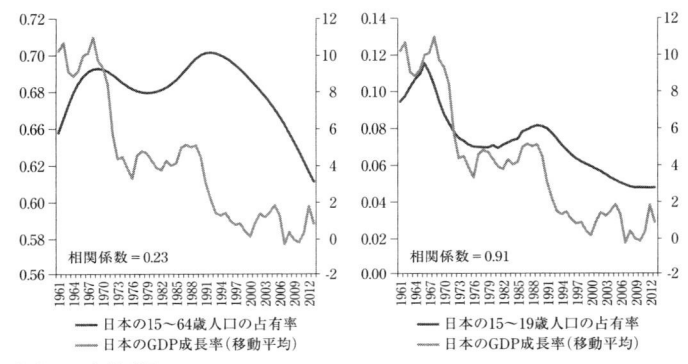

左図：
相関係数 = 0.23
— 日本の15〜64歳人口の占有率
— 日本のGDP成長率（移動平均）

右図：
相関係数 = 0.91
— 日本の15〜19歳人口の占有率
— 日本のGDP成長率（移動平均）

出典：日本統計局、CEIC
注：データを分かりやすくし、不安定要素の影響を除くため、図中のGDP成長率は5年の移動平均を試用している

　もちろん、日本と中国の具体的な状況には違いがあり、単純に比較はできない。一方で、日本の成長率が初めて下降（1960年代末〜70年代初め）した頃、日本と世界の最先端発展レベルとの差は、当時の中国と世界の差よりも小さかった。1969年、日本の1人当たりGDPは米国の34.8％だったが、2013年の中国の1人当たりGDPは米国の12.8％である[15]。現在、中国の1人当たりGDPと米国との差は、日本の1960年の水準より大きいのである。それゆえ、この観点からすると、中国GDPの成長率鈍化の程度は、当時の日本の下降レベルよりも低く、日本のように速度が急速に下がったということではない。しかし、もう一方で、人口構造から見ると、中国の人口ボーナスの消失速度と程度は、日本より大きいのかもしれない。図4-4を見ると、日本では1970〜1990年代の15〜64歳人口は基本的に安定して約68％で、80年代にはやや上昇しているが、中国の労働年齢人口は、2010年には下降をはじめ、安定した時期はなく、下がり続けている。15〜19歳の新規増加労働人口は2007年から下がりはじめ、2018年まで下降を続ける見込みである。また予

測では、新規増加労働人口比率は、2018 ～ 2030年の間、5 ～ 5.5％
を保った後、また次第に下降していく。比較すると、日本は1970
～ 1990年の新規増加労働人口は平均して7.5％だった。この差は、
中国が建国後60年あまりのうち、おおむね30年を境として、全く
異なる2種類の人口増加パターンを経ているためで、前半の30年で
は出生率が極めて高く、後半は出生率が急速に下がっている。こう
した段階的な人口増加パターンは、中国の人口分野でうねりのよう
な変化を生み出した。こうした状況は、他の国も経験した事のない
事でお手本となるものがなく、中国にとってはまちがいなく大きな
課題となるものと言わざるを得ない。

図4-4　中国の人口年齢構造

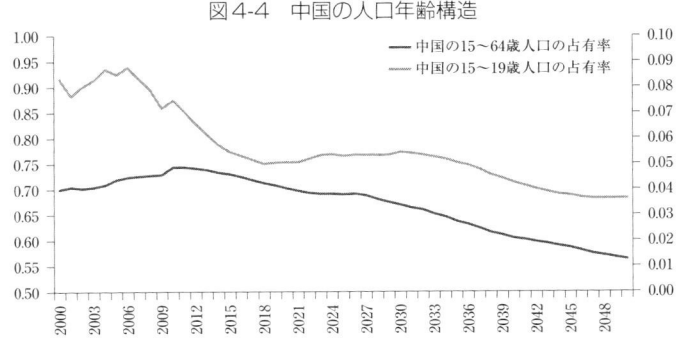

注：15 ～ 64歳人口比率を左の座標軸、15 ～ 19歳人口比率を右の座標軸に置い
　　ている。
データ出典：2000 ～ 2010年のデータは『中国統計年鑑』、2010年以降のデータ
　　は筆者の予測である。李揚等（2013）参照。

　労働力、特に新規増加労働人口の減少は、労働要素の供給が減る
ばかりでなく、イノベーションや起業にも影響がある。自然の法則
として、異なる年齢層のイノベーション能力には間違いなく開きが
ある。人は若いうちほど創造力に富むものだ。しかし、起業が完全
に年齢とは逆の変化があるかどうかについては、容易に説明はでき
ない。資本の蓄積も起業の条件の一つである。資本の蓄積と年齢に

は相関関係があり、従って、年齢が高ければ起業力も高い、とも言える。もちろん人の成長にはなにがしかの閾値があり、それ以前では人の起業能力が強く、イノベーション意識が高ければ、起業の確率も高くなる。しかしこの閾値を超えると、意欲の減退につれて、起業意識も下がり、起業の確率も下がりはじめる。例えば、Liang et al（2014）の研究によれば、人の起業率は30歳ころが最高で、その後次第に下降する。このほか、異なる年齢層ではイノベーションや起業の質も違いがあり、若者のイノベーションや起業は質がより高い、等である。我々は、人口構造と経済活動の各方面での関係については、細かく説明のしようがない。しかしどうあれ、一点確実なのは、人口構造はイノベーション及び経済発展にとって極めて重要だということだ。

図4-5　年齢と起業傾向

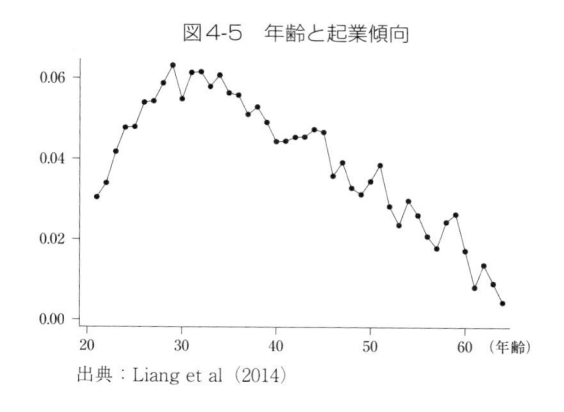

出典：Liang et al（2014）

　従って、政府が主導し、資源を配置し動員することによって、追いつき追い越せと高度成長を促す段階は終わろうとしており、中国の経済成長は全面的に労働生産性を上げることによる、内発的発展方式に転換する必要がある。また、労働生産性の向上は、経済発展に貢献し、労働人口の減少による経済成長への影響を削減するもので、人々の教育水準とスキルを向上させるのが自然な方法である。

しかしこれには時間がかかる。特に社会教育の水準と労働スキルの向上は、学生の最終教育レベルと労働スキルの向上があって成り立つもので、すでに40〜50歳の人に、大幅に教育レベルや労働スキルを上げろと要求するのは難しい。そのためゆっくりとしたプロセスになってしまう。

三、資本蓄積の低効率というジレンマ

　前に述べたとおり、成長予測に関する研究によれば、経済危機以降、全要素生産性と人的資本増加の下降が中国経済の成長鈍化の主要な原因であり、資本蓄積が中国の高成長を支える主要な生産要素である。しかし、もし長期にわたった分析をすれば、中国の資本蓄積の状況は楽観できるものではない。主な問題は、中国の資本蓄積の効率がだんだん低くなっていることである。図4-6はある発展途上国、先進国と中国の限界資本生産力の国際比較である。

図4-6　資本の限界生産性の国際比較

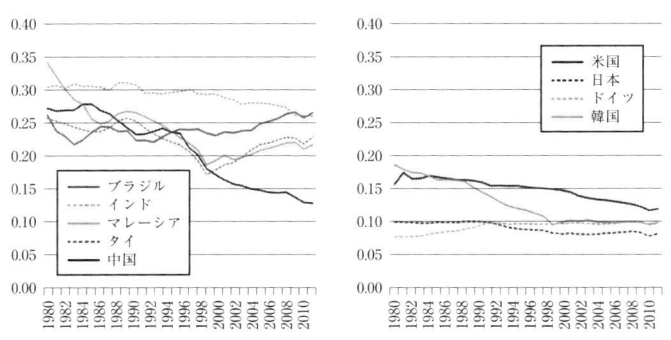

出典：Wu, H. X., (2014) .China's Growth and Productivity Performance Debate Revisited - Accounting for China's Source of Growth with A New Data Set.

　本章の第1節で、我々はすでに資源配分の効率の点から、資本動員能力と中国経済成長の関係について見てきた。最も重要な生産要素や資本も、その質が経済成長に影響する。我々の言う資本の質と

は、資本蓄積効率の別の言い方であり、その測定指標は資本の限界生産性である。我々が資本に対して投資するのは、資本を蓄積する目的が将来、より多くの生産品とサービスをもたらし、それにより人々の福祉を増進することにあるためだ。それゆえ、資本の限界生産性が重要となる。資本の限界生産性が高いほど資本蓄積の効率も高くなるのである。図4-6からわかるのは、中国の資本の限界生産性は20世紀には基本的に他の発展途上国と近いレベルにあるが、20世紀の終わりからそこから離れる傾向にあり、中国は下降傾向にあるが、ブラジル、インド、タイなどは基本的に安定しているか、やや上昇傾向にある。現在、中国の資本限界生産性は、先進国のレベルまで下がってきている[16]。

こうした現象には、幾つかの解釈が可能だが、中国にとっては悲喜こもごも、というところだ。

その一は、中国の目下の技術レベルと人的資本に比べ、資本蓄積量が多すぎ、そのため資本の限界生産性が下がっているというものだ。同時に、資本の限界生産性が低い中で、中国は高い投資水準にある、ということは「追いつき追い越せ」型の経済の典型的な特徴を表している。すなわち高い貯蓄率、投資率、金融と資源の分野でのねじれた配分等である。これが意味するのは、中国の高投資は、資本に高いリターンがあるためではなく、投資コストが低いことによるものだということだ。例えば中国では、金融抑制が引き起こす低資金調達コスト、政府の重要な資源分野での価格統制によるコストの引き下げ、比較的厳しい土地制度規制よる、特に工業用地の低価格化、経済競争の「競技会」化による投資促進などである。こうした典型的な特徴は、過去には中国経済の高度発展の成功要素であったが、もう一方で、多くは政府の経済に対する関与によるもので、このため将来的には、こうした要素は中国の資本効率上昇への阻害要因となる可能性が高い。

その二、中国の資本蓄積量は、あるいは決して高くないかもしれ

ないが、資本効率の低下が、資本の限界生産性を低くしている。特に上述した資本の配置効率が低いという問題は資本配置の合理化と効率の改良のプロセスを阻害するものである。例えばこうしたねじれた制度的な要因が改革されれば、一方では資本の使用効率は改善され、一方では、投資率の低下を招くかもしれない。例えば、もし金融規制が改善されれば、金利の市場化改革はさらに進み、資金の分配効率は間違いなく引きあがる。しかしおそらく銀行、ひいては最終借入者の資金調達コストをつり上げることになり、このため資本蓄積率は低下する。その他、重要な資源分野での価格改革や土地制度改革なども、おそらく同じような効果をもたらすだろう。

　その三、資本蓄積も異なる類型に分けられる。あるものは生産性資本、すなわち機械設備などである。あるものは例えば住居など、非生産性資本あるいは生産性の比較的低い資本で、後者は長期にわたってサービスをもたらすものだが、新たな生産品を造り出すものではない。そのため、中国の過去の投資と資本形成の中で生産性の比較的弱い資本の比率が高ければ、その資本の収益率は比較的低くなると予想される。

　下がっていく一方の資本の限界生産性（資本投資収益率）は、中国はすでにとはいわないまでも、まもなく資本の低効率化という苦境に陥るだろう、と我々に対して警告している。もし、こうした状況が続くのであれば、中国の資本蓄積に対して強固な束縛を形成するだろう。仮に我々が投資の低効率を無視したとして、引き続き強力に高い投資率を通して短期に経済の成長率を引き上げたとしても、長期的には供給サイドの制約は、やはり強固に経済成長を制約する。そのうえ、資本の蓄積の「黄金律」から見ると、こうした高蓄積モデルは、実際には人々の福祉レベルを引き下げる。もし資本のリターンを上げるのであれば、二つの道がある。一つには技術レベルと人的資本のレベルを上げ、これにより資本の限界生産性をあげる、二つ目は、前に資源配分の効率のところでも述べたが、資本の配分

と投資の方向を調整し、市場を通して、資本の流れをより効率の高い企業や業種へ向かわせることである。

四、イノベーション能力の停滞

　中国は、早くに「貧困の罠（Poverty Trap）」を越え、現在「中所得国の罠（Middle Income Trap）」に直面している。南アフリカやブラジルなど、「中所得国の罠」に陥った国の経験から、ある国の賃金コストが大幅に上昇するとき、その国の経済システムが低付加価値商品の市場から、高付加価値商品の市場へレベルアップできるか、その商品が国際市場での競争力を持ちうるか、が、中所得国の罠を乗り越える重要な鍵となる。ここでは、技術の進歩、特に生産効率とイノベーション能力の向上が重要な効果をもたらす。

　こうした転換の過程では、深層での問題が派生する。すなわちある国が、世界の最先端技術との隔たりが大きいとき、生産効率の向上はより容易である。生産技術を導入、模倣し、インフラへの投資を強化し、賃金の低い労働者を雇用し、十分規模の大きい企業を設立し、そのスケールメリット・資本の平均コストを下げることができれば、容易に生産効率を国際市場で競争力のあるものとすることができる。こうした生産効率を上げる技術革新は、ふつう投資の大きな伸びを伴う。Acemoglu 他（2002）はこの種の後発国家の技術革新モデルを『投資戦略（Investment-based Strategy）』と呼んでいる。日本や韓国などが第二次世界大戦後の早いうちに高度成長をとげたのはこのモデルを完璧に体現したものである。しかし、技術レベルが世界の最前線に近い国の場合、最前線の技術の導入はもっと厳しいものとなる。生産コスト、特に廉価な労働コストという強みがしだいになくなる時、経済発展レベルを上げるにはその国の商品イノベーションの効率に頼らざるを得ない、すなわち、技術革新はイノベーション戦略（Investment-based Strategy）次第なのである。二つを比べれば投資戦略は生産効率の向上にかかり、イノベー

ション戦略はイノベーション効率の向上にかかっているのだ。

　イノベーション効率の向上は、その国に良質の人的資本とイノベーションを促進する経済、社会環境が整っているかどうか、にかかっている。この経済、社会環境は、知的財産権の保護や科学研究への支援など、イノベーションに直接関わるものばかりでなく、自由で民主的、開放的な社会、包括的な制度、個人の価値の尊重など、非経済的な内容も含んでいる。多くの研究が示すとおり、ある国の経済が世界の先進技術レベルに近づくほど、自由で民主的、開放的な社会環境は技術革新により影響を与える[17]（Aghion, Alesina and Trebbi, 2007；Acemoglu, Akcigit and Celik, 2013）。巨大な人口規模と教育レベルの高さにより、中国は人的資本の面で、大きな問題はない。しかし、イノベーションを促進する経済と社会環境については、大きく不足している。これは中国のイノベーション効率向上の阻害要因となるかもしれない。

　データから見て、中国経済の生産性向上の経済成長に対する貢献は、経済危機以降すでに下がりはじめている（図4-7）。1991〜1995年、鄧小平の南巡と市場経済のさらなる発展は、社会全体のイノベーション熱をかきたてたため、この時期の経済成長は、かなりの部分、TFP（全要素生産性）の成長によるものである。しかし1996〜2000年、アジア緊急危機の影響により、この時期TFPが経済成長にたいしておよぼした影響はマイナスだった。TFPの成長が最も急速だったのは2001〜2005年で、この時期中国の対外開放はピークを迎え、WTOへの加盟、外資企業のFDI方式による中国進出、自国の高い技術レベルと生産設備は中国経済の全要素生産性レベルを相当に引き上げ、輸出はこの時期非常に伸びた。しかし、2006〜2010年、サブプライムローン危機の影響でTFPの影響はやや縮小した。悩ましいのは、2011〜2013年、TFPの貢献度はさらに1ポイントあまり下がって、経済成長はさらに資本要素の蓄積に依存することとなったことである。

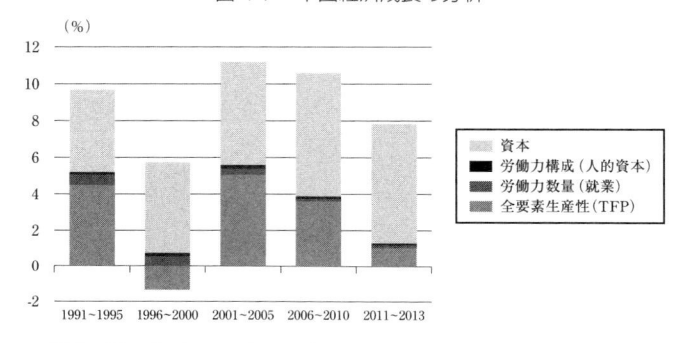

図4-7　中国経済成長の分析

(%)

資本
労働力構成（人的資本）
労働力数量（就業）
全要素生産性（TFP）

1991~1995　1996~2000　2001~2005　2006~2010　2011~2013

出典：The Conference Board Global Economic Outlook 2015

　つまりは、改革開放後30年あまり、中国経済は「追いつき追い越せ」というコースの中にいた。この成功は、中国の出発点が低く、技術習得の効率が比較的高かったことによる。しかしながら、技術が追いついていくにつれて、中国の技術習得効率も下がりはじめ、技術革新も鈍化してきた。さらに重要なのは中国が科学技術のフロントに近づくほど、外国からの技術導入でなく自身のイノベーションに転換する必要があることだ。そのため、習近平総書記が最近、中国の将来の経済発展の鍵を語るときに、「イノベーション、イノベーション、そしてイノベーション」と三回も言ったのである。このことからわかるとおり、経済発展を要素主導型からイノベーション主導型に変えることは、中国経済が新常態のもとで発展していくために、将来の命運に決定的な影響をもつと総書記は見ている。

五、資源環境の制約強まる

　従来の考え方では、資源は無尽蔵で、環境については見ないようにしてきた。しかしこれは経済が低いレベルでの見せかけに過ぎない。ひとたび経済が発展の道を進み始めると、資源環境の限界はすぐさま現れてくる。

　まず、エネルギーでは、粗放的な発展方式とエネルギー構造の点から、近年中国の原油、石炭等の消費量が絶対的規模と世界の総量に占める割合は、上昇し続け、新たに増加する需要が世界全体に占める割合はさらに高くなる。中国の天然資源は相対的に乏しいので、この種のエネルギー製品は対外依存度が相対的に高い。同時に、使用効率が低いため、単位 GDP あたりのエネルギー消費は高止まりしている。例えば、2012 年、中国のエネルギー消費量 36.2 億トン標準炭は、全世界のエネルギーの 20％を消費していることになる。

　単位 GDP エネルギー消費は、世界平均の 2.5 倍、アメリカの 3.3 倍、日本の 7 倍であり、ブラジルやメキシコなどの発展途上国よりも高くなっている。中国では、標準炭 1 トンのエネルギーは 14,000 人民元 GDP しか造り出さないが、世界全体の平均では標準炭 1 トンあたり 25,000 元 GDP、アメリカは 31,000 元 GDP、日本は 50,000 元 GDP である。さらに、中国のエネルギー消費構造では、石炭が 63.5％、石油 17.7％、水力 7.1％、天然ガス 4.7％、原子力 0.8％、その他が 1.2％を占めている。石炭の比率が非常に高く、深刻な汚染問題を引き起こしている。その他の原料消費も同様で、経済成長、特に粗放的な工業化と都市化は、鉄鉱石、ボーキサイト、天然ゴムなどの主要工業原料の消費量は激増し、国内需給関係を逼迫させるばかりでなく、国際市場へも大きな圧力となり、「何を買っても値が上がっている」まずい状態に陥ってしまった。

　その次に、長年の「発展を重視し、管理をないがしろにする、汚染があって初めて対策に乗り出す」という発展の仕方により、中国の生態環境は重大な、さらには取り返しのつかない環境破壊と汚染を被った。汚染対策には多くの資金が必要で、これは一定程度経済上の純損失となる。主に政府により資金が投入されるが、政府の税収から支払われるものであるため、最終的には、企業や国民の負担となる。またもしも、より高い技術の設備、よりクリーンなエネルギーを使用することなどにより、基本的に排出を抑え、汚染を管理

するとすれば、技術上の難度を上げ、コストを引き上げることになる。どんな方法にせよ、汚染を処理し生態系を保護することは、経済、特に工業の減速をもたらすことになる[18]。客観的に見て、中国の環境保護は立ち後れており、特に政府の環境保護への資金投入が明らかに不足していることに、それが現れている。環境保護部環境規画研究院の『中国環境経済核算研究報告2010』によれば、2010年、全国の生態環境悪化のコストは1.54兆元に達している。GDPに占める割合は、3.5%を超えており、そのうち環境悪化コストは1兆1032.8億元でGDPの2.51%を占める。生態環境破壊の損失（森林、湿地、草原及び鉱物資源開発）は4,417億元でGDPの1.01%である。予想処理コスト[19]は5589.9億元でGDPの1.4%である。財政部のデータによれば、中国政府の財政支出のうち、環境保護に対する支出は、ここ数年GDPの0.6%に過ぎない。比較すると、中国の環境対策は大きく不足している。

さらに、世界の発展からみると、歴史上、十八、十九世紀に勃興した近代国家は、その人口規模は何千万規模だったが、二十世紀に勃興した国は、例えば日本など、人口規模は億の単位だった。現在、二十一世紀に勃興した国は、特に中国、インドなど、人口規模は10億台である。これが意味するのは、新興国と発展途上国の全面的な発展に伴って、将来の中国と世界はかつてない資源圧力に直面するだろうということだ。

特に、同じような技術レベルの下で、同じような商品を作る場合、国が違っても生産にかかる資源やエネルギーの消費と汚染の排出は一般的には大きく変わらない。一人当たりもしくは単位GDPあたりの資源やエネルギー消費が大きく違うのは、主に以下の二つの側面による。一つは産業構造の違いによる排出の違いである。先進国は一般に後工業化の段階にあり、サービス業などの産業が経済に占める割合がより高く、高消費、高汚染型の産業が少ない。これは、発展途上国との産業構造上の差異であり、先進国の生産活動での汚染

排出を少なくしている。翻って、中国では華北地域で、深刻な大気汚染問題が発生しているが、これは、産業構造が高消費高汚染型の重工業に偏っているためといえる。国家統計局のデータによれば、2011年、北京、天津および河北省の粗鋼生産量の比率は27.4％で、世界の粗鋼生産量に占める割合は13％であった。このような産業構造のもとでは、広範囲に深刻な大気汚染が起こっても、なんら不思議ではない[20]。二つ目には、暮らしの中でのエネルギー、資源の消費の違いである。生活習慣が違えば、資源の消費と汚染に大きな違いが出てくる（同じような収入レベルでも同様である）。Glaeser（2011）の研究によれば、米国の最も環境に優しい都市であっても、自動車や家庭で使用するエネルギーから発生する二酸化炭素の量は、中国の都市平均の10倍以上である。もし中国とインドで、将来収入が増加した後、米国と同じ高エネルギー消費型の生活をするとしたら、想像もつかないが、地球は負荷に耐えられないだろう。データによれば、もし米国式ではなく、フランス式のライフスタイルを取り入れるとすれば、中国およびインドの一人当たりCO_2排出量がフランスのレベルに達したとしても全世界のCO_2排出量は30％高くなるにとどまる。したがって、資源環境の制約は、中国について言えば、一つには生産過程での資源とエネルギーの消費と汚染排出を抑え、もう一方で低消費低排出の生活習慣を堅持することになる。社会全体で言えば、今後も都市化のレベルやクオリティを上げることに対して、より重要なのは低エネルギー消費型の交通システムや暮らし方を大幅に採用する必要があるということである。

六、国際競争の圧力増大

　30年余の高度発展を経て、中国は基本的に、遅れた貧しい状況から抜け出して、ゆとりある美しい将来へ向けてまっすぐ進んでいる。しかし、避けて通れない新たな問題が次々に現れている。経済構造から言えば、低いレベルの産業チェーンからミドルレンジ、ハイエ

ンドの産業チェーンへグレードアップする段階にある。この発展段階が直面しているのは、「追われているが逃げ道がない」状況といえるだろう。一方で、中国は先進国主導のハイテク産業競争に挑んでその一角を占めなくてはならない。もう一方で、他の発展途上国、例えばインド、ベトナム、インドネシアなどは中、低レベルの産業チェーンであるが、中国と熾烈な争いをしている。この2種類の争いでの苦境は、中国の経済成長を最大限に抑圧し、構造的な減速を引き起こす一つの要因となっている。

　徐々に低いレベルの産業チェーンから抜けだすことは、中国経済のさらなる発展には必然的な選択である。それゆえ、「追われる」ことに対する最も良い選択肢は速やかに前進することで、できる限り速く他国に水をあけることである。競争力を上げ、世界の産業チェーンの高いレベルに達することは、中国の命運に関わることである。なぜなら、中国が真に産業の構造転換と高度化を果たして、中所得の罠から抜け出ることができるか、最後に近代的な先進国になれるかどうかが、かかっているからだ。

　現在、中国と先進国の競争には主に、最先端技術と国際ルールの二つの側面がある。最先端技術で言えば、第三次産業革命により、先進国と新興国の国際分業システムの中で立場や利益配分の精力構造を再構築されようとしている。第三次産業革命の代表的なものはネットワーク化、スマート化とサービス化で、目下先進国が依然としてこの流れをリードしている。先進国のこの独占状態を打破できなければ、多くの発展途上国の、低賃金労働力という比較優位性はますます失われるだろう。なぜなら、製造部門の労働は削減され非主流化し、デジタル化、スマート化、アイデアやデザインに取って代わられるからである。この種の新たな分業、利益配分の構造は、先進国が新たな産業革命の中で、製造業での優勢を取り返すことになり、伝統的な意味で工業化の中後期にある中国に大きな試練をもたらすことになる。国際ルールについては、2007年国際金融危機

が起こった後、世界的にリバランスと構造調整が競って行われた。先進国は従来のグローバル化モデルに飽き足らず、グローバリゼーションを再構築しようとした。特に経済、貿易や国際投資の分野で、欧米は規則を変えることにより自身の優位性を高め、客観的に見て中国に不利な国際競争情勢を構成した。そのやり方には、中国に「国家資本主義」のレッテルを貼り、「競争の中立性」の原則の確立をとおして、政府の経済活動への支援及び中国企業の国際競争上の優位性を引き下げることも含まれている。中国経済の急速な成長がもたらすエネルギー消費と、炭素排出量の増加を考えると、温暖化交渉を通して、二酸化炭素排出量規制を確立し、中国にさらに大きな排出削減の圧力を加え、中国が主張する「共通だが差異ある責任」の原則が国際交渉の基礎となることを極力阻んだのだ。中国の技術の猛追と、中国政府の自主開発への支援を防ぐため、米国を主とする先進国は、一方で中国に対する技術規制を維持し、もう一方で国際知的財産権保護等の面で先進国に有利な条項を制定しようとした。中国国内では、中国政府が知財権の保護と政府調達の面で対外貿易と外国ブランドに不利な条項を解消するよう促した。

　中国の産業構造と経済規模を考えると、中国の主な競争相手はやはり米国、EU、日本などの国である。こうした国々は当然中国の追撃を座視するはずがない。国際貿易、投資等で中国と競争するばかりでなく、国際ルールの面でも中国の発展に制約を課し、中国が第18期三中全会で改革について全面的な計画を打ち出したのと同様に、これらの国もそれぞれ自身の構造改革計画や長期成長戦略を打ち出し、改革競争の幕がひそかに開けられたのである。

　米国は2009年に「米国イノベーション戦略－持続的発展と質の高い雇用に向けて－」を発表、2011年に改訂版を出した。この戦略は3つのフェーズにわかれている。一つは米国のイノベーションに必要な要素、労働力、科学技術研究及び社会基盤への投資である。二つ目は市場を基本としたイノベーションの推進で、イノベーショ

ンや起業に有利な、全国的な環境形成の促進を図り、米国企業が経済成長を促進し、世界の舞台でリードを続けるようにすることである。三つ目は、国家の優先事項に対して飛躍的進歩を生み出すことで、代替エネルギーの開発、情報技術を使った医療コスト引き下げと介護ケアの改善、教育技術の進歩の促進、バイオテクノロジー、ナノテクノロジーなどの先進分野で米国の先進性を維持することなどを含んでいる。この戦略は米国で公的機関や民間企業などの一致した支持を集め、ケインズ主義的需要拡大政策を主張してきたサマーズをして、米国が再び長期的で持続可能発展を遂げ、世界のトップを維持するには、需要面の政策だけではとても足りないと言わしめるほどだった。サマーズの考えでは、長期停滞の唯一の解決方法は、イノベーション、起業の推奨、教育の発展促進、労働市場の柔軟性の増強、退職年齢の引き上げ、移民政策の改革と起業税制の変革等々を含む大胆な改革であった。この主張には、レーガノミクスの気配を感じることができる。

　EUは、経済では特に言うほどのこともないが、将来の発展計画については、後れを取ってはいない。2010年、EUは「欧州2020（欧州の2020年までの戦略）」を発表、これは4つの面からなっている。一つは教育の質の大幅な向上、研究開発費を増額と研究開発に取り組むべき重点分野の調整で、民間部門の研究開発への取り組みに対して良好な経営環境を作り出し、研究結果の市場化と商品化のプロセスを強化するためである。二つ目は、グリーン経済（環境に優しい経済）の発展とエネルギー効率の向上を主とした持続可能な成長の実現で、再生可能エネルギー消費比率の引き上げ、クリーン技術、低炭素技術への資金投入、積極的な環境保護政策、気候変動への対応に加え、新たなビジネス、雇用機会の創出を含んでいる。三つ目は、労働市場の柔軟性を高め、労働力率、就業率を高めることである。20 〜 64歳の労働人口の就業率を現在の69％から75％に引き上げること、女性、高齢者の就業率を引き上げ、並びに移民を

より良くEUの労働力市場に受け入れることをすでに施策として実施している。四つ目は、各国の困窮レベルに応じて、EUに暮らす貧困線以下の人々を25%減らし（つまり貧困の脅威に直面している人を2000万人減らし）、包括的成長を実現することである。欧州中央銀行のドラギ総裁は、欧州の構造改革のリスクは、やり過ぎよりも足りないことにリスクがあると語っている。

　日本の新成長戦略とは、アベノミクスの第三の矢を指す。（第一の矢は金融の量的緩和政策、第二の矢は財政出動）この戦略は、産業再生計画、戦略的な新市場の創設計画と国際化計画を含む。まとめれば、一つは産業競争力の再生である。新たな税制の実施を通して民間企業の設備投資を促進する。すなわちITネットワークの資金調達とベンチャーキャピタルを活性化し、起業を支援し、開業率を引き上げ、企業の再編や合併を進める。さらに大幅な規制緩和を進め、IT、医療、エネルギー、農林水産、旅行観光、貿易などの産業の競争力と活力を高め、新たな産業のフロンティアを開拓する。二つ目は人材のレベル向上である。労働力の流動性を高め、労働人口のうち、若者及び高齢者、特に女性の就業率を高め、大学教育を改善し、海外の高度人材を日本に引きつけることにより、日本の労働力要素を改善することである。三つ目は、地域の競争優位性を増強することである。東京、大阪、愛知などの国家戦略特区では、大規模に規制緩和を行い、外国人の様々な環境や生活条件を改善し、世界で最もよい投資環境を作り出し、より多くの外資を引き込むことである。四つ目は新たな貿易構造の再構築である。例えば環太平洋パートナーシップ協定（TPP）、日中韓自由貿易協定（FTA）及び日欧FTAなどの推進で、三年以内にFTA貿易の比率を20%から70%前後に引き上げ、海外の大型公共事業などの業務を拡張しようするものである。

　上述の様々なことからわかるとおり、中国経済の将来の発展は、複雑な競争に直面している。その中でも改革競争は、最も深く、肝

心で、激烈な、新たな競争である。抜本的で持続的な改革により、その配当を大規模に受け取ることこそ、我々が勝利を収める鍵となる。その改革のために十分な時間と空間を残し、改革の創造に見合った大きな次元での環境を造るため、我々は経済を中高速のレベルに減速させることを外在的な特徴とし、構造的な原則を基本原因とする新常態に適応せねばならない。我々が特に指摘したいのは、構造的な減速は一種の「創造的破壊」であることだ。というのも、それ自身が新常態のまた別の二つの基本的特徴を含み、派生させているからである。それは、一つには経済成長が産業構造の最適化、すなわちイノベーションが牽引するハイエンド製造業、高次のサービス業への転換にかかっていること、もう一つには経済成長は動力構造の全面的な転換、すなわち、外需でなく内需に依存し、さらに要素の規模の単純な拡張でなく、全要素生産性の構造にかかっていることである。経済成長速度が構造変化によりやや下がり、構造変化は同時にさらに高い効率と品質の経済成長の道を行くことを内包する、これが新常態の弁証法である。

第五章　新常態、新たな挑戦

　新常態は国民経済に新たな環境をもたらす。はっきりしているのは、この新しい環境の「内部一貫性」は、一連の経済指標、例えば、貯蓄、投資、物価、就労、財政収支（赤字も含む）、国際収支、人民元為替レート、通貨供給、利率など、皆新たな性質、状態が現れている。こうした変化には、ベールをはぐ効果があり、中国経済の長期にわたり隠されてきた深層での矛盾を明るみに出し、しかも新たな矛盾を引き起こすだろう。こうした矛盾は新常態のもとでの新たな課題を構成している。

一、生産能力過剰

　過剰な生産能力は、すでに中国のマクロ経済の安定的な運用に重大な課題となっている。現在、中国のあらゆる業種で、過剰な生産能力の問題に直面しているといえる。欧米では、通常、生産能力利用度もしくは設備稼働率を使って、過剰生産能力の指標としている。そこでは、設備稼働率の正常値は79 ～ 83％で、これを越えると生産能力不足と考えられている。設備の能力を超えた使用に対する策は、投資を増やし、生産能力を拡大することである。設備稼働率が79％より低い場合は、生産過剰の問題が存在する。対応策は需要を喚起するか、瀬産能力を調整することである。

　国際通貨基金（IMF, 2012）は、2012年にはすでに国別レポートの中で、中国の設備稼働率について評価している。レポートによれば、2008、2009年の危機以前、中国の設備稼働率は最高の時期でも80％であった。その後、経済危機に対処するため、中国政府は大規模な財政出動政策をとり、各産業の生産能力は急激に増加、設備稼働率は2011年には約60％前後に下降した（図5-1）。北京発ロイター 2014年11月20日の情報によれば、中国国家発展改革委員会ウェブサイトの水曜日のプレスリリースで、産業協調司のスタッフの発言として、2014年上半期、全国工業設備稼働率は78％で、2009年の第4四半期以来の最低となったという。39の製品のうち、21の設備稼働率が75％より低く、太陽光発電、カーバイド等では60％にも満たなかった。IMFの研究は、単純に先進国のやり方を踏襲したもので、中国の特殊な事情を勘案したものではない。例えば中国は地域差が大きく、生産能力の算出も、完全に全国統一の市場で行うわけにはいかない。しかしこのような低い設備稼働率は、我々としても警戒すべきである。

　設備稼働率は、確かに過剰生産能力の最も総合的な指標ではあるが、全面的たりえない嫌いがある。しっかり研究するには、関連分野へも踏み込む必要がある。一般的には、過剰生産能力は以下の5

つの面で考えることができる。一つは生産物価格（特にPPI、生産者物価指数）が相対的に下がり、かつ長引くこと[21]、二つ目は、企業の収益力が大幅に下がり、赤字企業が増加して、かつそれが長期にわたること、三つ目は業種の供給がその需要を超え、製品の在庫が大幅に増え、売れ行きが低迷すること、四つ目は、輸入が阻害されるため、輸出企業がコストを度外視して販売する状況が現れ、国際的に貿易摩擦が頻繁に発生すること、こうしてみると、中国の生産能力過剰は間違いない。

図5-1　中国の平均設備稼働率

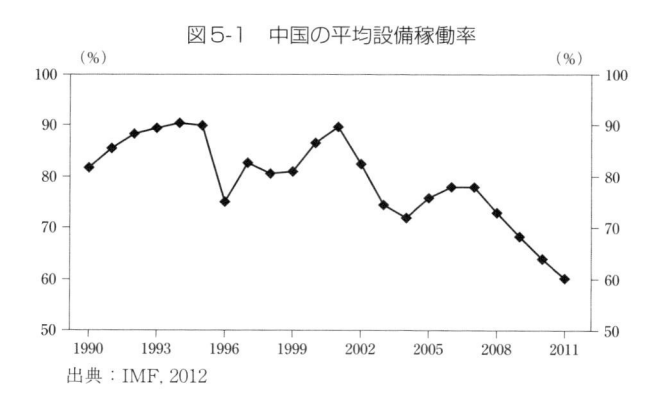

出典：IMF, 2012

　生産能力過剰とは、経済構造のねじれが凝縮されて表れたものである。生産能力過剰の解決はそれゆえ、経済構造調整の最重要課題と言われるのである。重要なのは、これが経済すべてに渡り、多方面に悪影響をもたらすという事である。第一に、生産能力過剰は経済の中での水増し部分である。その存在は経済効率を下げ、成長の質を下げるものである。毎年、投資が大幅に増大することは、直接的にGDPの値の増加をもたらす。しかし、もし投資に生産能力をつくりだす力が無いとしたら、あるいはもし投資が生み出す生産能力が十分使われないとしたら、こうした投資に対応するGDPは水増しとなる。こうした水増し部分は、中国経済ではすでに一歩進ん

だ「死荷重」となっている。次に、生産能力過剰の深刻化は、企業の投資意欲を下げるばかりでなく、企業の破産、倒産を招き、これが失業をもたらし、国民の収入と消費意欲を引き下げ、経済成長はより明確に下降圧力にさらされるのである。第三に、生産能力過剰は企業の収益率を下げ、負債を増やし、売掛債権を増加させる。また不良資産の上昇を招き、ひいてはこうしたリスクが金融業界全体に広がっていく。これは持続的に、かつ次第に大きくなっていき、危機が近づくのである。

　生産能力の過剰は、市場経済では正常な現象である。しかし、目下の中国の生産能力過剰のように、深刻で広範囲に及んでいるのはやはりめずらしい。中国の現在の生産能力過剰は、金融危機がもたらした国内外の需要の落ち込みによるものである。中国の対応政策がやや行き過ぎたものであったことと関係してはいるが、体制的な問題もある。

　まず、他の市場経済国家同様、中国の生産能力過剰問題の主な原因は、企業のやみくもな拡大によるものである。国有企業しかり、民間企業もしかり、である。しかし、一般的な市場経済国家と違うのは、中国経済では、各レベルの政府の働きが非常に重要であり、多くの状況下で鍵を握っている。そこで、もし各レベルの政府が拡大への衝動に駆られると企業のやたらな拡大と相まって、中国の生産能力過剰に取って必ずや大問題となる。

　我々の見るところ、各級の地方政府がその地域の就業や税収を増加させ、同時に中央政府の優遇を得るために、囲い込みにより地元企業を支援し、同じような産業政策が取られるため、各地で産業構造の同質化現象が見られることになり、これが大量の生産能力過剰を引き起こす。今世紀の初めから、各地域で競うように鉄鋼、セメント、電解アルミニウムなどの工業プロジェクトがスタートし、こうした産業に大きな生産能力過剰をもたらした。次いで、「戦略的新興産業」の分野で、太陽光発電、風力発電、省エネ環境保護など

が各地域で人気の成長産業となり、数年後、こうした産業でも大きな過剰生産能力が発生した。ここ数年、実施された国家級戦略重点開発計画の中で、すでに地域の強みや特色ある産業の発展に注意が向けられ、強調されてはいるものの、産業の発展方向には相変わらず似通ったものが多く、製造業では、自動車、鋼鉄、石油化学などの産業が未だ多くの地域で重点計画とされている。また、戦略的新興産業では、多くが新エネルギー、新素材、デジタル通信、省エネ環境保護などの産業に集中している。各地のサービス業の発展計画もまた、基本的にはすべて金融、先進物流、観光、文化創造などに重点が置かれている。

　中国の地方政府のパターナリズム的な産業政策は、客観的にはモラルハザードを自ら造り出し、企業がコストを度外視して手を広げる傾向をもたらす。中国社会科学院の実証的研究によれば、生産能力過剰が深刻な地域は、まさしく政策支援のある地域で、支援産業である。言うなれば、こうした行動は、中国経済における慢性病ともいえる。企業の予算制限の弱さであり、過去に国有企業がそうだったが、今では民間企業もこの病気に侵されている。一部の企業（特に政府が後ろ盾だったり、政府が支援を受けてたりしている企業）は、拡大の途中で、コストを無視し、結果に頓着せず、やみくもに拡大して同じようなプロジェクトを重ねて、深刻な生産能力過剰におちいるのだ。中には、以下のように説明する人もいる。同じようなプロジェクトを行うのは市場経済の中では正常なことで、総体としては悪くはない。しかし注意すべきは、市場経済の中でやみくもに投資し、同じプロジェクトを繰り返して出た損失は企業が自ら負うものであるが、しかし中国の体制の下では、損失は最終的には国が支払うものとなりうる。このため、一部の企業または地方政府は投資を決定する際、より「大胆に」なれるので、生産能力過剰の問題はさらに深刻化するのだ、と。現在の生産能力過剰は、大部分が投資として生産する商品の分野に集中しており、こうした分野

は大部分が政府主導か政府が支援するものだ。民間企業はこの生産能力過剰を助長するもので、地方政府が行政のやり方で生産能力の拡大を推し進めるため、土地を廉価で提供したり、財政援助を行うなどの方法で市場に干渉し、一部産業の行き過ぎた投資を招いた。太陽光発電を例に取ろう。中央政府によるハイテク産業優遇策の下で、地方政府と実業家は太陽光発電産業が先行き有望と見たため、中国の太陽光発電は急速に発展した。一時期、全国各地で様々な「太陽城」や「太陽光発電園」がはなばなしく出現し、地方政府は、外資企業誘致や外資導入、銀行貸し付けに力を入れて、多くの太陽光発電プロジェクトが始まった。しかしながら中国企業が集中したのは、太陽光発電産業の中でも労働力が相対的に集中する加工製造の部分で、川上や川中の部分では基幹技術を持っておらず、川下では国内市場が育っていなかったため、結果として90%以上を輸出に頼ることになってしまった。こうした発展方式のしっぺ返しを、我々はすぐに味わうこととなった。2007年に世界金融危機が起こると、国際市場は急激にしぼみ、保護貿易主義が台頭して、中国の太陽光発電企業の製品は供給過多に陥り、生産能力過剰が深刻となった。

　ある種の思い込みであるが、生産能力過剰は供給が需要を上回るもので、その元となるのは需要不足であるという考え方がある。これは需要のみを見て、供給を考えないもので、極めて一方的なものである。需要面から解決を考えるにしても、需要に問題解決の潜在力があるか、よく考えなくてはならない。肝に銘じておくべきは、中国経済にはすでに構造的な減速が表れており、潜在成長率はすでに一ケタ台に下がっているということで、こうした新常態のもとでは、総需要が二ケタ台の成長を見せるというのは現実的ではないということだ。多くの研究機関に共通する推計は、将来の一時期、これから5〜10年、中国の総需要の成長はおおむね6.5〜7%を維持する見込みで、もしそうなら、需要の拡大を通して生産能力過剰を消化する余地は非常に小さいことを意味する。もし古い道を踏襲し、

依然として高度な成長に頼り、大規模投資と消費拡大により生産能力過剰を吸収しようとするのであれば、いっとき問題は改善するかも知れない。しかしそれは劇薬である。従来の経験から明らかであるように、それは将来、さらに大きな生産能力過剰を招くものだ。我々は供給面から生産能力過剰問題に対応するよう腹を決めなくてはならない。問題解決の鍵は、体制の仕組みの中から生産能力過剰の土台を取り除くことである。

中央政府はすでに、生産能力過剰を根治するため、「一部を消化し、一部を移転し、一部を整理し、一部を淘汰する」総合的な施策を取っている。

中央政府の生産能力過剰解決に関する戦略は、主に解決の方向性を指し示しているので、我々の見るところ中央の考えを実行するには、適切な仕組み作りに努力する必要がある。

まず、市場メカニズムをさらに整えることにより、「市場に資源配分の中で決定的な役割をさせ、政府の役割を発揮させる」という社会主義市場経済システムを作り出し、生産能力過剰を生み出す元を一掃させる。客観的には、生産能力過剰については、企業は責任を免れ得ないのだが、中国の現行の体制では、政府の責任も企業を下回ることはない。政府が多くの経済的な責任を負い、企業や市場に妥当でない関与をするのが生産能力過剰の最も大きな原因である。そのため、第十八期三中全会における改革の全面的深化の精神を確実に実現するには、市場が資源配置を決定するという一般的法則に従い、社会主義市場経済体制を健全化し、「市場システムの不完全さ、政府介入が過大で管理が行き届かない問題の解決に力を注ぐ」こと、これは生産能力過剰を解決する最も基本的な任務である。

その次には、資本市場の資本配分における働きを発揮させることである。資本配分を有効に行うのは、資本市場の自然な働きである。資本の誤配置が発生している場合（生産能力過剰もある種資本の誤配置である）、明らかに需要が資本市場で働いて、調整を行う。具

体的には、我々は資本市場の機能を整え、資本市場が企業再編や合併買収の面で存分に役割を果たさせなくてはならない。行政の関与でなく資本市場による生産能力過剰の調整、余剰の消化は、より合理的、効果的でコストのかからないやり方である。

　三つ目には、生産能力過剰の解消には世界的な視野が必要である。これはすなわち、世界的な分業体制の中で、さらには将来の産業発展を背景として、国内の生産能力過剰問題の解決を検討しなくてはならないということである。「一帯一路」等の戦略の実施は、我々が全面的な対外開放により産業と生産能力の移転を図るのに有益であり、これによって国内生産能力過剰の問題を改善するのである。

二、負債比率とレバレッジ比率の急上昇

　貯蓄率が長い期間40〜50％だった中国は、負債比率とレバレッジ比率も改革開放以来、ずっと低水準で安定してきた。しかし、貯蓄率が依然高いばかりか、少し上昇を見せているにもかかわらず、負債比率やレバレッジ比率が低い状況は、2009年から変化が見え始めた。我々の計算では、実体経済部門の総負債とGDPの比をレバレッジ比率の指標とすれば、2003〜2008年、中国のレバレッジ比率は実際ずっと下降してきた。2009年以降、状況は逆転し、中国のレバレッジ比率は著しく上昇し、同時に債権金融の期限がどんどん短くなってきた（図5-1、表5-1）。表5-1からわかるとおり、すべての負債性金融商品の中で、信用貸付と国債の平均期限だけはいくらか伸びている。その中でも、信用貸付の期限延長は、中国が市場化された長期資本の供給に著しく欠けていることを表している。これはまさに中国の金融構造が悪化していることの現れである。

　具体的には、中国の各部門のレバレッジ比率の合計は、2008年の170％から2012年には215％に上昇した（李揚ほか、2013）。スタンダード・チャータード銀行の推計では、2014年前半、社会全体のレバレッジ比率は251％となった。そのうち、最も注目すべきは、

中国の企業債務が高い水準にあり、かつ上昇が速すぎる問題である。2012年、企業債務のGDPに占める割合は113％に達し、この2年でさらに上昇して、G7の国を超え、90％という国際リスクの限界値をはるかに超えている。レバレッジ比率の上昇は、全面的、系統的に金融リスクに影響する。現在、いまだに破壊的な世界金融危機は、債務とレバレッジの高さが引き起こし、しかも一貫してそれが主な特徴となった。殷鑑遠からず（失敗例はすぐそばにある）、我々がもし警戒を強めず、時に応じてレバレッジ解消を実施しなければ、金融リスクはさらに積み重なり、体系的なリスクの可能性も増大するのである。

図5-2　中国各部門の債務がGDPに占める割合

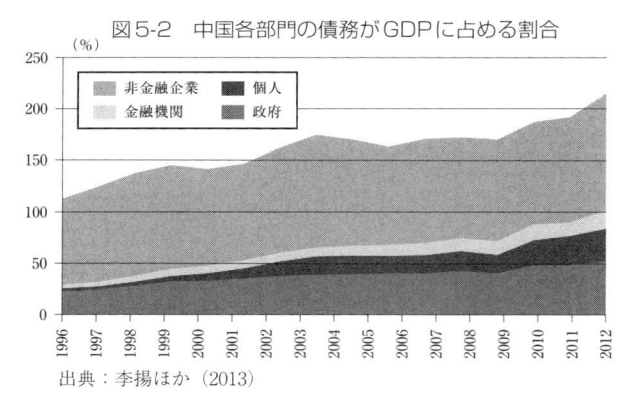

出典：李揚ほか（2013）

表5-1　中国の実体経済部門の債権金融の平均期限　　（単位：年）

種目 / 年	全ての負債	信用貸付	債券	国債	企業債	社債	MTN（中期手形）	CP（商業手形）
2008	2.68	1.78	7.56	8.06	9.01	6.67	3.48	0.53
2009	2.64	1.88	6.81	7.73	8.05	5.94	3.40	0.54
2010	2.63	1.97	6.61	8.05	7.57	5.69	3.18	0.49
2011	2.59	1.93	6.35	8.43	7.02	5.04	3.10	0.52
2012	2.46	1.86	6.03	8.50	6.70	4.64	3.15	0.50
2013	2.39	1.86	5.65	8.09	6.48	4.04	2.80	0.40

出典：中国社会科学院金融風険管理実験室

　レバレッジ解消という目的を達成するためには、我々は、中国が間接融資を主とする融資構造に転換する決意を固めなくてはいけない。様々なレベルの資本市場を発展させることは、当然のことであろう。この他、さらに国有経済を改革し、その柔軟すぎる予算によって、負債が大きくなる傾向をコントロールする必要がある。さらに各地方政府の投資行動を抑制し、その融資活動を統制して、民間の信用取引規制を緩和し、市場メカニズムに金融資源の配分する上で決定的な働きをさせる。さらに、長期資本を調達することを奨励する、こうしたことが、中国のレバレッジ解消に対する根本的な措置となる。

　国全体の債務水準を考えるのと同時に、政府機関の債務、特に地方政府の債務の長期化傾向は注目に値する。これは長期にわたる病巣であるばかりが、これを解決することが、中国の各地方政府間の財政関係を合理化するのに非常に重要だからである。現在、地方政府の債務リスクは、まだ制御可能と考える。理由は三つ、一つは、中央と地方政府の（財政責任のある）債務はGDPの40％以内に抑えられており、国際基準である債務率60％より低くなっている。二つ目は、中国全体のバランスシートは、今なお健全な部類に入り、経済状況が大きな損失を出さず、経済成長の枠組みに大きな衝撃がないかぎり、比較的余裕をもって、地方政府の債務処理にあたることができる。単一の政体であるため、その力がある。三つ目には、中国にはレバレッジ解消の選択の余地が依然として大きいということである。それは、政府の資産移転、債務の株式化、長期短期債務の組み替えや転換、デュレーションの延長、満期ミスマッチリスクの低減などがある。

　しかし、中国の地方債務に関する潜在リスクは、軽視できない。その一、中国の地方政府の債務は大部分が投資によってつくられたものであるが、その投資はインフラに関するものがほとんどで、直接にはキャッシュフローを生まないものである。このため、財務か

ら見れば、中国の地方債務には償還能力の欠如と流動性不足の二つの難問が存在する。これは、欧州先進国の地方政府の経験と本質的な違いはない。その二、地方政府のバランスシートを作成する中で、我々が気づいたのは、キャッシュフローを生むことができないため、取り引きも難しいので、多くの「資産」が経済的な意味での資産価値を持ち得ないことである。しかも、地方政府は毎年新たな資財を投じて、これら資産を維持管理しなくてはならない。そのため、長期にわたり地方政府の赤字となっているのである。その三、債務期限とそれに対応した投資の間に満期ミスマッチが起こっている。平均から言えば、地方政府の債務期限は2年前後である。しかし、それに対応する投資プロジェクトは、4年くらいでようやく完成する。このように、もしキャッシュフローがあったとしも、債務とその資産の間にミスマッチが存在するのである。その四、経済成長の減速、都市化戦略の転換、不動産市場の調整などマクロ的要素は、いずれも地方財政を悪化させ、その借り入れ、返済の余裕を圧迫する。

　地方財政の管理には、長期と短期の療法が必要である。短期目標は主として、債務の状況の悪化を防ぐことで、ポイントは3つある。一つ目は「元を絶つ」ことで、地方政府の負債資金調達によるキャッシュフローを生まないインフラ投資を管理監督し、手強い負債の増加を元から抑えることである。各地方政府が債務に代えて融資による道を開拓することを奨励し、負債の規模が拡大するのを防止する。二つ目には「再編」で、債務の株式化、長期短期債務の転換や再編、デュレーションの延長などの様々な方法で、債務を再編し、満期ミスマッチのリスクを低減する。三つ目は「損失に備える」ことで、すなわち、転ばぬ先の杖、貸し倒れに対応した返済資金源の手配である。

　長期的な債務管理目標は、合理的で持続可能な地方政府の融資制度を築くことである。それには、ポイントが5つある。一つは地方政府が、『権責発生制政府総合財務報告』（政府の財務部門が権利や

責任発生制をベースとして、毎年作成する総合的財務報告）の枠組みの下で、地方政府のバランスシートの編成作業を終わらせ、「財産」をはっきりさせるよう促すことである。二つ目は中央と地方政府の権限と支出責任を合理的に区分けし、政府の経済的機能、特に投資の機能を減少させ、根本から地方政府の負債の源を減らすことである。三つ目は、「ゴールデン・ルール」を守り、地方政府の負債融資を規制することで、その中心となるのは、債務の持続可能なメカニズムを確立し、予算の制約を強めることである。四つ目は、地方政府の負債融資の発行、取り引きとリスクの値決めをする市場体系を確立することである。五つ目は、地方債務のリスク管理システムと危機対応メカニズムを構築することである。

三、都市化の転換

　経済発展の原動力については、中国改革開放32年の主要な牽引力は間違いなく工業化と都市化だった。しかし、中国の発展は、衣食を何とかするという非常に低い出発点から始まったものだった。工業化は長い時間をかけて、自然に重要な主導的要因になったのである。しかしながら、この期間に中国の都市化も事実上かなり大きな進展を見せ、人口増加でみると、都市化率は平均して毎年１％以上となっていることがわかる。

　しかし、都市化と工業化の関係について言えば、明らかなのは中国の都市化は、工業化によってもたらされたもので、言い換えれば、これまでのところ中国の都市化は、ある種の誘導型都市化と言える。都市化は工業化に伴って展開し、中国の都市化が工業化に比較して遅れている現状を造り出している。こうした現象の原因は、学術界では一般的に戸籍、社会保険、土地等制度の制約によるものとされている。すでに農業を離れた農民が、農村戸籍から都市戸籍へ転換できないことが都市化の遅れにつながっている。

　こうした現象の長短については、学術界では大きな論争がある。

多くの学者が、都市化が工業化に遅れているのは中国の経済発展の弊害の一つであり、そのため次の経済発展の段階では、速やかにこの欠点を補う必要があると考えている。しかし、現実的で持続可能という観点から、我々は工業化を先行させ、産業発展を都市発展より先においたところに中国の経済発展の成功があり、発展の道筋での重要な経験の一つだと考えている。なぜなら、産業発展、求人増加、人口増加、都市発展、という自然な発展のプロセスに従っているからだ。このプロセスでは、人々がより高い収入を求めて流動することを大体において保証し、従って流動人口は就業できるという支えがあった。そのため、中南米やインドなどの発展途上国のように、経済発展の中で、あまりにも速く大都市が無秩序に膨張し、ついでスラムがここかしこに生まれるという深刻な社会問題を回避することができたのである。つまり、中国の都市化のプロセスは、まず企業が形成され雇用が創出され、そして人口が転移し、都市の発展がもたらされたのである。この論理と経験は総括する価値が大いにある。

今、中国経済発展は新たな転換期に入っている。この転換期には特徴が二つある。まず、機械工業、冶金工業、電気工業、科学工業、電子工業、情報工業などを中心とする主要な工業部門の従来からの工業化の過程は、すでに完成に近づいており、中国は第三次工業革命の路線に入り始めている。製造業のデジタル化、サービス化、ラピッド・プロトタイピング、AI、新素材、産業用ロボットなどを基礎とし、マスカスタマイゼーションを中心とした生産方式による新たな工業化の時期にさしかかっているのである。次に、都市化は発展の途上にあり、日増しに主導的な役割を示してきている。中国の経済発展は工業化と都市化がすでに並行して進んでおり、その上次第に都市化が主導する軌道に転換してきていると我々は判断している。

このような新しい動向を研究し、その主な特徴とそれがもたらす

新たな課題を分析するには、我々はまず過去32年の、中国都市化の基本的な特徴を振り返る必要がある。

　労働力の移動の原動力と特徴から見れば、過去30年あまり、農村からの余剰労働力が都市に流入し、主に都市の製造業に従事、その上、より高い収入を得た。こうした人々の流れの特徴は、主に渡り鳥型である。それゆえに毎年春節の前後にヨーロッパの幾つかの大国に匹敵するほどの、億にも上る人々が中国の国土を移動し、中国の地域間交通、運輸に最大の圧力となっている。

　注意すべきは農村住民が都市と農村の間を渡り鳥のように移動することにより、影響の大きい、典型的な特徴が表れることである。その一、衣食などの基本的な消費活動以外の、農民工の主な消費活動は都市で行われるわけではない、ということである。特に冠婚葬祭、耐久消費財の購入、住居の購入（建築）、及び医療、介護など資産消費の重要な活動は依然として農村地域で発生する。その二、上述の収入、消費活動のモデルと一致して、農民工の貯蓄の大部分は、都市に預けられているのではなく、様々なルートで農村へ還流され、都市と農村間で大規模な資金の流れを形成している。こうしたある種の人口流動の構造は、むろん都市化の発展がもたらした部分もあるが、同時に都市と農村の分離が固定化された結果でもある。

　さらに言えば、こうした人口の移動パターンは、中国の国民消費全体に望ましくない影響を及ぼしている。我々の調査によれば、農民工の消費は主として農村で行われ、農村住民の消費構造は、都市住民のように絶えず高度化していく状況にはない。逆に、彼らの消費構造は、低レベル化する傾向があり、これにより、エンゲル係数さえも逆転することが起こっている。なぜ中国の経済成長はこんなにも速く、収入の伸びがこんなにも大きいのに、国民の消費率は相対的に下がっていくのか、長きにわたってこうした疑問を人々は感じていた。この問題は広く学者の注目を集め、多くの見解が出された。我々は農民工の渡り鳥型移動に、可能な解釈を見いだした。総

人口のうち、多数を占める農村住民が都市で働いて稼いだ収入は、過去に比べ数倍にはなったものの、しかし彼らはそれまでの消費習慣を続けるか、さらに強めている。統計から明らかなのは、消費構造からいえば農村の家庭での、住宅設備、交通通信、文化娯楽、医療などの消費は、長年増加していないばかりが、やや減少している。これは、二重構造になっている中国経済の、消費構造の特徴を示している。

　経済上の分析からみると、こうした状況を作り出す重要な原因は、農民工が広い農村地域に分散することにある。散らばってしまうため、交通や物流に無駄が多く、さらには供給不足を生じ、農村地域で価格が高すぎることにつながっている。国家統計局のデータでは、消費価格からいえば、2001年から2008年、農村の消費価格指数は23.3％上昇し、同時期の都市では18.4％の上昇だった。農村の価格水準の上昇幅が都市より高い主要な原因は、農村と農民が分散しており、供給を集中的に行うことができず、規模的にかなり非効率であるということだ[22]。

　さらには、工業化にリードされた都市化モデルでは、人口の集中は現在主に、中国東部の沿海地区に集中している。こうした集中は、スケールメリットはあるが、ショックに弱いという短所もある。世界的な金融危機が発生して以降、全世界の製造業製品に対する需要が急激に下降し、製造業が農村からの移動人口を受け入れる能力が急速に低下するとともに、全国の都市化のスピードはやや鈍化した。

　中国の都市化のスピードが経済危機以降、鈍化した二つ目の原因は農村人口がしだいに高齢化してきたことである。図5-3のとおり、人口の年齢構造から言えば農村住民が都市と農村に移動する確率は22歳前後の男女が最も高く、年齢が上がるにつれて、移動する確率は低くなっていく。特に労働年齢の中、後期では、労働技能と学習能力が十分でないため、都市では就業が難しく、農村住民が都市に移る確率はかなり低くなる。中国の人口構造が高齢化するに

従って、特に農村人口構造は高齢化が予見され、人口分布から考えると中国の都市化の全体的なスピードは下がっていく。

図5-3　性別、年齢別に見た農村住民の都市へ移転確率

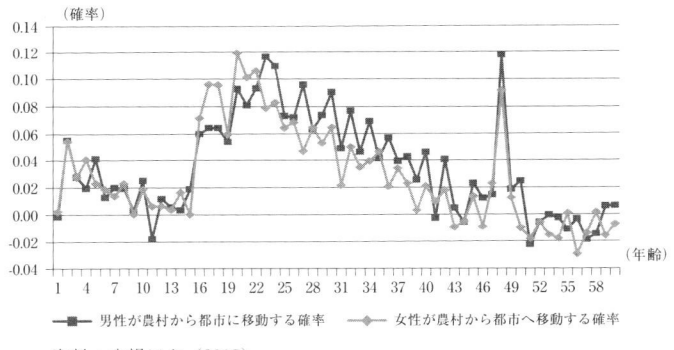

資料：李揚ほか（2013）

　中国の都市化の速度が鈍った三つ目の原因は、政府が危機に対して取った刺激策と関係がある。我々が注目したのは、2009年財政金融刺激計画が投入されたのは主に中西部地区であるということだ。こうした大規模な資金投入は、比較的大きく中西部地区の求人状況を改善し、住民の収入レベルを引き上げた。元々は東部、沿海地域に移動するはずの農民は、この、ある種伝統的といえるルートではなく、この地域に落ち着き働くことを選んだ。こうした傾向の広がりに加え中国全体の人口構造の変化が一定程度、東部工業発展地域に程度の違いはあるが人手不足をもたらした。都市化の速度低下、出稼ぎ労働者不足、この二つは新たな現象である。我々はこうした現象の長期化は、中国の都市化のプロセスの中で、注目すべき重要な事実であると考える。

　工業化の歩みは中国ではすでに終わりに近づいており、工業化がもたらした都市化のプロセスは弱まっていく。と同時に、新型の都市化は将来の中国経済の発展に主要な原動力となっていく。もちろ

ん、中国は広大で、各地域の発展段階にはグラデーションがある。今後一時期、中西部地域が東部地域のクローンとして、都市化を牽引するモデルとなるだろう。しかし、多くの地域、特に東部地域では都市化が経済発展を牽引するという新たなモデルがすでに現れている。従って、都市化は、中国経済の将来的な長期成長を牽引する役割を期待されている。

まとめると、都市化の転換と発展は、中国経済の経済と発展に5つの面で重要な作用がある。その一、都市化のさらなる促進は、例えば住宅、交通、通信、医療、保健、教育、娯楽等の消費型投資の迅速な成長を促す。これにより、国内消費の需要を経済成長の重要な原動力とすることに役立つ。その二、サービス業全体の発展を刺激し、それにより、中国の産業構造の改善に作用する。その三、都市化のさらなる発展はインフラの改善と新エネルギー、省エネ、環境保護、電気自動車など新たな戦略的産業の大きく発展させ、これにより、ニーズの面から中国の技術革新力を高め持続的な原動力と良好な環境を提供する。その四、人口と生産要素を常に集中させることは、教育レベルの大幅な向上と生活の質の持続的な改善に環境を提供し、これにより中国の人的資本の向上に資することになる。その五、中国国民の所得分布の格差は農村住民が徐々に都市住民に変わっていくことにより縮小していく。さらには、中国国民の所得分配を改善することにつながる。要するに、中国の都市化はある種戦略的な転換で、中国経済発展の戦略的転換とぴったり一致し、さらには経済発展方式の転換の最も主要な原動力の一つとであるのだ。

ただし、同時に我々が忘れてはならないのは、都市化の中国経済に対する働きを過度に楽観ししてはならないということだ。都市化の度合いを判断するのは、現在でも主に都市の人口が占める割合で判断している。しかし、人口比で判断した現在の都市化率が53％しかなく、先進国の90％に近いかさらに高い都市化率と非常に大きな差があるとしても、中国の今の都市化プロセスには格別な特徴が

あり、その経済に対する促進作用は思ったほどには大きく無いと考えられる。

　原因の一つは、移転可能な農村の余剰労働力が相対的に少ないということである。都市化が経済成長を牽引する一つの重要な側面は農村の余剰労働力が生産性のさらに高い工業等の産業に移り、これにより実際の労働力供給が拡大し、総合生産率も引き上げることである。しかし、中国の現在の都市化率53％というのは、なおも47％の農村の余剰労働人口が残っているということではない。土地と戸籍制度の縛りにより、多くの農村労働力はすでに非農業に従事しているにもかかわらず、依然として土地と農民の身分を持っていて、住宅のニーズも農村にあるために、統計の中では、未だに農民とされているのである。中でも、青年、壮年の労働力はかなりの程度、すでに農業以外に従事しており、こうした実を伴わない状況は特に普遍的である。国務院発展研究中心は2006年には早くも、2,749の村落を調査、結果は、74.3％の村落においてはその村で出稼ぎに出る青年の働き手は基本的に全て出てしまい、農村に残る働き手は中年以上で、年齢、家庭、技能などの要因で、移転して就業できず、季節労働者となっていることが明らかとなった。近年、中国の農村は広範囲に空洞化現象が起こっており、都市の人手不足現象はすでに東部地域から中西部地域に広がっており、各地で労働力を奪い合う競争が「白熱化」しており、出稼ぎ農民の賃金がおしなべて急速に上昇している。こうしたことから農村の余剰労働力はどんどん少なくなっており、底を突くのも近い。

　現在、各研究機関と政府部門が農村の余剰労働力を推計するのには、人日換算法を使っている。現在の農業労働力の需要を産出し、その後、関係する農村人口統計のデータで余剰労働力を推計するのである。蔡昉、王美艶（2007）によれば、中国農村の余剰労働力は0.25億〜1.06億人で比率は5〜22.5％である。農業部農村経済研究中心が2007年人日換算法で推計した農業労働力の需要は、最終結果

135

によると2.2億人で、2005年主に農業に従事した労働人口は2.9976億人である。従って余剰労働力はおよそ8,000万人である。今すでにおよそ10年が経過し、村の余剰労働力は時間とともに減少している。張興華（2013）の研究によれば、2011年中国農村の余剰労働力はすでに852万人に減少し、農村労働力全体の2.1％で、中国農村の余剰労働力はほとんどないに等しい（表5-2）。

表5-2　２０１１年中国農村労働力の状況と余剰労働力の試算

	総数 農村労働力	非農業労働力			農業もしく余剰労働力		
		非農業労働力合計	うち、農村外での非農業労働力	農村内における非農業労働力	農業労働力の供給	農業労働力の需要	余剰労働力
数(万人)	40506	22629	15428	7201	17877	17025	852
比率(%)	100.00	55.87	38.09	17.78	44.13	42.03	2.10

出典：張興華、2013、中国農村余剰労働力の新たな推計

　当然ながら、推計での余剰労働力がほぼ無くなっているといっても、農村人口の潜在力がもう無いというわけではない。これはすなわち、ここで推計した農業労働力の需要と、それを元に算出した余剰労働力は、農業の現在時点での生産条件や生産効率により推計したものだからである。改革開放以降の経緯から見て、中国農業は安定的に技術革新が進んでおり、一方で現在の単位面積あたりの生産高は向上し、もう一方で単位面積あたりの労働力は減少している。国家発展改革委員会価格司が作成した『全国農産品成本収益資料滙編』のデータから計算すると、1978年以降、中国の単位面積（1ムー＝約667㎡）あたりの人日は着実に減少傾向にある。このため将来的に、農村の余剰労働力は、主に農村の労働集約型技術の進歩や、農村の土地流通による大規模経営の実現などにかかっている[23]。これにより、農業からさらに多くの労働力が省力化されて放出される。

先進国の例から見ると、通常農業労働力が総労働力に占める割合は5％に満たない。また張興華の行った農業労働力の占有量試算によれば、現在、中国の農業労働力は約20％と未だに高い。これは、労働生産性の向上に関してはいえば、理論上では農業から約1億の労働力が捻出できることを意味している。

　原因の二つ目は、都市化が不動産市場におよぼす促進作用は、相対的に限られており、1ポイントの都市化の伸びが、多くの人口の都市の住宅に対する安定した需要に対応するわけではないということである。中国の都市化には二つの方式がある。一つは都市が外に拡大することにより、近郊の農民が都市住民となること、もう一つは他の省市から移住してくること。前者は受動的であり、後者は自発的である。現在中国の名目都市人口増加は、15％が人口の自然増、43％は移住によるもの、また42％が近郊農民の都市住民化である（Borst, 2012）。近郊農民が都市住民化する場合は、都市の住居に対する新たな需要は相対的に少ない。移住による都市化の場合で、真に都市の不動産市場に比較的大きな牽引作用を及ぼすことができるのは、正式な移住者（特に仕事、進学などのルートで正式に都市戸籍を取得した都市住民）である。彼らは安定した仕事、より高い収入があり、故郷に帰るという退路はすでに断っている。これらが、こうした人たちの都市での住居に対する需要と支払い能力を担保している。しかし、非正規の移住者の多くは、労働者や農民工（出稼ぎ農民）という形をとっており、非正規雇用で収入も低く不安定である。多くは企業の宿舎か安い賃貸部屋に住んでおり、都市の分譲住宅には手が届かない[24]。彼らの多くは、若い頃都市で何年か働いて稼いだ後、故郷に帰ることを考えており、ずっと都市にいようとは思っていない[25]。この他、農民工の絶対多数は青年や壮年の労働力で、中年以降は一般的に厳しい失業問題に直面する。こうした状況からも、彼らは帰郷せざるを得なくなる。2011年に中華全国婦女聯合会等が行った『都市に来て働く新世代労働者の恋愛・結婚生

活状況調査』でも明らかになったように、若く、暮らしの先行きに明るい見通しをもった新世代の農民工であっても、「現在働いている都市に留まり」定住を希望する者は35.2％に過ぎない[26]。これは、新世代の農民工は多くが働いている都市で定住し、都市住民になるという一部の研究者の考えとは少々異なる。さらに、彼らの収入を考えに入れると、働いている都市で定住するという素晴らしき願望が実現できるかには、依然として疑問が残る。

はっきりとさせておかなくてはならないのは、過去数十年間進めてきた従来型の都市化は、深い所で多くの矛盾を蓄積しており、都市化が経済発展の主要な牽引力となり、国民経済の各分野で複雑な関係ができ上がった後では、こうした矛盾は、新常態の下で都市化を推し進める際の新たな課題となるということを認識しておかなければならない。

まず、従来型の都市化戦略は主に、「都市住民」の視点での都市化である。ある意味では、その基本的な考え方は都市規模の拡大を重視する、いわゆる「開発区化」である。例を挙げると、市街地の人口密度を下げ、1人当たりの面積を広げ、ひいては先進国の水準を超えるのは、いたずらな「開発区化」の悪しき結果である[27]。こうした開発モデルは、規模の拡大を重視し、質の向上を軽んじる、土地の都市化を重視し、人の都市化を軽んじる、都市の周辺への拡大を重視し、資源や要素の都市への集中を軽んじるものである。中国の戸籍制度、土地制度はこうした都市化モデルの制度的なベースである。こうした都市化モデルのもとで、多くの面で「田舎者」の利益の追求がおろそかにされている。例えば、平等な医療、教育、年金などの公共サービス、土地を生産要素とした妥当な報酬の実現、さらに都市における正規雇用の促進、工業、農業の協調的発展など、都市化の発展に決定的に重要な事のほとんどが軽視されている。次に、政府主導による固定資産投資は、従来型の都市化の主要な実現方式であるが、その中味は粗放な、「市場と連携を失った」都市化

である。地方政府の都市計画は、都市化の枠組に、決定的で大きな影響を持っている。残念ながら、こうした計画は多くが、科学性、合理性、一貫性に欠け、ほとんどが「1枚の青写真をやり通す」ことのできないものである。成果を挙げようとはやる地方政府は、あまりに壮大な都市計画を立てがちであり、経済が好調であれば、地方財政もなんとかサポートが可能だが、ひとたび経済が落ち込みはじめると、壮大な都市計画は終わりの見えないものになってしまう。都市化から生じる鉄筋やコンクリート等建材への需要は、関連産業への過度の投資と生産量の急増を引き起こし、経済が冷え込み始めると、生産能力の過剰が深刻になる。

　最後に、経済成長の角度から見ると、伝統的な都市化戦略は、需要面から都市化をとらえる傾向がある。即ち、都市化を通じ、インフラ投資や消費のレベルアップ、都市の不動産市場の活性化といった内部需要を掘り起こし、経済成長を短期的に刺激し、支えることに希望を託す。これに対して、都市化の真の内容である経済や産業の集積、人的資本の蓄積、知識のスピルオーバー（拡散）、省エネ環境保護など長期の持続可能な発展にとって、より重要な供給面での要素が終始軽視されている。長期を軽んじ、短期を重んじる。供給を軽んじ、需要を重んじる。これが上述の政府が主導する低効率の都市化を推し進めた必然的な結果であるといって良いであろう。

　上述の積年の弊害を根本的に解決する道は、経済構造を調整し、成長方式の転換を大きな背景として、新型の都市化を推進すべきであり、都市化がもたらす供給面の調整力を発揮させることに、より大きな注意を払うべきである。その主な内容は以下の通りである。

　第一に、都市と農村一体化の枠組みの下、都市化の位置付けを再度見直すこと。特に、都市と農村の医療、教育、養老などの面での差別を一掃し、公共サービスの均等化を行うべきである。これを新型都市化の最終方向とすべきである。現在、中国の戸籍制度は、事実上人口流動の主な障害ではなくなっている。問題は戸籍制度と結

びついている一連の公共サービスと社会保障体系である。公共サービスと社会保障体系を一体化することは、戸籍制度の廃止よりも意義がある。多くの人の目から見れば、公共サービスと社会保障を均等化することは、公正正義の角度から出発した住民の福利改善であり、経済面から言えば、主にコストの増加を意味するものである。これに対して、我々の考え方はこうである。地域間、都市と農村の間の公共サービスと社会保障の不均等、不統一は、同じように労働力資源の適正化配置の大きな障害となっている。現在の戸籍改革や公共サービスの均等化などについての議論は、コスト面に重きを置き過ぎ、供給面で経済効率を上げる役割を考えていない[28]。

　第二に、都市化の進展過程で、市場が資源配置で決定的な役割を果たすという原則を一貫して守り、市場のミクロの主体を尊重することによって、都市化における資源配置の最適化を実現し、基礎建設投資、都市管理及び公共サービスの効率を高めること。同時に、公共サービス提供や市場における公正な競争維持といった面で、政府の機能をより良く発揮させる必要がある。ここでのキーポイントは、党の第18期三中全会が決定した精神を実践することである。経済体制改革の核心は政府と市場の関係をうまく処理することである。

　第三に、都市と農村のリソースの対等な交換を進め、健全な相応の体制メカニズムを打ち立て、都市と農村の所得格差を補い、農民の権益を保護し、保障すること。これによって、農民が都市化過程で土地の値上がり収益を公平に享受できるようにし、都市と農村のリソース市場を一体化し、土地資源が効率的に配置されるようにする。農民が持っているリソースは、主に労働力と土地であるが、戸籍制度、社会保障体系など制度面の制約を依然として受けている。現在労働力市場の一体化レベルは、相対的に高いとは言え、農村の土地の市場化と都市と農村の土地市場の一体化にはまだまだ長い道のりが必要である。土地市場の改革がこのように困難を極める直接の原因は、地方政府の主な金儲けの道（いわゆる"土地財政"）を

大きく妨げる可能性にあるのかもしれないし、あるいはもっと根深い原因が行政体制改革や各級政府間の財政関係など基本的な社会経済制度に深くかかわるところにあるのかも知れない。これについては、総合的施策が必要である。

　第四に、科学的で合理的な産業配置と都市計画を行い、産業の集積、人的資本の蓄積、知識のスピルオーバー（拡散）、省エネ環境保護などの面で都市の役割を積極的に発揮させ、都市化が経済の健全な持続的発展を支えるようにする。

四、不動産市場の傾向的変化

　都市化の戦略的調整と深くかかわるもう一つのチャレンジは、不動産市場に傾向的な変化が起こり得ることである。前節で指摘したように、都市化への道筋のシフトが不動産市場に新しい発展環境をもたらすであろうし、中国経済のその他の要素の変化も不動産市場に根本的な変化をもたらすであろう。中国不動産市場のシフトをより深く理解するために、まずこの市場の過去の重要な特徴とその原因について、細かく分析してみる必要がある。市場の需要、市場への供給及び政府の不動産市場に対する調整政策は、この複雑な問題を分析する際の3つの最適な切り口である。

　需要面から分析すると、旺盛な市場の需要が、十数年間住宅価格を押し上げてきた主な原因である。

　理論上、住宅価格の値上がりは、供給と需要の両面によって決まるのは当然のことではあるものの、中国の住宅供給が過去十数年間大幅に増加しているだけに[29]、需要面から中国の高住宅価格の現象を説明するのが、より現実に即しているように思われる。歴史を振り返って見ると、中国の都市の住宅価格の上昇は、2004年頃から始まっている。それ以降、住宅価格上昇の原因をさまざまな角度から説明しようとする研究者が絶えなかった。整理すると、よく言われている説明の主なものは次の通りである。都市化説、通貨決定説、

バブルと投機説、住民所得上昇決定説、人口ボーナス説など。これらの研究は、主に省レベルあるいは都市のパネルデータを通じて、実証を行って得られた結論である。

2011年より、人口構造の変化という視点から見る不動産需要の変動が住宅価格に与える影響に多くの学者の注目が集まり、住宅価格変動を説明する上で、大きな進展が見られた。例えば、劉学良など（2011）の研究では、1981年から1990年までのベビーブームによる2003年からの結婚適齢期人口のピークと底堅い住宅需要が、2004年からの住宅価格暴騰の主要な原因とされた。陳斌開と徐帆、譚力（2012）はミクロ面でのデータとマンキューとウェル（MankiwとWeil、1989）の年齢別住宅需要関数を使って、中国の住宅需要を分析し、人口年齢構造の変化と住宅価格の動きが基本的に一致していることを発見した。Wei、Zhang及びLiu（2012）は中国の男女数の不均衡と婚姻競争の視点から住宅市場を研究し、中国の計画出産（一人っ子政策）と選択的堕胎が招いた性別比率の不均衡が婚姻競争を激化させ、配偶者を獲得する過程で有利なポジションを占めるために、住宅投資を増加させていることが住宅の値上がりを招いていると考えた。ほかに、張伝勇と劉学良（2014）は、80後（パーリンホウ）（"一人っ子政策"が始まった1980年代に生まれた世代で、その多くが一人っ子である）のベビーブームと大学・高等専門学校の募集人員拡大政策の影響により、2003年以降大幅に増加した大学・高等専門学校卒業生が都市の住宅価格値上がりに一役買っていることを証明した。

供給面から分析すると、住宅供給メカニズムに制約があることが住宅価格の高騰を促している。

過去十数年間、中国の都市の住宅供給は、大幅に増加し、都市の住宅在庫や毎年の竣工戸数は、いずれも以前よりはるかに多い。とはいえ、その他の国と比べてみると、中国の住宅供給能力は依然として明らかな制約を受けている。都市の住宅供給価格弾力性（この

指標は学術界において住宅供給能力と住宅市場の反応速度を表すものとして用いられている）を用いて比べてみると、中国の住宅供給弾力性は、アメリカより明らかに小さい（表5-3）。

表5-3　各国の都市の住宅供給弾力性の比較

出　所	国	時期	データ	供給弾力性	パラメータ
劉学良（2014）	中国	1998 ～ 2009	35大中都市年度データ	2.65	対数
Green et al（2005）	米国	1979 ～ 1996	大都会年度データ	7.31	対数
Mayer et al（2000）	米国	1975 ～ 1994	全国四半期データ	3.7	対数未変換
Topel et al（1988）	米国	1963 ～ 1983	全国四半期データ	3	対数未変換
Dipasquale et al（1994）	米国	1960 ～ 1990	全国年度データ	1.2	対数未変換
Malpezzi et al（2001）	米国	1947 ～ 1994	全国年度データ	6～13	対数
Malpezzi et al（2001）	英国	1947 ～ 1994	全国年度データ	0～1	対数

データ出所：劉学良『中国都市の住宅供給弾力性　影響を与える要素と住宅価格変動』『財貿経済』2014年第4期

　表から、特に劉学良（2014）とグリーンなど（Green et al, 2005）が分析した結果を比較してみると、中国の都市の住宅供給能力と市場調整速度は確かにアメリカの大都会より小さいことが分かる。中国の都市の住宅供給弾力性がわずか2.65であるのに対し、アメリカの都市の住宅供給弾力性は、7.31に達している。

　また、中国（劉学良, 2014）、アメリカ（Greenなど, 2005）を問わず、都市によって住宅供給弾力性に大きな差がある。多くの都市の住宅供給弾力性が10を超えており、住宅価格のわずかな値上がりによって、住宅供給が大幅に増加する。一方、都市によっては、住宅供給弾力性が0に近い、すなわち供給曲線がほぼ垂直である。また、一部の北京のような都市は、住宅供給弾力性が明らかにマイナスであり、住宅価格が上昇すればするほど、住宅供給は逆に縮小

する㉚。最後に、住宅供給弾力性を代表とする住宅供給能力は、中国であれ、アメリカであれ、その影響がはっきりと都市の住宅価格に現れる。例えば、北京や深圳のような都市の住宅価格が高騰しているのは、一つは旺盛な需要があるからであり、もう一つは供給サイドが強い制約を受けているからである。

　政府の調整政策が不動産市場の発展に極めて大きな影響を与えていることは明らかである。

　20世紀末、中国に不動産市場ができて以降、この市場は終始各級政府が高い関心を寄せる対象であったことは否定できない事実である。価格の値上がりがこの市場の顕著な特徴であったため、価格の調整が政府の調整政策の主な着眼点となった。多くの研究者が政府の調整政策を非難し、コロコロ変わる一貫性のなさが良くないというだけでなく、効率が極端に低く、基本的に失敗だったと考えている。政府が次から次へと政策を打ち出すにもかかわらず、効果は微々たるものであり、挙句の果てに住宅価格は「調整すればするほど値上がりする」という不可解な状況に陥ってしまった。こういう言い方には、議論の余地があるのかも知れない。人々がこう認識している理由は、不動産市場の調整政策が住宅価格の値上がりを抑えるという人々が期待する目的を未だに果たしていないと考えているからである。実際、過去十年余りの間、ほとんど毎年大きな不動産調整政策が打ち出され、そのたびに不動産市場は揺れ動いてきた。劉学良（2012）は国務院と各部・委員会が2000年から公布した不動産市場、特に住宅市場に関する主要政策を整理し、理論上の住宅価格への影響に基づき分類を行った。劉学良氏は全国範囲の商品住宅販売価格景気指数と省レベルの住宅価格パネルデータモデルを用いて調査した結果、次のようなことが分かった。不動産市場に対する調整政策は、住宅価格の変動に実は非常に大きな影響を与えているのである。したがって、調整政策が失敗であると考えるのは厳密には正しくなく、政策は効果を発揮していないことはないのである。

事実は確かにこうである。次々と打ち出された調整政策が住宅価格の値上がりを抑える効果をきちんと発揮できていないのは、実は政府が打ち出したかなりの政策措置がもともと住宅価格の上昇を促す働きがあったからである。中国政府が実施した理論的には住宅価格の上昇を抑える働きがあるとされる政策には、次のようなものがあった。住宅取引税の引き上げ、預金・貸出金利と頭金比率の引き上げ、購入制限、土地供給の拡大、土地開発の強化加速など。総じて言えば、政府は不動産市場に対して、1999年以来かなり積極的な関与政策を採ってきた。しかし、この目がくらむような政策には、住宅価格の上昇を刺激するものもあれば、住宅価格の急激な上昇を抑えるものもある。多くの場合、刺激的政策と抑制的政策は、経済状況を見ながらかわるがわる実施すべきものであり、これはあまりとがめだてするものでもなさそうである。しかし、刺激的政策と抑制的政策が並行的に存在するケースも少なくない。更に重要なことは、今までの不動産市場の調整政策は、住宅価格という数値にのみ集中しているように見えることである。不動産という無限の社会的経済的意味を持つ市場に対するものとしては、明らかに単純すぎるのである。

　一時期の手詰まり状態の攻防を経て、中国経済が新常態に入るという大環境の下で、中国の不動産市場はついに新しい時代に入った。2013年末から、都市の不動産市場には、明らかな分化の傾向が出てきており、一部の市場では、逆転現象がはっきりしてきた[31]。以前の購入制限や貸付制限などの措置が招いた不動産市場の調整とは異なり、今回の不動産市場下落を引き起こした要因は、政策面から来るものではなく、都市の住宅市場に内在する需給構造の大きな変化に根ざしている。現在、人口構造の変化によって、結婚人口のピークと年齢構造の変化によってもたらされた底堅い住宅需要がしだいに失われつつあり、その結果住宅価格が低迷している。また、反腐敗運動や理財商品の多様化、海外資産ルートの拡大など新しい投

資ルートができあがってきており、これによって投資型住宅需要を支えていた諸要素が一層弱まり始めている。同時に、住宅建設と竣工量が大幅に増加し、都市部の人口増加と住宅改善需要を上回ったことが、各都市の住宅在庫を大きく膨らませている（図5-4）。

更に重要なことは、党の第18期三中全会で確立された改革の方向が、不動産価格が引き続き上昇する経済社会のベースを弱めたことである。特に都市化戦略の転換が盲目的な「開発区化」による都市規模の拡大を直接終わらせたことによって、都市化が大きく減速しただけでなく、住宅市場発展の伝統的推進力も弱められた。簡単に言えば、これから10年ないし20年間、安定した需要があるのかどうか、もう少し研究して判断する必要がある。2014年上半期、中国人民銀行と国家信息中心が行った都市住民の住宅購入意向に関する調査では、住宅購入需要が下落していることが証明されている（図5-5）。我々はこのような下落傾向は中期的に影響を与え続けると考えている。

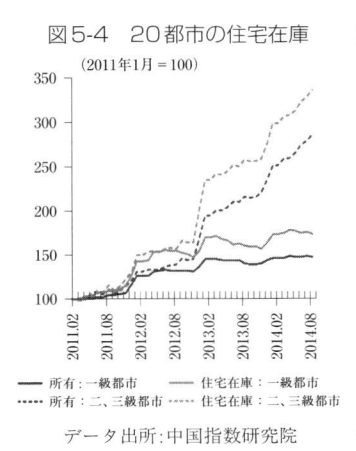

図5-4　20都市の住宅在庫

(2011年1月＝100)

データ出所：中国指数研究院

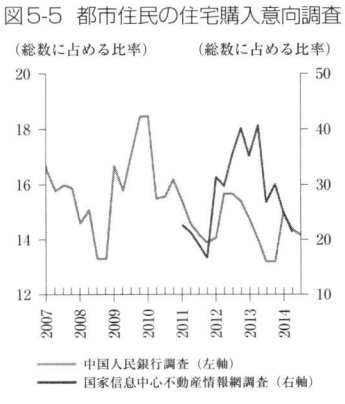

図5-5　都市住民の住宅購入意向調査

(総数に占める比率)　(総数に占める比率)

データ出所：中国人民銀行、国家信息中心

　不動産市場の大きな調整を背景に、金融業、特に不動産開発の先端に位置している各種融資活動が不利なショックを受けることを軽視すべきではない。しかし、少なくともここしばらくは系統だったリスクにはならないであろう。この判断は3つの根拠に基づいている。第一に、住宅市場は急激に落ち込んでいるとはいえ、大半の住宅価格がローン残高をまだ上回っており、「マイナス資産」は出現せず、抵当受戻権喪失の大波が発生することはありえないこと。第二に、中国の住宅価格は過去5年間で倍に値上がりしていること。くわえて、中国の担保ローンの頭金率は非常に高く（20％～40％）、銀行はこれによって比較的大きい「損失保障」を得ており、かなりの市場の落ち込みに耐え得ること。第三に、住民の償還能力からみると、中国の住宅価格対所得比率は依然として高いものの、この数年下落が続いていること。ほかにも住民部門のレバレッジ率が全体として低目（2013年はわずか30％程度）であり、住宅購入者のレバレッジ率は更に限られている（2012年、2013年に新しく増えた住宅ローンネット総額の商品住宅販売額に対する比率は、大体20～30％）ことが、市場がパニック状態に陥るリスクを小さくしている。

　不動産市場の調整に対応するには、短期的、長期的の2つの政策が必要である。短期的には、不動産市場に対して明らかな刺激策を採るのは得策ではない。しかし、一方ではここ数年に出された規制を整理し、不適当なものや互いに矛盾するものを取り消すよう強く提案したい。目的は市場を本来の姿に戻すことにある。長期的には、不動産市場の「頂層設計」（トップレベルの全体的構想）を加速しなければならない。我が国の不動産市場は、十数年の発展を経てきてはいるものの、いまだに国民経済体系とマッチする全体のデザインに欠けていることを直視する必要がある。例えば、「居者有其屋」（居住者がその住宅を所有する）戦略の下で、購入と賃貸の一体どちらで、中国人の住宅需要を満たすのか、住宅市場と土地市場の関

係、住宅市場と都市化の関係、不動産市場開拓の主体の問題[32]、不動産市場における政府の地位と役割、不動産の金融体系、不動産市場の発展をサポートし、規範化する財税政策の問題など、明確でベースとなる制度が全くできていない。全体の考え方がはっきりしない状況下、ある部分についてのみ過激な政策が頻繁に打たれた場合、予測できない多くの不安定要素が出現することはよくあることである。したがって、まず「頂層設計」をしっかり行うことが、不動産市場の健全な発展を促す前提条件である。

五、「量寛価高」（量にゆとりがあるが、価格が高い）のパラドックス

　中国の金融業界は現在新しい重大な試練に直面している。1990年代の半ばから、「過剰流動性」が我が国の通貨政策、とりわけ通貨供給面での深刻な病と考えられてきた。しかし、通貨供給量の増加は金利の下落をもたらさないばかりか、逆に我が国の表面金利は終始高止まりの状態が続いている。2013年には一時的に2桁の超高金利が出現したことさえある。理論から言っても、市場経済国の一般的な状況から言っても、通貨政策の基本法則は、量と価格が反対方向に動くことであり、量が増えれば（通貨供給量の増加）、価格は必ず下落（金利が下がる）するのが常識である。逆もまた然りである。アメリカ、イギリス、ヨーロッパ、日本すべてそうである。量が増えているのに価格が上がる我が国の状況は、実に特異である。我々は通貨供給量が「寛松」（ゆとりがある）であるにもかかわらず、金利が高止まりしている現象を「量寛価高」のパラドックスと呼んでいる。

　データで見ると、量寛（量にゆとりがある）と価高（価格が高い）が並存する矛盾は、際立っている。通貨供給面では、この十年間各レベルの通貨はかなり速いスピードで伸び続けている。そのうち、M2は概ね15％を超えており、2009年には一時的に30％近くに

跳ね上がり、2011年以降下落したものの、依然として10％以上を
維持している（図5-6）。

図5-6　中国通貨供給量前年同期伸び率

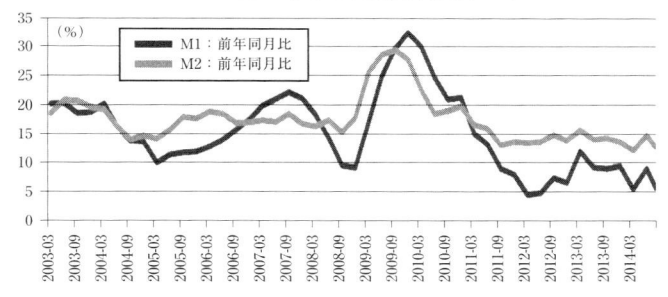

データ出所：Wind

　通貨供給が長い間急速に伸び続けている状況下、M2残高も大幅
に増加しており、M2の対GDP比も当然のことながら、上昇を続け
ている。2013年には既に194.9％まで上昇しており、2008年に比べ
ると、わずか5年間で42ポイントも上昇した。通貨供給と比較する
と、銀行の信用貸付と社会融資規模のこの10年間の変動は、更に
激しいものがある。しかし、その動きはM2と基本的に一致してい
る。通貨供給量が実態経済活動に対して、急速に増加していること
は、「通貨の過剰発行」とそれにともなうリスクが存在するのか、
多くの人の議論を呼んでいる。

　貸付と融資規模の激しい変化に対応し、融資コスト（金利水準の
もう一つの概念）の変動もかなり目立っており、特に2009年には
国債収益率が年間300ベースポイント大幅に下落し、市場流動性が
短期的には極めて低かったことを表していた。その後、政策の転換
にともなって、国債収益率は着実に上昇し始めた。2013年第4四半
期には統計データを取り始めて以来の最高水準（4.5％に近い）に
達し、金融危機以前の水準を超えた（図5-7）。

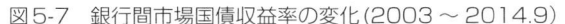

図5-7　銀行間市場国債収益率の変化(2003 〜 2014.9)

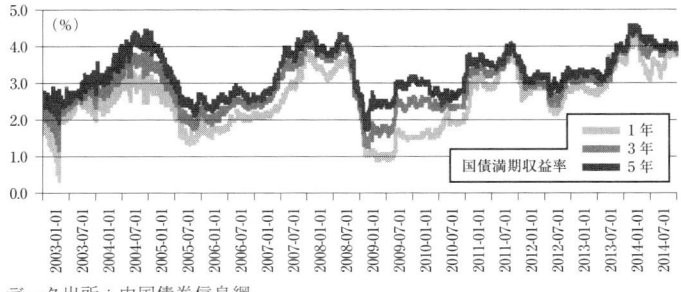

データ出所：中国債券信息網

図5-8　銀行貸出加重平均利率水準

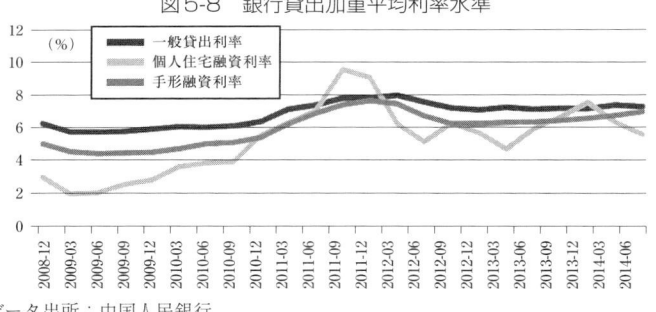

データ出所：中国人民銀行

　これに比べると、貸出金利の変動は比較的小さく、2008年以降、普通貸出金利は、終始7％から8％の間を動いていた（図5-8）。しかし、これは実際のコストが安定していることを意味するものではない。実際の業務で、銀行が貸出から得られる利益は、名目上の金利に限られるわけではなく、貸出と関係する顧問コンサルタント、貸出から派生するもの及びその他さまざまな名目の収入が銀行の重要な収入源になっている。これらの収入は名目上非利息収入であるが、実質は利息収入と何ら変わるものではない。中国銀行業監督管理委員会の統計によると、この数年の間に、銀行業全体の非利息収入が急速に伸びており、2014年6月末には、総収入に占める比率が

23.3％まで上昇している。これら非利息収入の30％が貸出業務と関係があるとすると、信用貸付利率は少なくとも1ポイント以上上昇する。

「量寛」と「価高」の併存は、現行体制の特定発展フェーズにおける必然の産物と言うべきである。

要因は多々あり、簡単にある面にのみ求めることはできない。したがって、信用貸付政策の調整にのみ力を注いだ場合、対症的処置に留まり、根本を治すことができず、却ってねじれを大きくし、一層深刻な問題を引き起こしかねない。

金融矛盾の背後にある変化のロジックを正確に理解することが、ねじれ現象を解消する重要な前提となる。「量寛価高」のパラドックスの背後にあるロジックのラインは、おおよそ3つあると考えられる。その一は、中国の貯蓄率の高止まりが信用創造に極めて大きなスペースを提供していること。その二は、資本勘定の管理とそれとセットになった外貨準備管理体制が基礎通貨供給の並外れた増加を推し進めていること。その三は、準備預金制度の制約を受けて、通貨政策の調整能力が著しく弱められており、直接信用貸付数に関与せざるを得ないこと。

貯蓄率の高止まりが中国通貨供給を急速に増加させている基本的な要因である。

前述したように、改革開放以来、中国の貯蓄率は終始比較的高い水準を維持してきた。2000年までは一貫して30～40％を維持していたが、2000年に入って後、総貯蓄率の上昇が加速しはじめ、2010年には最高の52％を突破したこともあった。現在もなお50％以上を維持しており、大多数の経済体よりはるかに高い水準である。

ここで中国の高貯蓄率をもたらしている原因を詳しく論じるつもりはないが、貯蓄率の高止まりが中国の通貨金融環境に影響を与えている根本的要因であることは指摘しておかなければならない。一方、高貯蓄率は資産や富の迅速な蓄積を意味する。我が国の金融市

場が未発達で、金融商品の選択肢もさほど多くない状況下、銀行預金（広義の通貨の主体）と預金に準ずるもの（例えば、各種理財商品）が住民の保有する主たる金融資産となっている。これがM2の急速な増加のベースとなっていることは疑いない。高貯蓄率は経済の供給能力が現在の国内需要に対して高めであることを意味しており、貯蓄と投資のバランスをとるために、必然的に純輸出（貿易黒字）の拡大を招く。我が国の資本勘定管理と為替管理の条件下では、貿易黒字が続き、基礎通貨の過渡の投入を招くことは避けられず、金融の乱れというパンドラの箱が開かれたのである。かりに強制的な外貨の売り買いが、国際収支の不均衡によって引き起こされる基礎通貨の過剰投入の直接メカニズムであるとするなら、弾力性を欠く為替レート制度がこの影響を拡大している。

　国際収支の不均衡による基礎通貨の過剰投入がマーケットの流動性を過剰にし、通貨の急速な膨張に隠れた心配の種を残した。リスクヘッジのために中国人民銀行は、2003年から中央銀行手形の発行を始め、銀行体系内の流動性を抑えようとした。その後、外貨資金残高の規模が急速に拡大し続け、手形のリスクヘッジ機能が絶えず弱まってきたため、法定貯蓄準備金で調整するよう方向転換を行い、準備金率が短期間で20％という想像しがたいレベルにまで引き上げられたが、リスクヘッジ機能は期待するほどでもなかった。2007年、2008年とインフレ圧力がにわかに高まったことから、数量規制を一層強化するため、中国人民銀行は1998年に取りやめた貸出総量規制を再開した。2011年以降、新しい貸出金の調整は「合意貸出管理」と呼ばれ、銀行に対する審査が明らかに強化され、銀行の貸出規模を規制する最も重要な手段となった。

　銀行の信用貸付投入能力を制限する政策は、実際は中国人民銀行の法定預金準備金率と合意貸出規模にとどまらないことは注意すべきである。銀行の監督管理制度は、主に預貸率と資本充足率によって管理されており、銀行の信用貸付投入能力を規制する役割も果た

している。

　要するに、法定預金準備金率、合意貸出規模、預貸率及び資本充足率という4種類の異なる部門によって管理されている政策が、銀行の信用貸付に対して、長期的あるいは短期的な制約を加えている。時と場所や銀行のタイプによって、4種類の制約には強度の差がある。いずれにせよ、異なる政策の重複規制は、銀行の信用貸付のコストアップに直接つながり、一部の相対的に弱い立場にあるが、資金を緊急に必要としている主体（主に零細企業）を信用貸付市場から締め出す結果となってしまっている。利潤の追求から出発し、コストダウンあるいは政策の制約を避けることを目的とした規制アービトラージ（利ザヤ稼ぎ）が「金融イノベーション」の重点となり、銀行体系に従属する「影の銀行」（正確に言えば“銀行の影”）の規模が急速に膨張していった。その結果、銀行の信用貸付を調整することによって実現をもくろんでいたデレバレッジの目標が実現できず、経済全体と部門のレバレッジ率が上昇し続けた。更に重要なことは、融資活動の相当部分が「影の銀行」の形で発生し、真のリスクが正確に評価見積もりされておらず、それに見合ったリスク管理手段（引当金や資本）が採られていない。こういったリスクのミスマッチが金融体系の深刻なねじれを引き起こし、資金を高リスク地帯に集中させる結果となっている。

　客観的に言って、過去十数年の中国通貨当局の「処理」努力は、少なくとも物価の安定や過剰流動性がもたらす恐れがあるマイナスの影響を抑え込む面では、明らかに効果をあげた。しかし、関係制度が未調整の状況下、外部のインバランスによる金融のねじれという根本的な問題は解決できていない。処理規模の絶え間ない拡大と中央銀行の調整手段の常態化にともなって、現行制度の問題点がますます突出して来ている。

　まず、中央銀行の調整能力が低下してきている。過去十年間、外貨資産の購入とその後の処理オペレーションが中国人民銀行のバラ

ンスシートの規模を急速に膨らませ、負債と資産の構造にもかなり大きな変化が現れた。規模については、2003年から2014年8月まで、中央銀行のバランスシートの規模は6兆2004億元から33兆634億元と5倍以上に拡大し、年平均伸び率は約45％であった。同時に、中央銀行の資産・負債構造にも大きな変化が現れた。まず資産は、外貨資産を主とする国外資産が急速に増え、2003年の3兆1141億元（そのうち外貨資産が2兆9841億元）が2014年8月末の28兆184億元（そのうち外貨資産27兆2151億元）と9倍近くになった。中央銀行の資産に占める比率は2003年の50％（そのうち外貨資産の比率は48％）から、2013年末の84.7％（そのうち外貨資産の比率は82.3％）に上昇している。負債について言えば、中央銀行の最大の負債は通貨の発行であり、2003年初め、中央銀行の負債の中の比率は44％であった。その次は金融機関や政府の預金であり、比率はそれぞれ30％と7％であった。2014年8月になると、預金型金融機関の預金が中央銀行の最大の債務項目となり、残額は20兆6042億元、比率は65％に達した。通貨発行が2番目に後退し、比率は20.5％と大幅に低下した。中央銀行の手形は2009年以降比率を大幅に下げ、15.6％から現在は2.4％程度に縮小している。

　上述の資産・負債構造の変化は、中央銀行のマクロ調整能力を著しく弱めている。理論上、現代の通貨政策は、主に中央銀行が政府と商業銀行などの金融機関の融資コストや規模を調整することによって実施されている。中央銀行自身が2つの調整対象に対して、債権者の立場にあるとき（すなわち、調整される対象が中央銀行に資金を借りているとき）、中央銀行の通貨や信用貸付、利率に対する調整はすべて有効である。しかし、中央銀行が両者に対して債務者の立場にあるとき（すなわち、中央銀行が調整される対象に資金を借りているとき）、中央銀行の政策調整のスペースは大きく制限される。上記のバランスシートを分析してみると、中国人民銀行は政府や預金金融機関に対して純債務者のポジションにあり、特に預金

型金融機関（商業銀行）に対する負債（準備金積立と債券発行の2つ）が、既に負債総額の68.8％を占めている。中国人民銀行の政府や金融機関（特に金融機関）に対するこの「双子の赤字」は、中央銀行の通貨政策の効力を極度に弱めている。中国人民銀行は市場化手段の運用でもって、金融機関の行為に影響を与えられなくなり、また市場化手段の運用でもって、通貨や信用貸付の資金供給を調整できなくなっており、最終的には直接の信用貸付調整により、自己の権威を保たざるを得ない状況にある。

　中央銀行手形の発行や法定預金準備金の引き上げを主とする銀行の流動性の凍結、直接的な信用貸付の調整は、短期的には有効であったものの、金融体系に長期にわたる制度面でのねじれを生じさせる結果となった。銀行体系内に大量の資金が遊ぶようになり（法定預金準備金総額は20兆元程度）、資金市場における需給関係が自身の真の状況をほとんど反映できなくなり、実体経済の真の状況は、なおさら反映できなくなった。これによって、資金価値に偏りが生じ、資源のミス配置を招いた。

　その一、実体経済発展の必要性にマッチしていない。銀行の信用貸付投入に対する厳しすぎる制限によって、貯蓄の投資への転換が阻害されており、これがある程度銀行体系の金融仲介機能を弱めている。新常態下でも、投資はやはり長期にわたって中国経済の発展を主導する要素であり、貯蓄の投資への転換を抑え込むことは、経済構造の調整に役立たないばかりか、実体経済に深刻なダメージを与える。

　その二、零細企業や相対的に弱い主体の融資獲得性と融資コストを著しく悪化させた。信用貸付総量に対する厳しい制限によって、金融機関の配給意識が明らかに強まり、地方政府や大型企業の資金争奪戦を前に、かなりの数の零細企業や弱体企業が正規の資金市場から締め出された。こういった企業はやむなく民間金融や新しいソーシャルレンディングに方向転換せざるをえず、その支払うコスト

は銀行よりはるかに高いものについた。関係データで見ると、2013年以来民間貸付の平均年利は20％前後で推移しており、ソーシャルレンディングの利率は更に高い。

　その三、金融機関のミクロの行為をねじ曲げた。資金凍結がもたらす機会ロスを補うため、銀行の多くは多種多様ないわゆる「イノベーション」によって対応している。一つは、貸出金の総合的収益率を上げることである。多くの場合、銀行は直接貸出利率の水準を上げることはせず、他の非利息費用をアップさせることにより、貸出業務の総合的収入を増やしている。他にも、規制を避け、コストを下げるために、銀行は信用貸付業務をバランスシートに乗らないようにする工夫を速めていった。その結果、「影の銀行」の規模が急激に拡大していった。2014年末に開催された中央経済工作会議において、習近平総書記は、影の銀行のリスクを強調するために、4大リスクの第2番目に位置付けた。

　その四、銀行体系の流動性を一層タイトにした。外貨資金残高が主導する基礎通貨の供給体制では、銀行体系の短期流動性は、国境を跨る資金の流れや外貨貯蓄変動の影響を極めて受けやすい。法定預貯金準備金率が高止まりし、銀行の大量の資金が動かせず、相互の清算に使えないため、外貨資金残高の変動が銀行体系の流動性に与える影響がますますはっきりしてきた。かかる状況下、外貨資金残高の増加スピードが遅くなったり、弱まったりすれば、銀行体系の流動性がタイトになり、中央銀行が対応を誤れば、全面的な流動性危機に変わる恐れがある。2013年6月に起きた「銭荒」（流通分野における資金不足によって起こった一種の金融危機）はこの流動性リスクの集中的な現れである。将来的にみると、金融開放が更に進み、国境をまたがる資金の流れが拡大するにつれて、外部環境の変化（例えばFRBの金利の引き上げ）が中国銀行体系の流動性に与える影響が、ますますはっきりしてくるのかも知れない。

　以上るる説明したが、通貨から信用に変わるプロセスで、多くの

制度面あるいは政策面での障害が存在し、これら障害が供給の角度から信用コストを引き上げており、利率の高止まりを招いている。くわえて、民営企業に対する差別及び国有企業などの借入者の予算制約軟化などの要素が、このねじれを助長している。

　上述の金融の乱れは、さまざまな民間金融、影の銀行、インターネットファイナンスないし高利貸しなどがまかり通り、何度禁じても跡を絶たず、「資金借り入れは難しくかつ高い」という状況を固定化し、我が国経済の長期的発展にとって、深刻なコスト面での制約となっている。こういった常識に反する現象は、必ず改めなければならない。さもないと、我が国の長期的経済発展の動力が損なわれてしまうであろう。これに対して、以下3つの施策が考えられる。

　第一に、現行の外貨準備管理制度を改革すること。我が国の外貨準備は通貨当局（中央銀行）が管理しているが、この制度は我が国の通貨政策が事実上外貨準備に拉致されたことと同じである。「外貨準備高増加→通貨供給が拡大→中央銀行リスクヘッジ→法定準備金率の引き上げ→貸出資金不足→金利水準の上昇」といった連鎖反応が起きている。これも通貨量は潤沢であるのに、金利は高止まりしているといった荒唐無稽な現象の主な原因である。このため、我々は中央銀行のバランスシートを大改造することを主張する。基本的な方向は、外貨準備（資産）とそれに対応する法定準備金と中央銀行手形（負債）を同時に中央銀行のバランスシートからはずし、単独で以下のようなものを設ける。「外貨安定基金」（アメリカ）、「外貨基金」（中国香港）、「外国為替資金特別会計」（日本）、「主権財富基金」（シンガポール、我が国の中国投資公司）　改造後のバランスシートでは、中央銀行はその調整対象、すなわち商業金融機関、政府などの純債権者のポジションを維持し、通貨政策調整上の権威を再確立する必要がある。

　第二に、多数の部門による分割監督管理方式を改めること。ここ数年来、我が国金融業発展における極めて重要な現象は、銀行、証

券、保険、信託などの金融業が既に商品レベルで大規模な混業を行っていることである。こういう状況にも関わらず、マクロの面で分業管理にこだわっていると、信用総量の規模や構造、動向の把握が難しく、監督管理の効率が落ちる。また、甚だしい場合は、大量の規制アービトラージを合法化すると同時に、現在の分業管理体制では、数多くの新しい金融活動を管理する者がいないという状況を招きかねない。我々は確かにアメリカ、イギリス、ヨーロッパの成熟したスキームを参考にする必要があり、分業管理を統一管理に戻し、体制面から心労多くして日々悪化する、労多くして功少ないという分業管理の乱れを改革する必要がある。

　第三に、煩雑で時代遅れな「政策規制」を捨て去ること。ここ数年来、関係当局は絶えず金融機関や金融市場を監督管理する「政策規制」を打ち出している。例えば、信用貸付限度額配給、地方の融資平台（地方政府が土地などを担保に設立した資金調達を目的とする投資会社）と不動産業への貸出制限など。こういった何重もの規制の下、金融機関は生き残りをかけて、行政色が非常に強くかつ部門間を深く分断する金融管理をあらゆる手段を講じて避けながら、規制アービトラージを行っている。くわえて、多くの管理規制と管理部門の併存は、客観的にみて規制アービトラージを通じた「利息差取引き」のチャンスを増加させている。煩雑な政策制約が我が国の金融コントロールの局面を一層悪化させ、大量の資金が金融部門内で循環し、自らにサービスし、果ては新しく違ったものになるといった深刻な結果を招いている。我々はともすれば陥りやすい「差別化」や「定性的」、「定向的」調整といった考え方を徹底的に捨て去り、非市場化管理手段はより慎重に用い、各種管理指標を用いる間接管理に改め、金融体系内の市場化改革を深化させる必要がある。

六、世界を治めるには新しいルールが必要

　2007年、世界金融危機が勃発した後、世界的範囲で再バランスと

構造調整の競争が展開された。先進経済体は、国内で構造改革推進に注力する一方、世界を治める枠組みを再構築し、主導的地位を確立しようと急いでいる。特に経済貿易と国際投資分野において、アメリカやヨーロッパなど先進国と地域は、現行のグローバル化モデルに飽き足らず、規則の変更によって、自らの優位性を高め、中国にとって不利な国際競争情勢を客観的につくり上げようとしている。

　ここ数年来、アメリカは三大地域協定交渉に名を借りて、貿易面での戦略的配置を行おうとしている。すなわち、環太平洋パートナーシップ協定（TPP）、大西洋横断貿易投資パートナーシップ協定（TTIP）及び国際サービス貿易協定（TiSA）である。その内、TPPとTTIPは生産面と経済体制分野に焦点が当てられ、TiSAはサービス貿易分野に重点が置かれており、「貨物貿易－サービス貿易－投資」が三位一体となった新しい枠組みを作り上げている。三大交渉は相互に影響しあい、相互に補いあいながら、二国間から地域間、諸国間、多国間（全加盟国間）への全方位的な貿易戦略を構成している。三大交渉によって形作られた国際新ルールは、世界の経済秩序と枠組みに衝撃をあたえ、中国にとっては新たな厳しい試練となるであろう。なぜなら、この新ルールを決める過程で、中国を含む振興経済体は再び「周辺化」（あまり重要でない立場に追いやられる）されているからである。

　新ルールには共通する典型的な特徴がある。例えば、サービス貿易・投資が貨物貿易に取って代わることが貿易ルールの核心になり、スタンダードや自由度がより高いなどである。特に新ルールは高所得国家の意志をより強く体現し、アメリカをはじめとする高所得国家が自国の成長と雇用を促進するために打ち出してきたものであって、先進国の必要性に対応するものである。しかも、多数の新ルールは明に暗にWTOの途上国に対する優遇政策を放棄し、新しく提示された非常に高いスタンダードと非常に広い自由度は、多くの発展途上国の受容能力をはるかに超えている。また途上国の世界経済

における責任と義務とも合致せず、実際は発展途上国を制約する役割を担っている。例えば、TPPの枠組みの中で、アメリカは敏感な商品については、原産地ルールを適用するよう主張しているが、保護貿易主義の色彩を帯びており、紡織品の生産は北米自由貿易区の「紡績最前線」方法を採用する、すなわち綿糸からすべてTPP加盟国で生産しなければならないとしており、明らかに中国を排斥する傾向がある。

　これらの貿易と投資に関する新ルールの話し合いの中で、アメリカ、ヨーロッパ、日本などの先進国と地域は、ルールの主導国として豊かな潜在的利益を有している。新ルールは範囲が広く、自由度も高い。スタンダードも高く設定されており、先進国が産業の優位性や技術の優位性を発揮するのには好都合であり、先進国の経済成長、輸出及び雇用を強く促すであろう。経済成長を促すという面では、アメリカの国際貿易委員会は、TPPが合意に至れば、アメリカのGDPを年平均0.4ポイント押し上げるであろうと予測している。EUは、TTIP協定はアメリカのGDPを年平均0.4ポイント押し上げ、EUのGDPを年平均0.5ポイント押し上げると予測している。日本の内閣は、新ルールが実施されれば、日本のGDPは10年間年平均0.6ポイント上昇すると予測している。輸出の成長を促す面でいえば、アメリカ国民経済研究所のデータでは、非関税障壁が現在の2分の一に削減された場合、TPPはアメリカの輸出を4ポイント押し上げることになっている。アメリカの貿易代表事務所は、TiSAはアメリカに2倍のサービス貿易輸出をもたらすと予測している。EUはTTIPがEUの輸出を毎年6ポイント成長させると予測している。日本の工業製品は、輸出面で大きな優位性を備えており、TPPは日本の工業製品輸出を大いに促進すると見ている。

　これとは逆に、新興経済体と発展途上国の成長潜在力と今後の発展スペースは抑えられる恐れがある。中国、ロシア、インドなど主要新興市場国は、三大交渉の蚊帳の外に置かれた。一方、TPPと

TTIPをはじめとする地域貿易協定は、地域内の貿易額を重点的に拡大するものであり、協定から除外された新興経済体や発展途上国は抑え込まれる。更に、貿易ルールを決める際の発言権を失えば、新興国は引き続き受身になり、自身の経済発展レベル以上のハイスタンダードを押し付けられ、輸出の成長は阻害される。「境界内規則」は、一国内の経済政治体制の調整と改革にとって強い圧力としてはたらき、「原産地規則」はグローバル産業チェーンの中の製品生産国の利益を著しく損ねるものである。（趙春明、趙遠芳、2014）

　中国にとって、特に新貿易ルールのハイスタンダードが新しい形の非関税障壁になり、輸出規模や経済成長に影響を与えるであろう。北京大学国家発展研究院課題グループ（2013）の計算によると、我が国がTPPに入らない場合、輸出の伸び率は2013年の予測より1.02ポイント下がり、GDPの伸び率は0.14ポイント下がる[33]。この損失は大したことはないように思われるが、加入しない場合と比べてみると、TPP加入のメリットは明らかである。輸出の伸び率は3.44ポイントアップし、輸入の伸び率は5.58ポイント、GDP成長率は0.68ポイントアップすると見られる。更にアメリカが中国を主要貿易協定から排除することによって、中国のアジア大洋州地域における地位を牽制し、中国の地域協力戦略にショックをあたえる目的を達成した場合、中国にとってプレッシャーとなる。最後に、国際貿易の新ルールの中の境界後ルールは、既に国内に深く浸透し、経済分野以外の非経済分野にも及んでおり、中国の政治経済体制にも大きな影響を与えるであろう。欧米は一貫して、中国の輸出競争力の源は、政府のサポートと国有企業にあると見なし、中国に「国家資本主義」のレッテルを貼ってきた。こう見てくると、TPPとTTIPが掲げている「競争中立」の原則は、政府の経済活動に対するサポートを少なくするものであって、明らかに中国を狙い撃ちする意図があり、我が国の国有企業改革の進展に影響するであろう。

　新しい国際ルールからの挑戦に対して、中国は以下の点に重きを

置いて対応する必要がある。

一つ目は、新しいグローバルガバナンスプラットフォーム、例えば、APEC、G20、BRICSなどを通じ、徐々に自身の発言力を高めていくことである。喜ばしいことにこうした努力は既に実を結びつつある。2014年、北京で開かれたAPEC会議において、中国は半数以上の提案を行い、多くのAPECメンバーの支持を得た。オーストラリアのブリスベンで開かれたG20の会議では、中国が約15％の提案を行った。これらはすべて中国の国際経済面での発言力が高まっていることを反映している。

二つ目は、新しい協力メカニズム、例えば、BRICS国家開発銀行、上海合作組織開発銀行、アジアインフラ投資銀行（AIIB）、「一帯一路」シルクロード基金などを通じ、発展途上国との間の経済貿易関係を強化し、先進経済体の封鎖を突破することである。

三つ目は、国際新ルールをもって、関係分野の改革を推進することである。特に中国の改革と発展という大きな流れに有利な国際的新ルールについては、我々は抗うことなく、その勢いに乗って、知的財産権や環境保護などの分野で、キャッチアップすべきである。もっぱら中国を対象にしている条項については、その差別性を認識するとともに、グローバル戦略と国内改革をバックグラウンドに、選択的に推進する。例えば、TPPとTTIPは国有企業の競争中立の原則を打ち出し、国有企業情報の十分な開示を保証すること、政府の政策はタイプの異なる企業の競争において、中立を保つべきことを求めている。これは国有企業の海外進出や国家経済の安全にショックをあたえる。しかし、中国の国有企業自体にも行政的独占や政府の優遇政策への依存、それにともなう効率の低さなどの問題が確かに存在し、これらはすべて改革しなければならないことを認識すべきである。国家の安全や国民経済の命脈にかかわる重要な業界やキーとなる分野は、必要な制限措置を取ることを我々に求めている。競争的な部分では、開放に力を入れ、より多くの国有経済が混合所

有型経済に移行することを許容し、非国有資本が国有資本の投資ア
イテムに資本参加することを許容するということである。

第六章　新常態をリードする

　新常態とは結局のところ一体何かと言えば、経済成長のスピード
が落ちることがその表面的特徴と言える。この表面的な特徴から、
多くの研究者がそのマイナス面により着目し、その中には、少数で
はあるが、バッサリと「経済の衰退」、果ては「ハードランディン
グ」と同一視する研究者さえいる。そして何を考えているのか分か
らない人たちは、再び中国の衰退を唱え出す。

　経済成長のスピードが落ちるのは、新常態の表面的な現象に過ぎ
ず、その意味するところは、経済成長の質が良くなり、効率が改善
されることであって、総合的な結果から言えば、中国経済が新しい
フェーズに進むことである。前にも指摘したように、新常態は通常
の経済周期における衰退と不景気の段階とは区別されるものであっ
て、経済発展が通常の軌道を離れ、別に道を切り開く新しい発展で
ある。グローバルに言えば、別に道を切り開くとはサプライチェー
ンの再編、経済構造の転換、ガバナンス体系の再構築、大国関係の
再建である。国内面から言えば、別の道とは、前述の世界的に共通
するものを除き、投資が主導し、輸出が主導する経済成長方式から
の脱却であり、品質、効果と利益、革新、生態文明及び持続可能な
発展の追求であって、これによって中所得国の罠を乗り越え、中華
民族の偉大なる復興への道を邁進することである。簡単に言えば、
新常態は中国経済が「浴火重生」（火を浴びながらよみがえる）す
ることを意味する。しかしながら、中華民族の偉大なる復興は、手
につばをすれば手に入るような生易しいものではない。我々が新常
態によって、新しい繁栄に通じる大道が切り開かれたと叫ぶ時、そ

の意味するところは、我々に新しい戦略的チャンスが与えられ、新しい飛躍のための新しい要素、条件及び環境が与えられたことにすぎない。チャンスを現実に変えるには、各分野の改革を積極的に推進し、方式を切り換え、構造を改革する歴史的な任務を確実に全うすることを待たねばならない。「新常態を知り、新常態に適応する」は、もとより戦略的転換に対する平常心を示している。「新常態をリードする」は、新しい挑戦に対する深思熟慮と勇敢に勝利する勇気を集中的に表している。

一、投資に重要な役割を発揮させる[34]

　新常態下でも、安定成長は国民経済運営の重要な目標の一つである。ここ数年来の消費や投資、純輸出（外需）の国民経済成長に対する寄与度とその変化の軌跡を分析することは、安定成長を確保する政策アレンジを正確に探し当てる助けとなる。

図6-1　消費と投資、純輸出の経済成長に対する寄与度

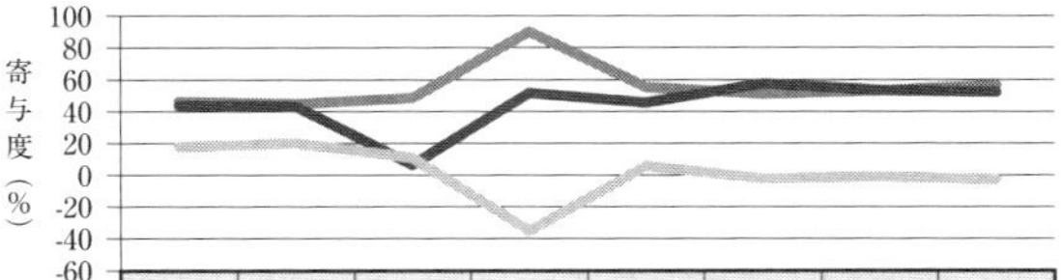

	2006	2007	2008	2009	2010	2011	2012	2013
投資　（％）	43.6	42.4	46.9	87.6	52.9	48.8	50.4	54.4
消費　（％）	40.4	39.6	4.1	49.8	43.1	55.5	51.8	50
純輸出(%)	16	17.9	9	-37.4	4	-4.3	-2.2	-4.4

データ出所：国家統計局

　統計（図6-1）によると、次のようなことが見て取れる。2006年以降、一連の強い刺激策の下、国内消費の経済成長に対する寄与度は安定した伸びを示していた。しかし、2011年に55.5％のピークに達して後、下がり続け、2年間で5ポイント下落し、2013年には50

％まで下がった。最終消費は変動がゆるやかで、規模は比較的安定しており、短い時間では大きな効果は上がらない。ある分野での公共消費が一定期間抑制され、短期的に代替手段がないといったケースを考えた場合、消費の経済に対する牽引機能を短期的に大きく引き上げることは難しく、経済の安定成長を促す主導的な力とはなり得ない。同時期、純輸出の成長に対する寄与度は、急激に落ち込んでいる。2009年に最低の-37.4％を記録したのち、2010年に若干のプラスに転じた以外、そのほか3年はマイナスを記録しており、2013年の寄与度は-4.4％であった。2013年初め、一部の地域と業界に大規模な利ザヤ稼ぎの虚偽の貿易があり、貿易データのねじれが生じたことを考慮すれば、外需（純輸出）の寄与度は更に低くなる。比較すると、投資の寄与度は波があるとはいえ、安定した伸びを示している。2006年の43.6％から2013年には54.4％に上昇し、7年間で10ポイント以上も上昇した。2013年には消費のGDPに対する寄与度を再び上回った。経済を安定成長させる力は、少なくとも中期的には、やはり投資から来ることをこの図は示している。これこそが中央が繰り返し強調している投資に重要な役割を発揮させるという深い意味である。

　しかしながら、改革開放以来の中国経済史は、同時に次のことを我々にはっきりと教えくれる。投資によって経済成長を牽引することは、GDP至上主義の傾向を助長しやすく、国民所得の分配を悪化させ、環境資源の制約を無視し、生態を破壊し、生産能力過剰を引き起こす。これは経済を安定させるために、投資を増やすことに頼らざるを得ない場合、歴史によって証明されている投資の弊害を高度に警戒し、真剣に防止することに政策の成否がかかっていることを意味している。そこで、何に投資するのか、誰が投資するのか、どのように投資するのかといった問題が投資に重要な役割を発揮させる際の核心となってくる。言い換えれば、投資に重要な役割を発揮させるには、まずそれに対して踏み込んだ改革を行わなければな

らないということだ。

(一) 何に投資するのか

　30年余りの長きにわたった強力な工業化を経て、伝統的ビジネス環境下で大きな利潤を生み出す工業投資アイテムは、基本的に掘り尽くされたと見るべきであり、インフラ設備の中の経済インフラ、主に公益事業（電力、都市ガス、電信、水道、環境衛生設備と汚染除去システム、固体廃棄物収集処理システム）、公共工事（ダム、灌漑水路や道路）及びその他交通部門（鉄道、都市交通、港湾、水運及び空港）など、2009年の「4兆元財政刺激計画」によって網羅され、利益の上がりそうなものはほとんどなくなった。したがって、再度投資のエンジンをふかせるには、新しい分野を探し出さなければならない。我々は3つの分野に重点的に注意を払うべきであると考えている。

　一つ目は、主に教育、文化、医療保健など消費の成長促進にメリットがある社会インフラ分野である。教育、医療衛生など社会的分野への投資に力を入れることが、その時々の投資を増やすだけでなく、長期的に消費を牽引するという積極的なプラスの効果があることを認識すべきである。一方では、将来必要になると考えられる住民の経費を引き下げ、そのための貯蓄を減らし、お金を消費に回せるようにする。また一方では、人的資本の蓄積を促し、勤労大衆の「潜在能力」と初期分配における「交渉能力」を高め、住民部門の国民所得分配における不利なポジションを変えるようにする。同時に、農民工とその家族の市民化問題を効果的に解決し、消費需要拡大に対する都市化の促進作用を十分に解き放つことができる。社会インフラ投資を強化する中で、健康サービス業という新興サービス業がもつ巨大な需要に注目すべきである。当該産業はカバーする範囲が広く、産業チェーンも長く、経済成長を牽引する力も持っている。先進経済体では、こういった産業は現代サービス業の重要な一

部となっている。例えば、アメリカの健康サービス業がGDPに占める比率は17％を超えている。その他OECD加盟国は一般的に10％前後に達している。2013年、我が国は健康サービス業の発展を促す指導的意見を発表した。住民所得と消費レベルのアップ、とりわけ老齢人口が増え続けており、健康サービス業は非常に大きな投資潜在力とスペースをもっていると考えられる。

　二つ目は、技術の進歩に役立つ更新改造投資である。経済成長を要素投入型から技術進歩あるいは全要素生産性に転換するプロセスで、企業の設備更新や技術改造のレベルアップに力を入れることが強く求められている。外部からのこういった投資を増やす通常のルートでももちろん良いが、加速償却の方法で、企業の設備投資と更新改造の積極性を内部から引き出すことをもっと考える必要がある。特にハイテク企業、グレードアップした伝統産業や戦略的新興産業は、無形損耗がもたらすおそれのある損失を避けるために、更に大幅な加速償却が認められるべきである。予定使用可能年限に基づく定額減価償却法（いわゆる直線式減価償却）に比べ、加速償却法（逓減償却法）は、より早く償却すべき金額を償却でき、固定資産使用期間中にできるだけ早くその価値の補償が得られ、設備投資のキャッシュフローを速くし、企業の固定資産の更新改造に有利である。経済の本質からいえば、加速償却は一種の「租税措置」であり、政府の直接支出に比べ、国庫にとって直接の圧力にならないだけでなく、企業の自主的投資や自主的イノベーションを刺激し、奨励するという積極的な役割がある。アメリカなど先進経済体は、加速償却を危機脱出の強力な措置として、常に採用しており、それによって投資性を高め、労働生産性と国際競争力をも高めている。こういった経験は参考にすべきである。2014年国務院は加速償却実施に関する具体的方法を発布した。我が国の投資あるいは技術の進歩に強いプラスの影響を与えるはずである。

　三つ目は、持続的発展が可能な省エネ環境保護産業への投資であ

る。資源環境の制約が絶えず強まっており、特にスモッグをはじめとするさまざまな環境汚染問題が頻発する新しい情勢の下で、省エネ環境産業の発展が、高エネルギー消費、高排出問題を根本から解決するための道を示している。この産業は国が育成と発展を加速させる7大戦略的新興産業の一つに指定されている。2013年8月、国はこの産業の発展を加速させる指導的意見を再度発布した。「第12次五カ年計画」期間中の省エネ環境保護産業の年平均伸び率を15％以上とし、2015年業界の総生産高4.5兆元を達成し、国民経済の新しい基軸産業にする目標を掲げた。現在大気汚染対策、水質汚染対策、生態系修復及び資源の循環利用などが省エネ環境保護産業の重点投資ポイントになっている。しかしながら、現在のビジネス環境の下では、更新改造投資は十分な刺激が得られず、社会インフラと省エネ環境保護産業に対する投資が持続的なビジネス価値を持つことは難しい。これはすべて投資の伸びを制約する足かせとなる。経済の安定成長のために、我々は党の第18期三中全会の以下の決定事項をすみやかに実行に移さなければならない。「市場によって価格が決まるものはすべて市場にまかせ、政府は不要な干渉はしない。水、石油、天然ガス、電力、交通、電信などの分野で価格改革を推進し、競争的な部分の価格[35]を開放し、より多くの価格が市場化されるようメカニズムを形成する」。企業が十分な収入を得て、コストを補い、合理的な利益上げることによって安定した投資行為ができるようにする。

(二) 誰が投資するのか

　インフラと公共サービスは、伝統的に政府による投資が当たり前と考えられている分野である。その理由はこれらの分野に自然な独占性や公共性、外部性が明らかに存在するからである。しかしながら、市場が発展し、実践が積み重ねられるにつれて、特に現代科学技術、なかでも情報技術がこの分野全体に普及するにつれて、社会

資本参入をさまたげる障害がしだいになくなり、一定の制度を作ることによって、乗り越えられるようになってきた。こういった経験に基づき、経済理論は自然な独占性や公共性、外部性を改めて整理し、この分野の投融資体制改革に更に一歩踏み込み、社会資本が参入できるスペースを切り開いた。

　最初に自然独占性について見てみよう。社会資本の参入は2つの側面から実現可能である。まず資本形式による参入である。自然独占性は財産権独占の根拠になってはならない。シナジー効果があるとされるネットワークインフラについても、投資と運営の部分を切り離し、投資主体の多元化と経営主体の一元化が併存する枠組みを作りだすことができる。次に経営権の形での参入も可能である。ネットワーク特性や自然独占特性を有する分野や部分については、「市場内競争」の形での参入は、かなりの難しさがあるものの、政府のフランチャイズ経営や委託経営あるいは請負経営などの制度を作り、社会資本が「市場争奪競争」の形で、効果的に参入を果たすことができる。更に、技術の革新にともない、市場の許容量が大きくなり、金融イノベーションが行われ、インフラにおいても、もともと自然独占性があるとされてきた業務や部分について、参入や撤退の障壁がしだいに取り除かれ、社会資本参入が可能な非自然独占性業務となった。

　次に公共性を見てみよう。社会資本の参入は2つの要素によって可能である。一つ目は、公共商品の属性が変化してきていることである。需要レベルの向上と需要のフレキシビリティー増大及び技術の進歩、特に排他的数量化技術の出現にともない、純粋な公共性は現在非純粋性あるいは準公共性に向かって変化しつつある。これによって社会資本が商品を提供できる大きな市場に変貌しつつある。二つ目は、柔軟な制度アレンジを行うことである。商業性が少ない準公益性のアイテムに対しても、さまざまな方式（例えば、土地総合開発利用、公益性の部分に対する財政補助など）で、投資の予定

収益を改善し、社会資本を引き入れることができる。たとえ純粋な公共商品あるいは外部性が相当顕著な準公益性アイテムであっても、政府の調達制度や経営権の競売、入札制度、請負や委託経営などの形で、（純粋）経営権方式の社会資本の参入が実現可能である。

　最後に、外部性を見てみよう。社会資本が外部性の存在する分野に参入できる理由は、主に政府の責任が事実上有限であるからである。社会生活において、ある種の政府が使用を義務付けている商品やサービスは、消費面での外部性が存在するため、政府が補助するか無償で提供すべきであり、またそうするのが当然ではあるものの、この提供責任というのは、主に政府の消費段階での支払い責任であって、生産段階での供給責任を指しているのではない。特に教育、健康サービスといった準公共商品については、政府が直接生産する必要は全くないし、政府の直接投資さえも不要である。サービス品質の管理が難しく、契約することも難しい分野を除き、政府は大規模なサービス契約の外注あるいは政府の購買契約、サービス管理契約、フランチャイズ契約など社会資本のサービス供給における機能を動員し、政府はそれに応じて自己の責任を監督管理強化に絞りこむべきである。

　社会資本に更に大きな役割を担わせるため、投融資体制の改革を早急に行う必要があり、業界の参入条件緩和に力を入れ、社会資本に一部の所有権や経営権をしだいに譲渡し、インフラや公共サービスの提供面で競争主体の多元化と株主構造の多元化を図るべきである。政府の主導する投資、特にインフラや公共サービス分野への投資をできるだけ早く改め、公・私合作パートナー関係（Public-Private Partnership　略称PPP）の投融資モデルをより多く採用し、政府の公共投資と民間投資の協力を強化する必要がある。

　社会資本のインフラや公共サービス分野への投資を魅力あるものにするため、新規参入企業と元の独占企業との間の公平な競争を確保する必要がある。『独占禁止法』の適用を強化し、市場における

締め出し行為を抑える必要がある。監督管理部門は3つの問題解決に力を入れる必要がある。一つ目は、回線接続政策、特に接続回線料の問題であり、二つ目は、ネットワークの借用あるいはネットワーク間の接続の問題である。三つ目は、広域的サービスの利益配分の問題である。特に対等でない競争状態を出来るだけ早く改めるべきであり、元の独占企業と新参入の企業に対して、大きなものはしっかり管理し、小さいものはしっかりと育てるという区別した管理を行うべきである。有効な競争局面が真に形成されれば、中性的な関与政策に移行し、市場競争メカニズムの調整機能が十分働くようにする。

　政府の約束の信頼性と政策の安定性を確保することは同じように重要である。インフラは資本の集積度が高い、継続時間が長い、資本の専用性や沈殿性が強いといった特徴があり、くわえて、契約が未整備であり、投資を考えている人は往々にして利益が侵害されることを恐れている。信頼できる投資政策と環境整備が必要である。政府と民間で取り結んだ契約内容を明確で実行可能なものにし、政府の関係政策の安定性と一貫性を保ち、民間資本の参入を予見可能な制度枠組みの中で行う。同時に、法律の枠組みの中で、政府の将来の行動に制約を加え、政府の民間部門に対する約束が実行されることを保証し、投資者が当然の利益を得られるようにする。政府が約束を履行できず、投資者に無用な損失を与えた場合、相応の経済的補償を行う。これによって、投資の将来予測を安定したものにし、投資の奨励を強化し、より多くの民間資本がインフラ部門に参入し、投資を拡大するようにする。

（三）いかに投資するか

　中国は、現在世界でも数少ない高貯蓄率の国である。2013年末、国内部門の総貯蓄率は50％を超えた。中国国内投資の資金面での制約は、資金の有無にあるのではなく、どのような形で貯蓄を投資

に回すかであり、実際、これが我が国の金融分野に長期にわたって存在し、今に至るも解決できていない問題である。

「いかに投資するか」については、2つの重要な問題をすみやかに解決しなければならない。

一つ目は、債務依存度が高すぎることである。現在の固定資産投資資金の出どころを見ると、債務性融資が最も多い。一般的に言って、伝統的銀行システム以外の金融仲介活動の急速な発展と金融仲介機関離れの傾向が加速するつれて、債務性融資の比率がしだいに下がり、エクイティファイナンスがそれに対応して上昇している。しかし、中国の状況は全く異なる。金融仲介機関離れは、欧米など先進経済体のように、エクイティファイナンス比率を上げず、多くの場合は間接融資の道筋を変えるだけである。信託貸付、委託貸付など金融機関のオフバランス金融を通じ、中国の間接融資は依然として絶対的に優位なポジションを占めている。くわえて、企業の信用型債券（企業債券、短期融資券、中期手形、社債など）の発行規模が絶えず上昇し、ここ数年、中国経済が負債融資に過渡に依存する構造が悪化する勢いを見せている。資本金あるいは所有者権益の融資構造における比率が低すぎ、企業のバランスシート上の資本構造をミスマッチするリスクを高め、社会全体の債務レベルとレバレッジ率を押し上げ、リスクの蓄積が進んでいる。第五章でも指摘したように、金融危機以来、社会全体のレバレッジ率に、かなりはっきりした上昇傾向が見られる。各部門（住民、非金融企業、政府と金融機関の4大部門）を総計した債務総額がGDPに占める比率は、2008年の170％から2012年には215％に上昇している。そのうち、企業部門の債務総額の比率は113％であり、OECD加盟国のリスク臨界点を超えている。

債務融資への過渡の依存がもたらすリスクを分散するために、中国の金融構造を債務性融資からエクイティファイナンスにシフトすることを真剣に進め、投資資金の出どころを適正化しなければなら

ない。このためには、さまざまなレベルの資本市場を大いに発展さ
せ、株式資本形成に有利なメカニズムを作り、さまざまなルートで
エクイティ投資の比率を高める必要がある。債務性資金を株式資金
に転換する金融イノベーションを奨励する必要があり、特に公共事
業の証券化を進め、都市のインフラ建設及び医療教育など公共サー
ビス提供のために、長期資金調達問題を解決する必要がある。安定
した中長期資金が提供されることによって、はじめてバランスシー
ト上のマチュリティー・ミスマッチの問題が解決できるのである。

　二つ目は、資金コストの上昇である。最近、我が国の資金価格上
昇傾向が目立っている。2013年6月から現在まで、市場の資金コス
トは平均約2ポイント上昇したと見られているが、これは主として
我が国金融市場の深刻なねじれによるものと考えられる。

　資金の供給サイドから見れば、通貨貸出残高が多く、社会融資規
模が大きい状況下での資金コストの上昇は、一部の空転資金が金融
部門内部で自己サービスしているか、自己循環していることを反映
している。この2年間の商業銀行の資産負債構造の重要な変化は、
同業業務が猛烈に増えていることである。上場銀行16行を例にと
ると、同業資産規模は2010年末の5兆元から2012年末の11兆元に
膨れ上がった。同業資産が銀行の総資産に占める比率は、2010年
の8％から2012年の12％に上昇した。株式制銀行の何行かはすでに
25％を超えている。同業業務の急速な拡大は、金融抑圧の悪化及び
かかる環境下での「創新異化」（イノベーションが全く異なるもの
に変わってしまうこと）を突出させ、深刻な規制アービトラージの
存在（金融機関は、信用貸付限度額配給制及び地方政府の融資平台
や不動産業への貸付制限など、行政色が濃厚な金融管理を避けよう
と試みている）、資本金制約及び預貸率による流動性規制、更には
預金金利と貸出金利の分割管理が生んだキャリートレード機会の追
求も体現している。規制アービトラージを主な目的とする同業業務
の無秩序な拡散に対応する根本的な対策は、監督管理を一層緩和す

ることであり、特に銀行体系内の信用貸付限度額管理及び貸付対象管理を緩和することである。（各種指標の管理に切り替える）　情勢の変化についていけない分業管理の構造はできるだけ早く改革する必要がある。それと同時に利率の市場化を推進し、体制内外の資金コストをひとつにし、利率複線制がもたらすキャリートレードのスペースを縮小する必要がある。

　資金需要サイドから見れば、資金コストの上昇は、モラルハザードが広く存在することを示している。地方政府と国有経済部門は、重要な融資対象ではあるが、資金に困った時、外部に助けを求め、生存を図る傾向が強く、これがモラルハザードの最大の温床である。これら融資対象は、資金価格に対する敏感さが相対的に低く、資金に対して常に飢餓状態にある。彼らに対する融資規模の拡大が社会全体の融資コストを押し上げている。地方政府と国有企業の改革を強く推し進め、予算の縛りをきつくし、無益な資金の占用を減らす必要がある。

　もう一つのモラルハザードがある。厳密な意味での資金需要サイドの問題ではないものの、密接な関係がある。すなわち、「剛性兌付」（信託商品満期後、信託会社は必ず元金、利息を合わせて投資者に支払うという不文律）の存在であり、無リスクの市場利ザヤ稼ぎを助長し、投資者のモラルハザードを悪化させている。一部の金融商品（例えば、銀行の理財商品）への投資者は往々にして基本的なリスク意識がなく、こういった商品には違約リスクは存在しないと思いこんでいるか、違約リスクが存在しているとしても、銀行あるいは政府の影の担保が安全を保障していると考えている。法律の角度から言えば、大部分の理財商品は元金を保証するものではなく、損失は投資者が負担すべきものである。しかし、銀行は自身の評判を考え、理財商品に投資の失敗による違約が発生した場合、最終的には銀行が責任を取り、代金を返却する。地方政府は社会の安定を保つ必要性から、往々にして干渉措置をとり、投資商品の違約を阻

止する。こういった隠れた担保の存在が、高利率金融商品を「無リスク」のプレミアム商品に仕立てている。投資者の低リスク、高収益金融商品に対するかたよった嗜好が、社会の利率レベルを絶えず押し上げている需要面での要因である。この難局から逃れるには、まず「剛性兌付」の神話を打ち破り、違約事件の発生を許容することである。特に中央政府の裏書がある状況でのモラルハザードの発生を出来るだけ減らす必要がある。もちろん、改革の推進や市場自身の自律メカニズムを通じ、リスクと収益のバランスを取ることがそれ以上に大切である。

　上記3つの側面から、新常態下の投資問題を捉えることによって、有利な条件を作りだし、GDPから水分を絞り出す問題を解決できるのである。我が国経済に含まれている水分（経済が水膨れしている）は、主に投資主導の経済成長方式と密接に関連するものである。周知のように、投資はその年の内需であり、直接GDPに組み入れられ、将来は資本に組み入れられる。そのうち、工場建屋、設備などの生産資本は、将来の生産能力を形成する。住宅、生活インフラなど非生産性資本は、絶えず社会にサービスを提供し続ける。これについて、2つの問題を探求する必要がある。一つ目は、毎年繰り返される投資が有効な資本となっているのかどうか。投資が順調に生産能力を形成し、生産した商品すべて国内需要によって消化されれば、これは水分を含まない成長である。反対に、投資が順調に有効な資本に変わらず、未完成のまま放置されたり、手抜き工事によって使いものにならなくなったりした場合、この部分の投資と対応するGDPが水分である。二つ目は、投資が生産能力を形成したとしても、次に問わなければならないのは、その生産能力が十分活用されているのかどうかである。生産した商品の需要がなく、在庫の山となり、生産能力が出来上がった日から全く使われていないということもあり得る。大量の人員の収入がアップせず、それにともなって消費の力が弱く、一方で生産能力過剰や商品の在庫の山といっ

た問題が発生する。こういった状況と対応するGDPが水分である。いうまでもなく、生産能力過剰という水分が、経済の更なる発展の「大きな重荷」になっている。三つ目に、住宅、公園、道路、都市景観などの固定資産投資が、完成後数年たたずして、さまざまな原因により、取り壊されたり、再建されたりするのをしばしば目にする。取り壊して再建する過程で、大きなGDPが作りだされているが、このGDPは疑いもなく大量の水分を含んでいる。

　新常態下での経済成長率下落は、主に投資の成長率下落によるものであり、投資の成長率下落はGDP中の水分圧縮に大いに有利であり、このような減速は諸手を挙げて歓迎すべきである。

二、イノベーションが動かす新エンジンを始動させる

　改革開放三十有余年来、我が国は自身の発展レベル、天賦の資源及び比較優位性に基づき、投資と輸出が主導する要素投入型の発展方式を選び、発展してきた。これは我が国の国情に合った現実的な選択であった。実践はこの選択が正しかったことを証明している。我々はこれによって「中国の奇跡」を起こし、中所得国の仲間入りを果たした。しかしながら、要素報酬逓減法則が働き、人口ボーナスがしだいに減退したことと環境制約の強まりによって「高投入、高消耗、高汚染、低品質、低効率」の経済発展モデルを続けることが難しくなった。発展フェーズの転換に沿って、タイムリーに発展方式を変えていくことができなければ、経済社会の発展は、長期的に停滞し、必然的に「中所得国の罠」にはまり込み、永遠に二流国であり続けるであろう。簡単にいえば、歴史が今日まで発展してきた以上、要素の規模を原動力に「中所得国の罠」を乗り越えてゆくことは、もはや不可能であり、もっと高い目標に向かって、絶えず要素の質を高め、人的資本の質と技術の進歩に立脚し、イノベーションを発展を主導する新しいエンジンにしなければならない。

　改革開放三十有余年、我が国経済は全面的なイノベーション主導

に向けて、豊かな基礎を築き上げてきた。一つ目は、世界でも重要な影響力を持つ科学技術大国になり、イノベーション能力が大幅にアップしている。国家のイノベーション指数は、2000年の世界第38位から2013年には第19位に躍進した。国際科学論文発表は量・質共にアップしており、論文数は世界第2位、引用された論文数は世界第4位である。特許出願件数と授権数はそれぞれ世界首位と世界第2位であり、総量数では世界の37.9％と22.3％を占めている。ハイテク産業の輸出が製造業の輸出に占める割合は、世界のトップであり、知識サービス業の付加価値は世界第3位である。二つ目は、世界第2の経済体として、研究開発費の投入が引き続き増加しており、イノベーション主導の発展に強固な物質的基礎を築き上げている。2013年国内総生産は56.89兆元、社会全体の研究開発費（R&D）の支出は1兆1,906億元で、世界第3位、国内GDPの2.1％を占めている。三つ目は、我が国には膨大な人的資本があり、研究開発の専従者数は世界トップで、世界総数の29.2％を占め、イノベーション主導に向けて人材が蓄積されている。四つめは、重点分野と重要産業の技術革新が大きな成果をあげている。産業の発展を制約する数多くの重要技術と基盤技術の難関を克服し、一部の分野では、大きなブレークスルーが起きている。五つ目は、科学技術の運用メカニズムに大きな変化があり、競争と優者選択が科学技術資源配置の主流のやり方になっている。科学研究院・科学研究所の改革も大きく進展し、多くの科学研究院・科学研究所が企業化されている。社会公益タイプに属する研究院・研究所の改革も着実に進んでいる。六つ目は、科学技術法、特許法、科学技術転化促進法などイノベーションによる発展に関する法律法規が次々と制定され、科学技術に関する政策法規体系が基本的に出来上がっている。

　しかし、現在イノベーション主導にはなお数多くの問題が存在する。第一に、科学技術の体制改革が全く追いついていないことである。イノベーション資源配置に対する政府の干渉が甚だしいことが、

科学技術及びイノベーション分野において、レントシーキング（民間企業などが政府や官僚組織へ働きかけを行い、法制度や政治政策の変更を行なうこと）の余地を大きくしており、汚職が横行し、イノベーション成果に対する知的財産権保護のメカニズムがきちんとできあがっていない。第二に、産学研の有機的結合による技術イノベーションメカニズムがまだまだであり、産業チェーンの上流下流の間の技術イノベーションの結びつきが弱く、科学技術成果の転換率が低いことである。科学技術プロジェクトの立案、産業関連技術の研究開発などの面で、上流・中流・下流の合理的分業と共同の難関突破、イノベーション資源を共に享受するメカニズムが確立されておらず、新興産業を支え、リードする科学技術の役割が十分発揮されていない。第三に、企業を主体とするイノベーション体系にはまだまだ改善の余地があり、企業が未だ技術イノベーションの主体になっておらず、企業の研究開発投資がいまだに低いことである。2012年大型中型工業企業の研究開発投資はわずか1.4％であり、イノベーションの推進力は明らかに不十分である。第四に、自主イノベーション能力がまだまだ弱いことである。産業の核心技術の対外依存度が高く、自主的知財権を有する技術、商品が少ない。産業の核心技術の不足によって、我が国産業は世界の産業分業の枠組みの中で、多くはバリューチェーンの末端におかれている。第五に、国民の間にイノベーションと発展を激励する環境が整っていないことである。我々には習慣的思考法の束縛を脱し、イノベーションを軸に新たな姿で発展したいという願望を、全社会の自覚的行動に変える雰囲気を醸成することが切に求められている。

　要素スケール主導から、人的資本と技術進歩主導への転換は容易ではない。特に中国のような社会主義市場経済体制が未だに十分整っておらず、所得水準も世界の中所得国レベルの新興経済体にとって、イノベーション主導の発展方式の実現には、多くの試練や制約が待ち構えているであろう。客観的に言って、この数十年来、我が

国のイノベーションに関する会議、文書、決定、規則など審議通過したものは少ないとは言えない。そのために支出された資金も少なくはない。しかし、多くの人々がイノベーションにかかわり、起業するというような雰囲気にはなっていないようである。胸に手を当てて考えてみると、問題の核心は、イノベーション分野において「市場が資源配分における決定的役割を果たし、政府の役割をより良く発揮させる」というメカニズムが真に確立されていないことである。歴史によって、再びイノベーション主導がかつてない緊急性と重要性をもって、我々の眼前におかれたとき、国のイノベーション体系の構造、原動力と要点を真剣に整理することが非常必要である。

　国のイノベーション体系は、一国の経済発展を支える最も重要なインフラである。それは科学研究、工業技術開発から商業化などに至る一連の創造的活動からなる連続したチェーンのことである。そのうちの科学研究は、自然科学を含み、社会科学をも含んでいる。工業技術開発は一般的な意味の商品とサービスの研究と開発を含むだけでなく、生産プログラム、管理方式の設計及び最近の傾向であるファイナンシャル・エンジニアリングなどを代表とする「ソフトコモディティ」の発明をも含むものである。図6-2に国家イノベーション体系の基本構造を示した。

図6-2　国家イノベーション体系構造

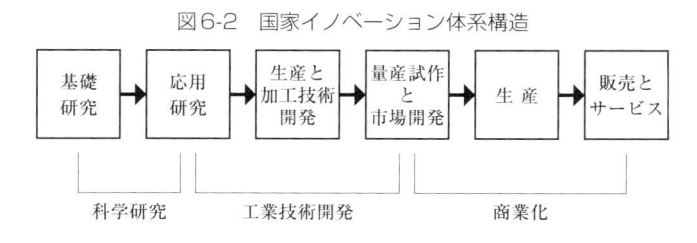

　科学研究（自然科学と社会科学）は奉仕の精神と好奇心がなせるところであり、目的は真理と自然法則の発見である。工業技術開発の原動力は新しい成長分野を発掘し、それによって人類の福利を増

進することである。商業化は利潤と市場によって動かされるものであり、その追求するところは、商品とサービスの生産量、範囲及び深さの拡大であり、信頼性や生産効率を高め、生産の継続性を図ることである。

　効率の良い経済制度においては、広範囲な分業が実施されており、入れ替えも行われている。科学研究、開発及び商業化もさまざまな機関に分かれ、実施されている。一般的に言えば、科学研究は主に大学や専門的な科学研究機関が行っている。応用研究と技術開発は専門的な研究開発（R&D）機関と企業が行っている。技術商品の商業化は、利益の最大化を目標とする企業が行っている。科学研究と研究成果の商業化との間で専門化した分業が必要な理由は、両者の間に、運営目標、産出、成功の判断基準、必要な人材などすべてにわたって大きな差があるからである（表6-1）。

表6-1　科学研究と研究成果の商業化：主要面の比較

	科学研究	研究成果の商品化
運営目標	教育 研究 特別目標(短期)	製品とサービス生産 製品とサービス販売 技術サービス
産出	学生 出版物と情報 新理論と新理念	製品 サービス 情報製品
成功判断基準	学生の質 研究レベル	製品とサービスの価値 利益 市場開発の程度 持続可能性
必要な人材	有能な教師 有能な研究者 科学技術管理者	生産、市場開発、販売、融資、 労働力、交渉、企業管理などの 分野の専門家

　もちろん現実の生活では、各機関が上述の機能を果たしていく場合、交差する部分があることは避けられない。しかし、一つだけ断言できるのは、すべての機能を果たしている機関は存在しない。「一切合切引き受ける」機関はほとんど成功しないということである。

　現在のように、大企業が世界を牛耳る時代、国に匹敵する力を持つ大企業は、グローバルな戦略展開の中で競争力を強化するために、国家のイノベーション体系における自身の機能を大きく拡大している。金融機関、特に投資銀行、相互基金及び資産管理会社など、今見ると、どれも機能がそろった大研究所のようにみえる。この現象は分業と交換理論が機能を失ったことを意味するものではなく、むしろ次のように言った方がよい。これらの機関はただ大きいことによって、社会の分業体系の中で、同時により多くの機能を取り込み、本来外にある業務を「内在化」し、企業内で分業を行っている。しかもなお、これらの企業が従事する基礎科学研究は、完全にその企業の生産分野と関連があり、事実上はやはり市場主導なのである。

　すべての国（地区）のイノベーション体系は、一連の複雑な社会、経済及び歴史的要素の作用の下で形作られたものであり、長い発展過程を経てきている。我々は基本的に、国家（地区）のイノベーション体系の形成を自然な歴史的過程と見なすことができるとはいえ、政府の積極的な誘導と相応の政策的刺激も極めて重要な役割を果たしている。特に現在変化が速い知識経済とインターネット経済の時代、政府が高所から国家のイノベーション体系の発展を設計し、誘導することができなければ、一国のイノベーション体系は、低効率の泥沼の中にはまり込み、その結果、国の経済発展を大きく遅らせることになりかねない。したがって、絶えず国家のイノベーション体系の利害得失を分析し、不適当なところに調整を加えることが、国の命運にかかわる大事である。

　図6-3と図6-4はそれぞれアメリカとドイツのイノベーション体系の構造である。横方向は国家のイノベーション体系のいくつかの段階を示し、縦方向は資金の出どころを示している。アメリカやドイツのように、市場経済が発達し、科学技術も進んでおり、国際競争力も強い国であっても、イノベーション体系には段階的に進むはっきりとした分業構造が存在することが容易に見て取れる。まず

ます複雑化する経済社会において、段階的分業を行う意味は、イノベーション体系の参画者にポジションを与え、相応の責任を持たせること。また彼らの行為、責任及び使用する資源を明確にし、専業化レベルを高めること。同時に、不必要な、場合によっては悪性ともいえる競争を避け、資源の浪費と低効率を断ち切るためである。

伝統的工業化の中後期に位置する中国にとって、国のイノベーション体系を設計し、打ち立てる際に、他国の経験を参考にするのもよいことである。アメリカ、ドイツなど先進経済体のイノベーション体系の効率が良いと考えられるのなら、これらの国と比べてみることも中国にとって有益である。

図6-3　国家イノベーション体系概略図　アメリカ

資金出処 ＼ 段階	基礎研究	工 業 技 術			製 造	技術サービス
		基礎研究	生産と加工技術開発	試験生産		
政 府 ↕ 産業界	大　　学					
	国家研究機関、国家実験室					
		企　　　　　　　　業				

図6-4　国家イノベーション体系概略図　ドイツ

資金出処 ＼ 段階	基礎研究	工 業 技 術			製 造	技術サービス
		基礎研究	生産と加工技術開発	試験生産		
政 府 ↕ 産業界	国家研究所					
	大　　学					
	国家専門技術研究センター					
		国家専門研究開発基地				
		企　　　　　　　　業				

　少し比較してみるだけで、我が国のイノベーション体系は、上述2カ国とかなり大きな差があることがはっきりと見て取れる。

　まず、国のイノベーション体系の中で、我が国の科学研究機関、国家実験室、大学及び各部・委員会、省（市、自治区）の研究機関は、すべて過重な機能を担っていることが分かる。言うまでもなく、こういった状況は相当程度政府の政策がリードした結果である。煩雑で重大な教育・科学研究の任務を背負っている校長、院長、所長、主任、教授及び研究員に無理を承知で「産業化」、「収益性」を求めるのは、彼らが精力を集中して教育内容を高めたり、素養豊かな人材を育成したり、レベルの高い研究成果を生み出したりすることをさまたげるだけでなく、経済的な効果と利益を生み出すことも難しい。このことは、はっきりと認識しておくべきである。機能分業の混乱は、今の大学キャンパス内の濃厚な商業的気分とそれがもたらす教育レベルの普遍的ダウン、科学研究機関の科学研究成果が「質・量とも可もなく不可もない」状況に対して、大いに責任があるといえる。

　次に、国のイノベーション体系の中で、企業の機能が相対的に弱いことである。現在、ごく少数の超大型企業と上場企業がまずまずの研究開発機関を持っているものの、研究開発活動が基礎研究にまで及んでいるかというと、全くお話しにならない。こういった状況が作りだされたのには、複雑な原因がある。歴史的な原因から言えば、我が国の企業は、社会という「大工場」の一つの生産現場に過ぎず、何を生産するのか、誰のために生産するのか、いかに生産するのかすべて国が決めていた。したがって、企業は研究開発を行う動機を一切持たなかったし、条件も備えていなかった。この状況は現在も基本的には変わっていない。更に、我が国は長期にわたって「売り手市場」であった。「皇帝の娘は嫁入り先に困らない」という基本構造のため、企業には新製品、新サービス開発のプレッシャーなど皆無であった。改革開放以降、この状況は一変し、資金力が豊

富な上場企業及び一部の急速に発展してきたハイテク民営企業が研究開発に膨大な資金と人力を注ぎ込むようになった。しかしながら、少数の企業が研究開発活動を重視したところで、その規模が小さすぎるため、企業の研究開発費用の深刻な不足を全般的変えるには至らなかった。

　構造から見ると、基礎研究が研究開発経費総額に占める比率が明らかに低目であり、一方、開発のそれはかなり高く、明らかに商品指向が強すぎる。研究機関の状況は更に深刻である。基礎研究、応用研究、開発研究の各費用の比率をみると、開発費用がやはり最も大きな比率を占めている。国が設立した専門科学研究機関の経費比率を見ると、基礎研究や応用研究の比率は大学より低く、開発支出は大学よりはるかに高いことは注目に値する。このような支出構造を見ると、国が専門科学研究機関を設立した目的とその機能に対して疑問を抱かざるを得ない。

　もちろん、上述のさまざまな問題は、多くの要素が長い間につくりだしたものであり、解決には時間がかかる。例えば、研究機関が開発に熱心に取り組む現象がなぜ起こるのか、大きな原因は、我が国に有効な科学研究成果の取引メカニズムが今に至るも出来上がっていないためである。成果の認定、価格の形成及び収益の分配などすべての面で成熟した規則が存在しない。科学研究の成果が低価格で買い上げられたり、みすみす流出したりするのを目にすると、科学技術者は仕方なく腹をくくって研究機関を飛び出すであろう。科学技術者が安心して能力を発揮できるようにするには、専門分野別の分業が必要であるが、それ以上に必要なことは、知的財産権を完全に保護する法律体系であり、これを前提に有効な知的財産権交換メカニズムを作り出さなければならず、その中には有効な資本市場も不可欠であることがわかる。

　上述のような問題を指摘したのは、以下を説明したいためである。もし国のイノベーション体系の客観法則について、冷静な認識がで

きず、かつ戦略上正確なリードができなければ、我が国のイノベーション主導戦略の実現は難しいということである。

　この発展戦略については、4点強調しなければならないと考えている。一つ目は、科学技術機関と大学の基本機能に明確な線引きをし、その担うべき社会的機能に基づき、相応の政府資金の投入を行うか、あるいは融資ルートをつけること。二つ目は、知的財産権保護の法律体系樹立を加速すること。三つ目は、科学技術面での成果譲渡や取引を促し、資本市場や各種財産権取引市場、特に草の根市場の発展を奨励すること。四つめは、さまざまな財政、金融措置を講じ、企業が研究開発投資を増やすことを奨励すること。

　イノベーション体系は市場メカニズムをベースに、企業を主導者とすることを強調するとともに、中小企業の特殊な役割をも強調しておきたい。ここ数年、この面での力の入れ方が小さいとは言えないが、国のイノベーション体系は、未だ十分発展していないというべきであり、その主な原因の一つは、ハイテク企業の発展をサポートする過程で、大企業の役割を強調し過ぎたことである。大企業は往々にして政府の資金投入や優遇政策に頼りすぎる傾向がある。

　歴史的に見ると、この数十年来の新技術の発展については、航空宇宙技術が今なお政府の投資や大企業のサポートが必要である以外、大部分のハイテクは個性豊かで全面的なイノベーションを特徴としており、技術的成果の普及と応用面では、まず中小企業によって受け入れられているのである。

　技術のイノベーションとその応用面で、実力豊かな大企業の役割がなぜ中小企業に及ばないのであろうか。理由は主に3つある。第一に、大企業の開発研究は小企業ほど柔軟性がなく、変化対応能力が劣っていることである。全世界的に、大企業の官僚体制はさまざまな面で政府に遜色ない。大企業は一つの科学研究プロジェクトを始めたり、終了したりする際は、面倒な議論と煩雑極まりない決裁手続きが必要である。一方小企業は随時一つのテーマを始められる

し、随時、市場によってふるい落とされる。第二に、大企業の商品展開が「母体頼み」の特徴を持つことである。大企業は新技術に大きな資金と人力を投入するであろうが、大企業の研究開発費用は、常に企業の伝統的商品のレベルアップとモデルチェンジに優先的に使われる。本社のために新しい部門や支社、子会社を作りだすことはできるが、世の中に卓越した全く新しいコンセプトの花形企業をつくりだすことはできない。第三に、大企業は当然資金、設備、科学研究力などの面で優位ではあるものの、常に利益ノルマを抱えており、成功の見通しが不透明で、膨大な資金が必要なプロジェクトに、大量の資金が占用されることを長期にわたって容認するのは不可能である。

　以上述べたように、国家のイノベーション体系の発展に有利な体制の枠組みを創り出さなければならないが、それには市場メカニズムの役割が重要であることを強調した。中国の経済運営において、政府の判断を信用しすぎるのが伝統的な弊害である。例えば、ある企業は関係部門からハイテク企業の認定を受けるだけで、優先的に上場できた。しかし、この認定が正しく、公正なものであると誰が保証できるのか。不合格になった企業は大きな利益を稼げないと誰が保証できるのか。更にいえば、伝統的な投資分野であっても、投資プロジェクトのFS報告書は、実は認可が必要であり、重複建設によって生産力過剰を招いているプロジェクトの大多数は、認可を受けたものである。虚偽行為を行う上場企業もすべてきちんとした「厳格な」審査を経た企業である。伝統的なプロジェクト審査が形骸化しているのであれば、ハイテクプロジェクトの審査など全く余計である。これはもちろんベンチャーキャピタルの発展に対して、政府が何もしないでただ傍観していればよいということではない。実際、政府の役割に取って代わるものはない。市場経済体制における政府の役割は、一つは企業のイノベーションに有利な社会経済環境を整備し、維持することであり、もう一つは、イノベーションさ

れた公共品の分野及び外部性、独占性の分野で主導的役割を果たすことである。

　環境整備の面では、2つの制度が最も重要である。一つは「インセンティブ」（getting incentive right）を提供する奨励メカニズムである。もう一つは「合理的価格」（getting prices right）、すなわち資源の有効配置を新しくするのに有利な市場メカニズムをつくりだすことである。具体的に言えば、「インセンティブ」はイノベーション奨励の枠組みを再構築することである。現在のメカニズムには明らかに足りない部分が2つ存在する。一つは、知的財産権制度の奨励機能が十分発揮されていない。もう一つは、人的資本の給与と財産権奨励メカニズムが健全でない。このため、知的財産権保護制度を更に整え、懲戒を厳しくし、違法の代償を高くし、信頼のおける不正抑止力を形成する必要がある。同時に、市場化された人材のイノベーション活動に対する科学的評価と有効な奨励メカニズムを構築する必要がある。例えば、技術出資や技術オプション制度を推進し、「技術の資本化」を進め、技術者がイノベーションに向けて強い意識を持てるようにする。「合理的価格」とは、要素価格の誘導機能を十分に発揮させることである。先進市場経済体の経験は、有効な市場メカニズム機能の下、経済成長におけるさまざまな生産要素の相対的価格の変動によって、経済成長方式自体が粗放式から集約式に変化することを証明している。例えば、単純労働力の供給が少なくなれば、コスト（給与）がアップし、企業を科学技術イノベーションの強化に向かわせ、管理効率を高め、労働力を節約しようとする。しかし現在の中国の現実は、要素の市場化が不十分で、特に商品の市場化に比べ明らかに遅れをとっており、要素価格の深刻なねじれを招いている。土地や鉱産物など多くの要素の価格が明らかに低くおさえられており、市場主体が相対的に安い有形要素を集中的に使用するのを直接刺激し、自主的イノベーションに投資する動機を失わせている。この状態を正す鍵は価格の合理化である。

すなわち要素市場の育成と整備を継続して推進し、要素の有効な価格決定メカニズムをつくり上げ、要素価格を需給関係が決定する真の価格水準にできるだけ近づける。これをベースに、個別の企業が合理的な市場信号に基づき、合理的な意思決定ができるようにする。正確な価格信号を通じて、各経済主体が個別の企業活動を予測・調整できるようにし、イノベーションを継続するメカニズムを打ち立てる。

　良好な制度環境をつくる以外に、政府が主導的役割を発揮できる分野には、イノベーションにインフラを提供する公共品の分野及びイノベーションと関連する外部性や独占性を有する分野がある。イノベーションの過程で、受益者（あるいは被害者）と提供者が見誤られることによって、一部の外部効果は市場で全く考慮されることがない。例えば、普通教育、特に基礎教育の人的資源蓄積に対する重要な貢献、企業のイノベーショングレードアップが提供する公共知識とその外部への波及、インフラ建設が企業のビジネスコストの引き下げと投資収益率アップに与える積極的な影響、重大な基礎的科学研究及び人文社会科学の発展がイノベーションに与える推進作用など。これらの外部効果は、価格や需給関係などの市場要素によってすべて解決できるものではなく、政府がその中で本来の積極的役割を果たし、市場に足りない部分を補うべきである。

　さらに、強調しなければならないのは、政府は産業の選択や技術の選択において、過渡の干渉は慎むべきであり、直接市場の主体を演じるのは避けるべきだということである。例えば、最近の太陽光発電を代表とするいわゆる新興産業が経験した激動は、政府が技術の流れを直接主導し、間違った賭けを行い、大規模な重複投資を行ったことと無関係ではない。産業政策を実施しなければならない場合、政府が機能不全に陥るのを避けるために、選択的産業政策と機能的産業政策（Lall, 1994）、直接関与型と間接誘導型の産業政策を分ける必要があると考える。要するに、産業政策は市場の機能マヒ

を矯正する道具であって、市場に代わる道具ではないというのが、ここで言いたいことの核心である。すなわち、政府は産業政策実施の過程で、市場に取って代わろうとはせず、でき得る限り市場信号と私人活動の強化に努めるべきである。

三、政府の果たすべき役割

　新常態の下、政府と市場の関係は、党の第18期三中全会が決定した方向に沿って、改革と調整が行われることになっており、社会主義市場経済に合った政府と市場の関係が整えられる。

　市場メカニズムがある程度出来上がっていることをベースに、「資源配置において、市場が決定的な役割を担う」を実行するキーポイントは、新常態下の要素供給構造と効率の新しい特徴に積極的に対応し、要素の市場化改革を着実に進めることである。これは、新常態下で、政府が「役割をより良く発揮する」の内容の一つであり、正しい方向に向かって改革をリードすることを意味している。要素市場改革の根本的な目的は、各種生産要素の希少性を明確に示し、その上で価格を確定し、有効な競争を行う市場条件をつくりだし、各種資源の最適な配置を行うことにある。現在と将来の一定期間、市場化を更に進める分野としては、主に土地、金融及び社会経済資源分野を指向すべきである。具体的には、都市と農村の一体化を目標に、土地などの生産要素を都市と農村の垣根を超えて自由に流通させ、土地というこの最も重要な資源の配置効率を高めること。利率やレートの市場化改革を加速し、多層の資本市場を大いに発展させ、企業の直接融資比率を高め、より多くの資金がイノベーション型企業に流れるようにすること。水道料金、電気料金の改革を推進し、精製油や天然ガスなどの資源価格の市場化メカニズムを形成し、エネルギー資源節約と環境保護における価格のレバレッジ機能を十分発揮させることである。

　GDPで追いつき追い越せの時代が、しだいに遠ざかりつつある

のを背景に、政府、特に地方政府の行為を規範化し、政治の成績評価体系を整えることがますます重要なポイントになって来ている。旧常態下、地域間の経済競争が中国経済を急速に発展させた成功要因の一つであると国内外から広く認められている。このような戦略の下に、地方政府はともすると「準市場主体」の役割を演じ、地方経済の発展に積極的に参画し、推進している。特に、「最大の力、最速のスピード」式の投資と資源開発に熱をあげている。これはある時期において、ある程度地方の経済発展と雇用を促し、中国経済の奇跡を支えた。しかし、生産能力の過剰、債務負担（特に地方政府の債務）の高止まり、明らかな資産バブル、巨大な資源エネルギーの消耗、環境汚染の深刻化などの数多くの根深い問題を残している。

　新常態は新しい形の地方競争モデルをつくらなければならない。このモデルは伝統的なGDPの競争モデルを脱却する必要がある。今後の改革の方向を定めるとき、従来の地方の競争モデルは、伝統的体制の仕組みがつくりだしたものであり、したがって、これを変えるキーポイントは、現行体制の仕組みを変えることであると認識しなければならない。過去の地域間競争モデルは、現行中国の制度体系の下、地方政府が自然にかつ理性的に選択したものである。この制度体系は「GDPを大綱とする」政治業績考課制度や役人登用の枠組[36]及び間接税を主とし、企業所得税に過度に依存する財政体系[37]などを含めてである。これに対して、新常態下では、地方政府に対するGDP考課メカニズムを弱め、一方地方の公共サービス、市場の監督管理、住民の所得、雇用レベル、社会保障、治安維持、環境保護など多様な指標をより重要な位置におかなければならない。さらに、財政体制の改革も絶対に必要である。不動産税、消費税などの税収の割合、特に地方税収における割合を高めなければならない。こうして、地方政府の企業誘致と資本導入及び自身の投資に対する衝動がはじめて抑えられ、長い間存在する政府の「オフサイド」（矩を超える）という問題の解決に条件が整えられるのである。

　政府は市場競争分野からしだいに退出すると同時に、地方公共商品・サービスの提供者としての地位を強化すべきである。まず、政府は、市場の機能不全や不完全競争、外部性が存在するなどの状況下、司法体系や管理制度の樹立を通して、すなわち非行政命令の手段で、個別行為の主体の社会経済活動を規範化し、調整する必要がある。その次に、政府は生産型政府からサービス型政府にシフトしなければならない。公共サービスの提供面では、政府のサービス購入モデルを広範囲に推進し、政府の直接参画を減らすことである。事務的な管理サービスは、すべて原則的に市場メカニズムを導入し、契約や委託などの方式で社会から購入する。我が国では、所得レベルのアップ及び工業化と都市化による分業の細分化と人口の集中によって、市場行為主体の公共サービスに対する需要と期待が明らかに高まっていることに目を向けるべきである。これに沿って、ワーグナーの法則（Wagner's law）と国際経験に基づいて、公共支出のGDPに占める割合がしだいに膨らんできており、構造にも変化が生じている。こういった流れと背景の下、政府は積極的にサービス型政府にシフトすべきである。すなわち、マーケットにサービスが欠如している場合に、教育、衛生、養老、文化、都市インフラなど公共サービスを提供し、市場の秩序を尊重することを前提に、民間部門が関係分野の建設とサービス提供に参画することを奨励し、誘導する。

　政府は社会正義の擁護者としての役割を十分に担う必要がある。政府は「スタートの公平」と「ゴールの公平」の両方を考慮し、公共サービスの均等化のレベルアップとカバーする範囲の拡大に努めるべきである。特に、教育、衛生体系の均等化を通じ、スタートの公平を保障し、累進課税や移転支出、国有企業改革などを通じて、再分配の公平性を高め、ゴールの公平性を追求する。健全な制度・法規を作ることを基本にし、社会的事項の管理面では、社会の力を前面に出し、民間の非営利機構、特に慈善組織の発展を奨励し、誘

導するのも政府の仕事の内である。

　最後に、政府は自身の建設も強化し、パーキンソンの法則が予言した人員・組織の膨張、効率の低下、官僚主義の蔓延といった弊害（Parkinson, 1958）に陥ることを避ける必要がある。一つ目は、イノベーション型政府を樹立し、体制構造の改革革新によって、政府の活力を高め、社会革新の模範となること。二つ目は、廉潔な政府を樹立し、自律と外部からの監督を強化し、組織を簡素化し、職能を適正化し、政府の信用力、執行力及び行政効率を高めること。三つ目は、法治政府を樹立し、法に基づき国を治め、法律に基づき行政を行うこと。法律を神聖な位置におき、誰であろうと、どんなことでも法律の権限を超えてはならず、政府をして法治精神を実践するかがみとする。

四、地域発展と対外開放の新しい枠組みを創出

　新常態は我々に地域の発展と対外開放の新局面を切り開くよう求めている。国際環境から見ると、今回の危機以後、我々が直面している外部の需要は、明らかに減退しており、輸出主導の外向的経済発展にブレーキがかかっている。三十年余りの急速な発展によって、構造的矛盾と第二波の生産能力過剰が大規模に形成され、将来の発展に対する大きなリスクと圧力になっている。くわえて、米欧日など先進経済体は国際経済貿易に関する新ルールを模索し、国際経済の新秩序を整えようとしていることも、中国の発展にとって、多くの新しい制約となってきている。国内の新常態と国際経済の新しい枠組みに、主体的に適応し、リードするために、中央は「一帯一路」の戦略的構想を打ち出した。この構想は地域の発展と対外開放の新しい道を切り開き、新常態下での我が国経済発展の新しい成長ポイントとなっている。

　シルクロード沿線は大きな地域優位性を備えており、豊かな自然資源と広々とした前途がある。この数年、関係国は次々とこの地域

に対する戦略的構想を打ち出してきている。そのうち、影響力が大きいものは、日本の「シルクロード外交戦略」、ロシア、インドなどの「南北回廊計画」、EUの「新シルクロード計画」及びアメリカの「新シルクロード戦略」である。客観的に言えば、世界の主要国のこの地域に対する貿易自由化戦略あるいは地域経済協力構想は、我が国にとってチャレンジではあるものの、我が国が「一帯一路」戦略を実施する上でのチャンスともなっている。習近平主席は、このたちまち通り過ぎるチャンスを敏感にとらえ、機を逸することなく、「一帯一路」戦略を打ち出し、明確にこう指摘した。世界のチャンスを中国のチャンスにし、中国のチャンスを世界のチャンスにしなければならない。中国と各国が良好な影響を与えあいながら、相互に利するウィンウィン関係の中で、新しい道を切り開き、前進していかなければならない。

　「一帯一路」戦略は、国内外の大局に大きくかかわる壮大な戦略であり、新常態下の中国経済の発展と対外開放に必ず甚大な影響を与えるであろう。

　第一に、地域の協調的発展を促進する。

　地域発展のインバランスが、我が国経済に長い間巣くう持病である。二十数年の長きにわたって続けてきた西部開発、東北振興、中部勃興及び東部率先などの地域発展戦略の実施を通じ、各地域は自身の主たる機能や位置付け、優位性をしだいに見出し、この数年、地域格差は明らかに縮小している。「一帯一路」戦略の実施は、地域の協調的発展に新しいエンジンを提供するであろう。「一帯一路」の建設は、東部、中部、西部すべてにとって発展のチャンスであり、特に西部の一部地域は、以前は辺境の地であったところが、周辺国と結ばれることによって、「輻射センター」になり、発展のチャンスはいよいよ大きくなる。西部大開発と中部勃興戦略が打ち出されたのは、2000年以降であり、東部沿海地域に比べると対外開放のスタートが遅く、キャッチアップして行かねばならない。党の第18

期三中全会は、内陸辺境地域の開放を推進する戦略を打ち出し、それに焦点を合わせて新しく次のように求めた。スピードを速めて着実に実行していきさえすれば、内陸部と辺境地域の経済発展力を必ず活性化できるし、我が国周辺外交の重点発展ポイントと結びつけ、体制とメカニズムの革新を行うことにより、必ずや我が国内陸部と辺境地域の開放型経済レベルを全面的に押し上げるであろう。「一帯一路」戦略は中西部の開放を拡大し、中西部経済をグレードアップさせるメインエンジンとなるであろう。「一帯一路」は政策の重心を中西部地域においており、中西部地域を発展させる力と人材を引き付ける魅力を高め、地域経済の協調的発展を大いに促進する。現在「一帯一路」計画が関係する14の省・自治区・市のうち、9つが中西部にあり、国がインフラから財政サポート、人材の育成、雇用、対外開放など多方面にわたって、大きなサポートを行うことにより、これら中西部の省・自治区・市の潜在的発展力を大きく伸ばす。くわえて、これら省・自治区・市は「内陸」から「前線」に変わるため、東部の産業移転を受け、交通物流の到達能力を強化し、内陸港や税関特殊管轄区の設置など多くの措置を講じ、経済的潜在力を実際の経済発展の成果に変える。これは中西部の協調的発展に有利なだけでなく、中西部地域に人材を引き付ける魅力を高めることができ、新型都市化の3つの「1億人」[38]の奮闘目標実現にも寄与することができる。

第二に、産業移転とグレードアップを推進する。

「一帯一路」は東部地域の産業移転と過剰生産力の解消のために、広々とした戦略的迂回スペースを提供している。「一帯一路」戦略の重点は、相互接続である。相互接続は、交通インフラのハードの接続、規則制度やスタンダード、政策のソフトの接続、民間の友好信頼関係と文化交流を増進する人文接続の「三位一体」の接続であり、政策の意志疎通、インフラの接続、貿易の円滑な流れ、資金の融通及び民心の通い合いの5大分野をカバーしている。インフラ建

設は相互接続・交流のベースであり、優先分野である。交通などインフラ建設に力を入れ、「一帯一路」周辺国の協調的発展を実現する。一方では、沿線各国の発展戦略と基本建設計画とリンクさせ、比較優位性、後発優位性及び規模の経済の優位性を発揮し、世界のサプライチェーン、産業チェーン及びバリューチェーンにおいて有利なポジションを占め、総合競争力を高め、力強く、持続可能な、バランスの取れた成長を実現する。さらに物流と交通運輸インフラ面での協力を強化することを通じ、地域内の貨物と商品の越境輸送を促し、地域内の生産ネットワークを拡大し、地域の経済協力を深めていく。「一帯一路」の建設を通じ、我が国の産業移転とグレードアップに必要な発展スペースを確保することも可能である。生産能力過剰は、生産能力が遅れていることを意味するものではない。現段階で相対的に過剰となっている鉄鋼、セメントなどの産業は、中央アジア、東南アジア、南アジア、アフリカなど発展途上地域のインフラ建設のネックであるかもしれない。したがって、「一帯一路」戦略を通じ、我が国の一部の過剰な生産能力あるいは過剰な商品をこれらの国に移転すれば、我が国経済のグレードアップと「一帯一路」沿線国の発展に貴重なチャンスを提供することになる。

　第三に、束縛を打ち破り、全方位的対外開放を行う。

　「一帯一路」戦略の実施は、一方（シルクロード経済体）では、西に向かって開放を拡大することによって、中国、特に西部地域と中央アジア、西アジア、東ヨーロッパとの貿易往来と経済協力が強化される。もう一方（海上シルクロード）では、我が国と東南アジアの経済貿易関係を強固にし、それをしだいに南アジアやアフリカなどの地域に波及させていくことも可能である。「一帯一路」は、中国が全方位的対外開放の枠組みを形成し、東西の均衡のとれた発展を実現する重要な一環である。沿線国家のインフラの相互接続を通じ、域内貿易と生産要素に対して、適正化配置を行い、地域経済の一体化を促すとともに、国内産業の発展や転換、移転に広々とし

たスペースを提供するであろう。インフラの相互接続のための資金がネックとならないよう、新しい融資メカニズムを作らなければならない。世界銀行、アジア開発銀行など既存金融機関の有益な補完として、中国と関係諸国が共同でアジアインフラ投資銀行（AIIB）と開放的なシルクロード基金を設立した。これは中国資本の海外進出、過剰な外貨準備の有効活用及び人民元の国際化、いずれにも役立つ。第一段階のインフラの大規模建設、すぐ後に続く資源エネルギーの開発利用、その後の全方位的貿易サービス取引など、「一帯一路」戦略は新常態下での我が国経済発展の新しい成長ポイントになるであろう。また、米欧日など先進経済体が現在煮詰めている国際経済新秩序（TPP、TTIP、TiSA を代表とする）の構築を考えれば、「一帯一路」戦略は先進経済体が構築した「包囲網」を突破し、より大きな範囲の資源と市場の協力を追求するのに有利である。「一帯一路」の建設は、EU、北米自由貿易区と「三足鼎立」（3つの勢力が並び立っていること）の状態をつくりだし、国際経済の新しい枠組みの形成を加速し、経済のグローバル化に大きな影響を及ぼすであろう。

第四に、協力・ウィンウィンの新しいプラットフォームを構築する。

「一帯一路」は、新しい情勢の下、中国が対外協力を推進する重要な構想であり、我が国が現在の状況下で、世界との関係を発展させるウィンウィン戦略を示したものである。「一帯一路」の沿線国と地域が我が国との協力を通じ、共に発展する。しかも、この発展戦略はかなりの拡張性を有しているため、「一帯一路」のベルトの幅は広がり、道は延び続ける。メインベルトと幹線から支線が延び、道が分かれる。最終的には、密度の高い、複式構造の全世界接続ネットワークに発展する可能性があるため、世界中の数多くの国が期待を寄せている。

「一帯一路」沿線の多くは新興経済体と発展途上国である。総人

口は約44億、経済規模は約21兆米ドルであり、それぞれ全世界の63％、29％を占めている。これらの国はまさに経済発展の上昇期にあり、相互協力の前途は洋々である。我が国と沿線各国間の協力潜在力を深く掘り起こすことは、我が国の対外開放の枠組みにおける新興経済体と発展途上国の地位を必ず高めるであろう。2013年、中国と「一帯一路」の国との貿易額は1兆米ドルであり、中国の貿易総額の4分の1を占める。過去10年間、中国と沿線国の貿易額は年平均19％伸びている。これからの5年、中国は10兆米ドルの商品を輸入し、対外投資は5,000億米ドルを超え、海外渡航客は延べ5億人に達するであろう。周辺国及びシルクロード沿線国がまず利益を受ける。「一帯一路」戦略によって、中国のアウトソーシングが急速に伸びている。2014年1〜10月、中国が「一帯一路」の沿線国から請け負ったアウトソーシングの契約金額と実行金額は、それぞれ89.5億米ドル、73.2億米ドルであり、前年同期比21.1％、38.6％の伸びであった。そのうち、東南アジア11カ国からのアウトソーシング金額は35.1億米ドルで、前年同期比70％も伸びている。

　第五に、国家の経済安全保障である。

　「一帯一路」は我が国の資源、エネルギーの輸入ルート多様化に役立ち、同時に海上資源エネルギー輸送ラインの安全のために強固な礎を築いた。現在我が国の石油の対外依存度は60％を超え、天然ガスのそれは30％を超えており、エネルギーの安全が国の経済の安全の最重要部分となっている。中央アジア、西アジア地域は世界の石油、天然ガスが最も集中している地域であり、現在中国 - カザフスタンの石油、天然ガスパイプラインは中国、カザフスタン両国の繁栄のために、しっかりとした基礎を築き、また我が国が周辺諸国とエネルギー面での協力関係進めていく上でのモデルケースとなっている。

　「海のシルクロード」は現在の海上石油輸送ルートとかなりの部分重なり合っており、沿道の国と良好な経済貿易関係を維持するこ

とは、我が国のエネルギー海上輸送ラインの安全保障にとって大きな意味がある。

五、生態文明建設のための経済成長

　産業革命以来、人類はかつてない急速な経済成長と福利の改善を成し遂げた。しかしながら、生産生活方式が激変する中、人類の自然資源の消耗と環境の破壊が日ごとに激しくなっている。この流れの中で、発展の最前線に位置する西側諸国がいち早く環境汚染の負の影響を受け、国際社会も経済社会発展の長期的持続性の問題について、関心を向け始めた。特に、人口、資源、環境の圧力が増大するにつれて、発展理論は、「協調」の理念を逐次世代間に広げていった。1972年、マサチューセッツ工科大学のメドウズらの研究グループがローマクラブ成立後の最初の研究報告『成長の限界』を発表し、経済成長と資源環境の協調、人と自然の調和のとれた発展を深く掘り下げて明らかにした。報告書が論じた「合理的で持続可能なバランスの取れた発展」理念がすなわち持続可能な発展の萌芽である。1981年、アメリカワールドウォッチ研究所のブラウン所長が『持続可能な社会の建設』という書物の中で、「持続可能な発展観」について、一歩進めて体系だった叙述を行った。1987年、ノルウェーの前首相ブルントラント夫人が主催する国連環境と開発に関する世界委員会（WECD）が発表した『地球の未来を守るために』と題する研究報告で、発展の公平性、持続性、共同性の「三原則」から出発し、持続可能な発展とは「将来の世代のニーズを満たす能力を損なうことなく、今日の世代のニーズを満たす」発展であると主張した。この解釈はしだいに国際社会によって、広く認められていった。1992年ブラジルのリオデジャネイロで開催され、183の国と地域が参加した環境と開発に関する国際連合会議において、『環境と開発に関するリオ宣言』と『アジェンダ21』の2つの綱領的文書が採択されたことは、持続可能な発展観が経済、社会の発展

戦略を定める際の国際社会の重要な指導的思想となったことを表していた。

　中国について言えば、生態文明建設はかなりの紆余曲折を経てきた。

　改革開放が始まった頃は、経済建設がすべてに優先し、環境保護などは相対的に言ってさほど重要視されていなかった。当時、森林法、草原法、環境保護法などが相次いで制定され、資源節約や環境保護が基本的な国策となった。これは中国の現代化建設が歩むべきは、持続可能な発展の道であることを意味していたものの、発展理念や実践においては、依然として「まず開発し、後に対策する」のやり方を脱し切れていなかったのである。

　1990年代に入ると、経済の急速な発展にともない、環境問題がしだいに深刻になり、経済の持続的発展を制約する要因となってきた。当時、鄧小平は自然保護の重要性を再三強調しており、1994年中国は『中国アジェンダ21　中国21世紀の人口、環境及び発展に関する白書』を制定して、政府政策のガイドラインとし、1996年には『国家環境保護に関する第9次五カ年計画及び2010年の将来目標』という重要な計画を提出し、エコ農業、エコ林業、エコパーク、エコシティーなど生態建設に関する経験を広め、また世界環境保護活動にも積極的に参画し、世界の生態建設の主力軍となったのである。

　21世紀は環境の世紀であり、中国は生態環境の建設を工業化と現代化発展戦略の重要なポジションに位置付けている。党の第16期三中全会（中国共産党第16期中央委員会第3回全体会議）では、人間を基本とし、全面的に協調する持続可能な科学的発展観を打ち出した。党の第17回全国代表大会報告では、生態文明建設を打ち出した。党の第18回全国代表大会では、経済建設、政治建設、文化建設、社会建設、生態文明建設の五位一体の布石を打ち、生態文明建設をさらに高いポジションに位置付けた。

　中国は積極的に国際環境保護活動に参画し、責任ある大国という

イメージを高めている。特に取り上げるべきは『中米気候変動に関する共同声明』である。2014年11月12日、APECの期間中、中米両国は北京で『中米気候変動に関する共同声明』を共同発表した。声明において、中米両国は「初めて」気候変動を「人類が直面している最大の脅威」であると位置付け、気候変動問題の重要性と緊急性を最も高いポジションに押し上げた。中米双方が気候変動への対応を世界のアジェンダのより優先的なポジションに置くことに合意したことを示したのである。中米両国の首脳は、2020年以降、気候変動に対応する行動を始めると「初めて」宣言し、大きな影響を与えた。声明は、アメリカが2025年に2005年をベースに26〜28％温室効果ガスの排出を削減する経済全体の目標を達成し、でき得る限り、28％削減すると宣言した。中国は2030年頃をCO2の排出のピークとし、それをできるだけ前倒しするよう努力し、2030年には非化石燃料の一次エネルギー消費量に占める割合を20％程度にまで高める計画とした。今回の声明は、初めて2020年以降の中米両国の排出量削減目標とタイムスケジュールを明確にした。中米両国が将来低炭素発展を目指すという戦略で高度に一致し、全世界の温室効果ガス削減を実質的に推し進め、同時にその他の国に対して強力なモデルを示し、最終的には2015年にパリで開かれた国際気候変動交渉に大きな推進力を注入することになったのである。国連秘書長の潘基文は、『気候変動に関する中国・アメリカ共同声明』が発表された後、中米両国政府の2020年以降の温室効果ガス削減宣言を高く評価し、同時に両国の指導者が世界の気温上昇を2℃以内に抑えるという目標実現のために示した雄大な排出削減目標と行動の枠組みを歓迎した。潘基文秘書長はまた、この共同声明は、低炭素社会や気候変動対応型社会への将来的な転換が今まさに加速していることを示していると指摘した。

　現在、国際学会は数量化の視点から、世代間の公平性と自然生態面での持続可能な発展を考察している。主に2つの視点がある。1

つはフローの視点からのグリーンGDPの計算であり、もう1つはストックの視点からの総合国民財産の計算である。

　いわゆるグリーンGDPの計算は、GDPを計算する際、経済成長がもたらした環境資源の損耗と破壊の価値を見積もり、GDPから差し引いて、純国内生産高（EDP）と純国内所得（ENI）を求めるものである。2006年9月、国家環境保護総局と国家統計局が共同で『中国グリーン国民経済計算研究報告、2004』を発表した。これは中国すなわち発展途上国ではじめての環境汚染調整を経たGDP計算研究報告書であり、中国のグリーン国民経済計算研究と生態文明建設の重要な段階的成果であることを示していた。その試験的に行われた統計によると、2004年全国の環境汚染による経済損失は、5,118億元であり、その年のGDPの3.1％を占めていた。総合的に見ると、一定の参考的意味はあるものの、現在のグリーンGDP計算技術は未だ未成熟であり、環境破壊のコストを数量化する面で克服すべき点が多い。

　総合国富計算について、注目すべきは、国連環境計画（UNEP）がその他の機関（例えば、国連大学"UNU"、地球変化の人間的側面国際研究計画"IHDP"）と共同で、2012年のリオ地球サミットで、初めての世界『包括的富に関する報告　2012』を発表し、その中で「包括的富」（Inclusive Wealth、IW）が経済の持続可能な発展を測る全く新しい指標となったことである。IWの基本思想は、ノーベル経済学賞受賞者のケネス・アローが最初に提唱したもので、多くの著名な学者（ケンブリッジ大学パース・ダスグプタを含む）と生態学者の長年の研究を経て、最終的に2004年に研究成果が発表された。その後、ダスグプタは多くの文章を発表した。その中には『The Idea of Sustainable Development』（持続発展思想）も含まれており、IWの概念をより明確にした。この思想に基づくと、いわゆる持続可能な発展とは、生産力のベース（productive base）が委縮しない発展モデルであり、いわゆる生産力のベースは資本資産と制度を含

んでいる。資本資産は3つの種類に分けられる。(1)人的資本（健康、教育水準、技能など）　(2)生産資本（機械設備、工場建屋、鉄道と高速道路などのインフラなど）　(3)自然資本（自然資源、例えば土地、鉱山資源、水、森林、生態系サービスなど）　制度は文化、法律法規、社会的組織、社会ネットワークなど（制度は社会資本とも呼ばれる）を含む。いわゆるIWは社会の全資本資産価値の総和である。IWの計算については、2点強調しておく必要がある。一つ目は、あらゆる資本資産の価値は、すべて便利な会計価格で計算される。すなわち、すべて貨幣化される。二つ目は、IWはすべての資本資産を包みこんでいるが、後世の人の利益への配慮も含んでおり、これは主に自然資本価値の計算上に現れている。

　より広義の人と自然との関係から言えば、人類がこの星の上で、持続発展可能か、最終的には資源環境の積載能力と持続可能性にかかっている。環境と生態を無視した発展は、根本的に発展の持続性を台無しにする。過去三十年余りの我が国の高度成長は、高汚染排出と環境破壊をもたらした。深刻な生態系破壊は、旧常態下での粗放発展方式をこれ以上続けられなくしているだけでなく、我々の生活環境にも深刻な影響を与えている。1980年代から1990年代、生態系退化と環境汚染による経済損失は、GDPの8％に相当し、2005年からこの数字は低下しているとはいえ、依然として4％程度である。仮に生態系退化と環境汚染が引き起こしている経済損失を除けば、我々の真の経済成長率は5％程度しかないことになる。生態保護を無視した成長は、人間を幸福にすることなどあり得ず、このような経済成長はもちろん大幅に割り引きしなければならない。新常態下での成長は、発展した後対策するといった古いやり方をやめ、環境保護と生態文明建設に同時に注力しなければならない。

　習近平国家主席は、良好な生態環境は、最も公平な公共商品であり、あまねく民を潤す福祉であると述べている。生態環境保護は、すなわち生産力を保護することであり、生態環境を改善することは、

すなわち生産力を発展させることである。生態文明の新時代に向かって美しい中国を建設することは、中華民族の偉大なる復興を実現するというチャイナドリームの重要な中味である。中国は絶えず体制メカニズムを革新し、グリーン発展を推進し、美しい中国の建設に努める必要がある。

　生態文明の建設は一連の政策設計と制度面での保障が必要である。

　一つ目は、統計方法を改め、生態建設のコストを産出に入れなければならない。現在の経済的枠組みでは、絶対多数の環境保護、汚染対策、生態修復活動は、すべて経済運営のコストであり、成長実績から「控除」すべきものと見なされている。この問題を根本的に解決するためには、統計方法を改めなければならない。その基本的な方向は、これら産業投入を直接国民の産出に計上することであり、アメリカには既に先例がある[39]。こうして、生態環境を守り、治め、修復し、生態文明建設をしっかりと行うことによって、中国が新常態に入る際の新しい成長ポイントになり、経済社会の発展と生態環境保護のウィンウィン関係が成立するのである。

　二つ目は、環境アクセスを強化し、環境基準を厳しくすることである。省エネ環境保護型の戦略的新興産業を大いに発展させ、高エネルギー消費、高排出産業を厳しくコントロールし、経済構造を適正化することによって根本から改善する。

　三つ目は、生態環境保護分野の改革・革新を一層進め、自然資源とその商品価格改革を加速し、市場の需給関係と資源の稀少レベルを反映し、生態の価値と世代間補償を体現する資源有償使用制度と生態補償制度を打ち立て、整えていくことである。

　四つめに、重要部分と重点分野をしっかりと把握し、地域の強みを活かす発展方法に厳密に沿って、発展を推進し、生態保護レッドラインの画定を速め、大気、水、土壌汚染など目立った環境問題を重点的に解決することである。国土の開発方式を適正化し、生産、生活、生態の空間を科学的に配置し、自然により多くの修復スペー

スを残す。政府の統率・誘導機能を十分に発揮する。

　五つ目は、生態環境保護に一層力をいれ、健全な自然資源財産権法律制度、エネルギー、水、土地の節約集約使用制度、水、大気、土壌などの汚染防止制度を樹立する。新しく改訂された『環境保護法』の実施を確実に行い、環境法治を徹底する。

六、公平な所得分配を実現する

　成長のスピードや質、効率に注意するとともに、社会的公平性や人民の福祉の増進に関心を払いながら、包括的成長を促すことは、社会主義市場経済の基本目標である。最近、フランスのピケティのベストセラー『21世紀の資本』（Piketty, 2014）が世界の目を、再び収入と富の分配の不平等及びいかに包括的成長を実現するかという人類発展の基本的問題に焦点をあてた。前に述べたように、主流の経済学者は、所得分配の問題を経済成長の議論のテーマに含めない。しかしながら、金融危機の悪化が止まらないこと及び所得分配の悪化による経済的混乱により、経済学者は所得分配の悪化と経済的停滞との関係に目を向けざるをえなくなった。所得分配については、クズネッツ曲線が示すように、中所得国が往々にして最も深刻な貧富の差に直面することを示している。これはここ数年の「中所得国の罠」についての議論のポイントの一つであり、多くのラテンアメリカ、アフリカ、東南アジア諸国の経験やデータによって実証されている。率直に言って、中国の発展もこの軌跡と符合し、低所得から中所得に成長する過程で、所得格差もしだいに拡大している。しかし、資本主義国[40]と異なり、中国の所得格差には特殊性がある。それは体制からくるものであり、発展レベルの差によるものであって、格差の主な構成要素は、都市と農村の所得格差、地域所得格差及び業界所得格差などであり、資本と労働の対立は、少なくとも現在のところ主要な要素ではない。

　中国の都市と農村の所得格差は、発展レベルの問題であると同時

に、体制の問題でもある。世界のその他の国の歴史を総合的に見ると、基本的にすべての国の発展過程に、都市と農村の所得格差が大なり小なり存在する。根本的に言えば、都市と農村の所得格差は、事実上都市化への基本的な推進力である。その存在によって、農村人口がより高い収入を求めて、都市に移り住む。この視点から言えば、都市と農村の所得格差は発展レベルの問題であり、別の視点から言うと、体制の問題でもある。同じように都市と農村の所得格差が存在するといっても、中国の都市と農村の所得格差の程度と範囲の広さは、市場経済国でも極めて異例である。これは都市と農村の分割を生み出し、維持している戸籍制度を中心とする一連の制度と大いに関係がある。

　現在の研究成果から言うと、中国の都市部と農村それぞれの内部の所得格差は相対的に小さい。程永宏（2007）が累計所得分布関数の方法で計算した1981年から2005年までの都市部と農村それぞれのジニ係数を参考に、五等グルーピング計算法を使って2005年から2013年までの都市部と農村のジニ係数を計算し、これを程永宏の計算したジニ係数に対して外挿を行った結果が図6-5である。

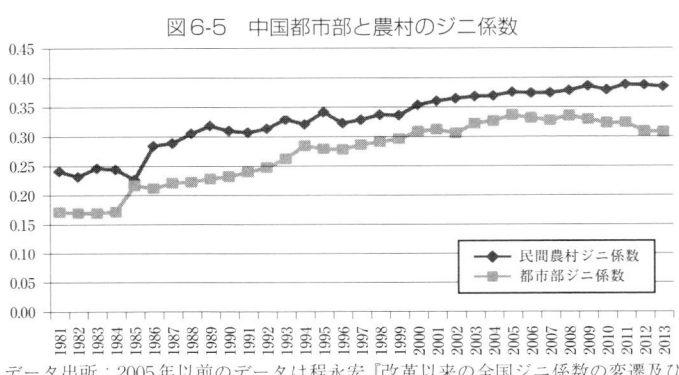

図6-5　中国都市部と農村のジニ係数

データ出所：2005年以前のデータは程永宏『改革以来の全国ジニ係数の変遷及び都市と農村の分解』『中国社会科学』2007年第4期に基づく。2005年以降は筆者の推計。

205

図6-5から容易に読み取れることは、まず農村と都市部の所得格差は、改革開放以来基本的に拡大し続けていること。次に、ジニ係数の絶対値から言えば、都市部と農村それぞれのジニ係数はそれほど高くなく、2013年の都市と農村のジニ係数はそれぞれ0.308、0.385であり、いずれも0.4の国際警戒線以下にある。これは国家統計局が公布した全国ジニ係数0.474より明らかに低い。農村のジニ係数は都市部より明らかに高い。これは主に都市部に比べ、農村の地域間格差が大きいことによる。しかし、一級の県・市をみると、所得格差はさほど大きくない。注目すべきは、2009年から2013年までの農村のジニ係数が基本的に安定しており、都市部のジニ係数は2008年から一定の下落を示していることである。都市と農村一体化戦略の推進と都市と農村の所得格差の縮小にともなって、中国の農村と都市それぞれのジニ係数が上昇段階を過ぎ、下がり始めたことを示している。

　都市と農村の所得格差が中国の所得格差の最も主要な部分である。これは中国の所得分配の研究において、異論をさしはさむ余地が全くないところである。もちろん、計算方法が異なれば、都市と農村の所得格差が中国全体の所得格差に占める割合も異なる。例えば、ジニ係数使って計算したSundrum分解計算法で得られた結果では、都市と農村の格差が中国全体のジニ係数に占める比率は1983年が最も低く46％、2003年には最高の64％に達し、2013年には59％に下落した[41]。タイル指数で計算した都市と農村の格差が全体所得格差に占める比率も50％を超えている。程永宏（2006, 2007）の新分解法を使えば、都市と農村の格差の比率は明らかに小さくなる。図6-6は我々の計算に基づく都市と農村のジニ係数及びSundrum分解計算法で計算した中国全体のジニ係数である。Sundrum計算法の近似特性はジニ係数を低く計算する傾向があり、その結果国家統計局が公布する全体のジニ係数よりも常に低いことに注意すべきである。

　そのほか地域間の所得格差、業界間の所得格差も中国所得格差の

重要な構成部分である。しかし、その重要性は都市と農村の所得格差よりも低い[42]。地域間の所得格差も大部分は発展レベルによるものである。中国経済は東南の沿海部から西の内陸の省に順次発展してきたという特徴があり、発展の過程で地域間に大きな所得差が生じた。業界所得格差の多くは、市場環境の下で生じた所得格差である[43]。中国の業界間所得格差に不満を漏らす人も多い。しかし、劉学良（2008）の計算では、中国の業界間所得格差は、明らかにまだアメリカよりも小さい。中国の所得格差の構造は、アメリカのような経済的に成熟した先進国とは明らかに異なる。中国では、所得の格差は主に体制や発展レベルから生じたものであり、市場性の所得格差の程度はまだアメリカより小さい。アメリカには中国のような体制や発展レベルから来る所得格差は確かにないものの、市場性の業界所得格差や、一般の労働者と企業の高級幹部・資本家との所得格差が存在する。

図6-6　中国全体のジニ係数と都市と農村の格差

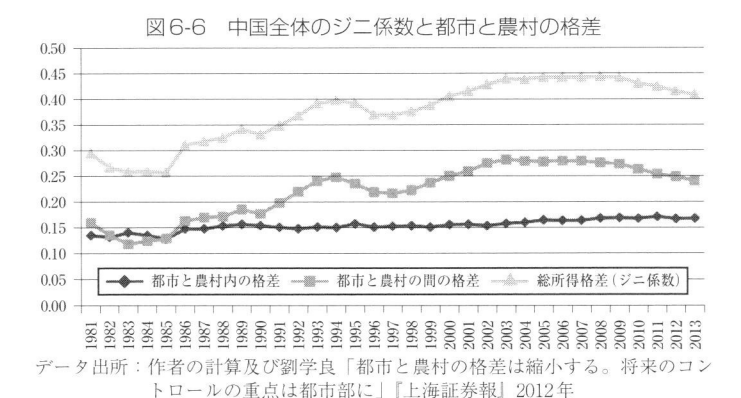

データ出所：作者の計算及び劉学良「都市と農村の格差は縮小する。将来のコントロールの重点は都市部に」『上海証券報』2012年

　中国の所得格差が体制から来るものであり、発展レベルの違いである以上、体制改革や発展レベルが上がるにともない、中国の所得分配格差にも当然変化が起こる。データはこの判断を後押ししている。2013年1月18日、国家統計局は初めて2003年から2012年まで

のジニ係数を公表した。それによると、2003年から2008年まで、中国のジニ係数は基本的に拡大傾向を示しており、2008年、最高の0.491に達した。2008年以降、ジニ係数は下落を始めた。2013年になって、最高点から0.469にまで落ち、0.022下落した。2000年に国家統計局が全国のジニ係数を公表して以降、絶えて公表されていなかったこのデータを国家統計局が再び公表したのである。データが公表された時、一部の学者や大衆がデータの真実性に対して公に疑念を呈し、特に2008年以降ジニ係数が年を追うごとに下落しているという結論に異議が唱えられたことは今なお記憶に新しい。

しかし、我々はどちらかと言うと、国家統計局のジニ係数分析は基本的に信頼できると考えている。所得の格差が2008年以降、しだいに縮小している現象は、我々の研究と計算及び観測データと合致している。危機以来の所得格差の縮小は、次のようないくつかの理由によると考えられる。

第一に、都市と農村の所得格差の縮小である。2009年以降、農村住民の所得が急速に伸びており、その速度が都市部住民を上回っているため、都市と農村住民の所得格差が縮小してきている。都市住民と農村住民の所得の比率は、1997年の2.47：1が2009年には3.33：1に拡大し、これをピークに下がり始めた。2009年から2013年までの都市と農村住民の所得の比率は、3.33：1、3.23：1、3.13：1、3.10：1、3.03：1である。都市と農村住民の所得格差が我が国全体の所得格差の30〜60％占めていることを背景に（上述の中国所得格差構造についての議論のように）都市と農村の所得格差の縮小は、所得格差全体に対して、明らかに引き下げ効果を発揮している。ここ数年の農村住民の所得急上昇は、農産物価格の値上り、農村社会保障の強化及び労働力市場における労働者給与、特に農民工給与の急激な伸びによるものである。農村住民の所得の伸びが都市住民より速いため、所得格差が目立って縮小している。

第二に、地域間の所得格差の縮小である。経済危機のショックに

より、ここ数年、東部沿海先進省の経済発展スピードが鈍化している。一方、産業移転などもあり、中西部地域の発展スピードが相対的に速いことが東部－中西部間の格差を縮小している（図6-7）。改革開放以来の相当長い間、我が国の経済成長には、経済理論で議論される条件収束現象（経済が遅れていればいるほど、成長率が高い）が起きなかった。逆に東部地域の経済成長速度が明らかに中西部より高く、これが地域間の経済格差を拡大させた。しかし、2007年から、東部地域の経済発展が停滞し、多くの産業が中西部のコストがより安い地域に移転することによって中西部地域の経済成長スピードが東部地域を上回り、条件収束現象が現れ、地域間の所得格差が縮小した。

図6-7　東部と中西部の経済伸び率

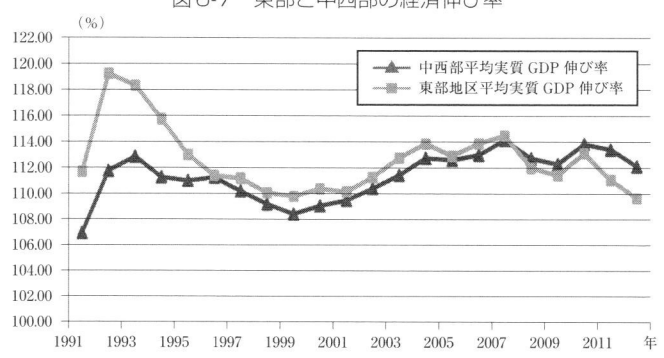

第三に、業界所得格差の縮小である。中国の所得格差を構成している主な2つの要素、すなわち、都市と農村の所得格差と地域間の所得格差が縮小し始めた時、そのほかの所得格差は2009年以降もはっきりとした拡大はしておらず、わずかながら縮小している所得格差さえある。業界所得格差を例にとると、タイル指数を使って、1995年以降の業界所得格差（都市部）を計算してみると（図6-8）、結果は同じように、2008年以降、縮小していることを示していた。

金融業などの高所得業界は、経済サイクルの影響が非常に大きく、経済成長が落ち込むとき、業界の所得の伸びも明らかに下がる。一方、低所得業界、例えば農林業、牧畜業、漁業、宿泊業、飲食業、住民サービス業など生活関連業界は、新常態下、相対的に高い所得の成長速度を維持している。こういった状況が業界間の所得格差を小さくしている。地域間の所得格差と業界間の所得格差の縮小によって、都市部の所得格差も2008年から縮小し始めた。ただ、農村の中の所得格差は、相変わらずゆっくりと拡大している。

図6-8　中国業界間所得格差（タイル指数）

業界間所得格差(タイル指数)

我々は中国の所得格差が2008年以降縮小していることを喜ぶべきである。その歩みはゆっくりとしてはいるが、今確かに起こっているのである。一部の学者は、中国はすでにクズネッツが提唱した逆U字型曲線の後半部に入っており、発展レベルが上がるにつれて、所得格差は引き続き縮小すると考えている。しかし、クズネッツの逆U字型曲線は自動的に実現するものではない。ましてや、クズネッツの逆U字型曲線の法則は確かなものではないことが、その後の研究で明らかになっているからである[44]。もしこれが一時的な現象であれば、将来中国の所得格差が引き続き縮小するのかは依然として未知数である。

　我々は将来中国の所得分配格差は、引き続き縮小する可能性が高く、少なくともはっきりと拡大することはありえないと考えている。この判断は、経済的なもの以外に、政策的なもの、技術的なものなどさまざまな面に基づいている。

　経済面から言えば、短期的には世界経済は依然としてポストクライシスの調整回復段階にあるが、世界と中国経済が新常態に入れば、中西部の経済発展スピードが一定期間東部を上回り、地域格差の縮小を促すであろう。農村住民の所得増加スピードが引き続き都市部を上回るであろう。中長期的に見ると、中国人口構造の変化、特に農村の余剰労働力の枯渇と都市化の進展が農村労働者の所得の上昇を速めるであろう。

　政策面から言えば、ここ数年、我が国は社会保障、医療保険、養老保険など数多くの人民生活を保障する政策をとり、農村や農業に対する補助も強化してきた。これらの政策は所得分配構造の改善に大きな役割を果たした。将来的には、人民生活を保障する更に多くの政策が実施され、またすでにスケジュール表に載っている所得分配体制改革方案が実施に移されれば、我が国の所得分配格差は、引き続き縮小に向かっていくであろう。

　統計と分析の技術から見れば、最も常用される所得格差を測る指標の計算と主に関係がある。ジニ係数のSundrum分解近似法にせよ、程永宏（2006）と劉学良（2009）が広めている累積分布関数計算法にせよ、学術研究では常用されるが、一般には知られていないタイル指数にせよ、いずれも所得格差全体をサブグループの所得格差の加重平均とグループ間の格差に分け、そのグループ間格差の加重平均のウェイトの中には、都市と農村の人口比率の乗積が含まれている。したがって、そのほかの要素がすべて変わらない（都市住民と農村住民の平均所得及び社会全体の一人当たりの平均所得）と仮定した場合、都市と農村の所得格差は、都市部人口の比率が大きくなるにつれて、最初は大きくなり、都市部の人口比率が50％に達

したとき、ピークを迎える。その後、都市部の人口比率が更に大きくなるにつれて、しだいに縮小する。このことは都市と農村の人口が半々になったとき、所得格差が最大[45]になることを意味している。ジニ係数のこの法則も我が国の所得格差が2008年頃ピークに達した理由を一部説明している。なぜなら、このとき都市部の人口比率が50％近くに達したからである。これは都市部の人口規模が50％を超えて増大し続けていくとき、都市と農村の所得格差が縮小していくことを意味している[46]。

　次に、そのほかの条件をあらかじめ設定した場合、将来都市部の人口比率が上昇するにつれて、都市部所得格差のジニ係数全体における寄与度が更に高まる一方、都市と農村間の格差と農村内部の格差における寄与度がしだいに縮小する。都市部の所得格差が農村の格差より小さいことが、ジニ係数全体を縮小に向かわせている。

　この角度から見ると、都市部住民の所得格差が我が国全体の所得格差に占める比率がますます大きくなってきており、将来的に所得格差をコントロールしようと思えば、都市部住民の所得格差縮小に重点的に力を入れるべきである。言い換えれば、都市部住民の所得格差をコントロールしさえすれば、所得格差全体をコントロールする仕事の大半は終わったといえる。

七、社会の流動性を高める

　所得分配格差は、主に同世代の人たちの断面的に見るものである。しかし、これが問題のすべてではない。言いたいことは、所得分配格差はもとより重要ではあるものの、各所得層の人たちの流動性も同じように重要かも知れないということだ。ジニ係数で測った所得格差がかつては非常に小さかった国もある。改革開放が始まった頃、中国のジニ係数はわずか0.3であった。旧ソ連、朝鮮などの計画経済の国では、所得格差は総じて小さかった。しかし、あのような所得分配構造は絶対に我々が望むものではない。なぜなら、それは

人々の経済的権利と自由を押さえつけることによって成り立つもの
であるからである。絶対的な平均主義を実現するために、人々は自
由を失い、人権は圧迫される。一方では、社会の階層が固定化され、
政治的な権利が人々の社会的地位や経済的地位を決定するとき、権
力者が政治的権利を利用し、自分の親族を庇護しようとすることは
必然であり、人間の社会的地位と経済的地位は、親の世代の地位に
よって決まることになる[47]。

　逆に、ジニ係数で測れば、大きな所得格差が存在するかもしれな
いが、所得格差が社会をゆるがす大きな問題になったことはないと
いう国もある。親の世代の目から見れば、自分は貧しいが、子ども
たちは自分の才能と努力によって頑張れば、成功を収め、貧しさと
いう運命から逃れられる。子どもたちの目から見れば、親は貧しい
が、自分は学校で頑張って勉強し、大きくなって一生懸命仕事をす
れば、才能と勤勉さによって、家族が幸せな生活を送れる。この現
象が社会の階層流動性である。社会の階層流動性が高いことは、そ
れが個人の努力や才能によるもので、そのほかの「剥奪」のような
手段[48]によるものではないということである。

　経済学の分野で、この種の社会的流動性を分析する主なツールは、
世代間所得弾力性（Intergenerational Income Elasticity）であって、
一人の所得（地位）が親の世代の所得（地位）に依存する程度をは
かるものである。社会の世代間所得弾力性が低ければ低いほど、社
会の流動性が高いということである。社会の世代間所得流動性の違
いが、効率や公平さの面で大きな違いを生じさせる。個人の天性と
努力によってもたらされた適度な所得差は、社会のメンバーが一生
懸命勉強し、仕事をするよう励まし、社会や経済の発展を促すだけ
でなく、大衆に強い再分配願望（BenabouとOk, 2001）を引き起
こさせるようなこともない。逆に、世代間流動性が低すぎるような所
得分配構造は、人々の勤勉に対する意欲を刺激することはない。た
とえ所得差が大きくなくても、階層の固定化は人々の不満を呼び起

こす[49]。

　経済学の分野における世代間流動性と階層の固定化の研究は、Beeker と Tomes（1979）の先駆者的仕事以来、膨大なものがあり、既に成熟した段階に入っている。これら研究成果から、さまざまな世代間所得弾力性の計算結果は、ジニ係数と同じように、すべて0と1の間にあることが分かっている。1は階層の完全固定化を意味し、人の経済的地位は完全に親の世代によって決まる。0は人の経済的地位は親の世代と全く関係ないことを意味する。もちろん、こういった2つの極端な状況が出現する可能性はない。表6-2は各国の世代間所得弾力性の推計値を取りまとめ比較したものである。

表6-2　各国世代間所得弾力性推定値比較

	Blanden (2011)	Nunez and Miranda (2010)	Corak (2006)	Solon (2002)	Lefranc et al (2008)	Irene Ng (2007)	Jantti et al (2006)	平均値
アメリカ	0.41	0.45-0.53	0.47	–	–	–	0.52	0.48
イギリス	0.37	0.39-0.59	0.50	0.42-0.57	–	–	0.31	0.45
イタリア	0.33	0.48	–	–	–	–	–	0.41
フランス	0.32	–	0.41	–	0.47	–	–	0.40
ノルウェー	0.25	–	0.17	–	–	–	0.16	0.19
オーストラリア	0.25	–	–	–	–	–	–	0.25
ドイツ	0.24	0.34	0.32	0.11-0.34	–	–	–	0.27
カナダ	0.23	–	0.19	0.23	–	–	–	0.22
フィンランド	0.20	–	0.18	0.13-0.22	–	–	0.17	0.18
デンマーク	0.14	–	0.15	–	–	–	0.07	0.12
日本	–	–	–	–	0.22	–	–	0.22
チリ	0.52	–	–	–	–	–	–	0.52
マレーシア	0.54	–	–	0.26	–	–	–	0.40
ネパール	0.44	–	–	–	–	–	–	0.44
パキスタン	0.46	–	–	–	–	–	–	0.46
南アフリカ	–	–	–	0.44	–	–	–	0.44
シンガポール	–	–	–	–	0.28	0.58	–	0.43

データ出所：『中国都市部世代間所得弾力性の研究：測定誤差と所得への影響の見分け方』工作論文2011

　国外の学者の世代間所得弾力性に関する推計結果は、一般的に0.2から0.5の間にあり、ジニ係数の主なレンジとよく似ていることがわかる⑩。ノルウェー、フィンランド、デンマークなど一部の北欧諸国は、世代間所得弾力性が0.2を下回っており、非常に高い社会流動性を示している。多くの国の世代間所得弾力性が0.4から0.5の間にあり、「アメリカンドリーム」で有名なアメリカの世代間所得弾力性は0.48に達し、そのほかの国より高い。このことから、アメリカの世代間所得弾力性の実態は、そのほかの多くの国に後れを取っていると言える。

　中国の研究はスタートが遅れたものの、既に大きな進展を見せている。現在の研究成果から言って、改革開放以来の中国の世代間所得弾力性は、次のような重要な特徴を持っている。

　まず、世代間所得弾力性の変化が非常に大きいことである。そのほかの国の経済と社会構造が比較的安定しており、世代間所得弾力性も長い間あまり変化していないのとは異なり、中国は改革開放以来三十数年、経済と社会構造に天地をひっくり返すほどの変化が起こった。このため、世代間所得弾力性の変動も非常に大きい。例えば、何石軍と黄桂田（2013）がCHNS（China Health and Nutrition Survey）データを用いて求めた世代間所得弾力性は、2000年が0.66、2006年はわずか0.35であった。陳琳と袁志剛（2011）の研究では、1995年と2002年のCHIPS（China Household Income Projects）データの個人の記憶に基づく所得によって推定した世代間所得弾力性は、1990 ～ 1995年には0.843に達し、1998 ～ 2002年には、0.38と大幅に下落している。0.6以上の世代間所得弾力性推計結果を、そのほかの国と比較してみると、中国は世界的に階層が極端に固定化され、社会的流動性が欠如した国であったといえるが、一方低い計算結果を見ると、中国の社会流動性はアメリカなどより高く、階層の固定化はさほど深刻ではないとも言える。改革開放以来の社会構造の変化の大きさが、この角度からも垣間見える。

次に、中国の世代間所得弾力性は、時間の推移とともに、下落するという特徴があるが、最近再び上昇する兆しが見られる。陳琳と袁志剛（2012）の研究を例にとると、1988年、1995年と2002年のCHIPSデータと2006年のCGSS（China General Social Survey）データを用い、中国の世代間所得弾力性を推計した結果では、都市と農村の世代間所得弾力性は、時間の推移とともに下落する傾向を示しているものの、下落のスピードはしだいに鈍化している。そのうちCGSS2006データを使って得られた農村の世代間所得弾力性は2002年よりわずかながら上昇している。何石軍と黄桂田（2013）のCHNSデータを使った研究で得られた結果では、2000年、2004年、2006年と2009年はそれぞれ0.66、0.49、0.35及び0.46であり、中国の世代間所得弾力性がおおむね下落傾向にあることを示しているものの、2009年の世代間所得弾力性は、2006年より明らかに高くなっている。

その他の学者の研究成果を参考に、中国世代間所得弾力性の今後の動向と背後にある原因を総括し、これをベースに、将来どうなるかを判断し、提案をしてみたい。

まず、中国の世代間所得弾力性の下落は、全体的には改革開放による経済自由化が招いたものである。過去の計画経済体制モデルは、企業を縛り付けるとともに、個人の自由も束縛した。このようなモデルでは、高い世代間所得弾力性が現れ、社会の流動性は必然的に失われる。大規模な人口の流動や移動は発生せず、人々が移動する範囲が非常に狭く、職業や身分の変化も小さく、都市部の労働者の子どもは「子が父の仕事を継ぎ」引き続き国営あるいは集団工場で働き、農民の子どもは「子が父の仕事を継ぎ」引き続き土地を耕す。したがって、所得と地位は、ほとんど親の世代によって決まるのである。市場化改革は明らかに一歩一歩こういった硬直化した体制を打ち破り、人々、特に若い人たちは、一つには都市と農村、すなわち地域の移動を実現し、もう一つには職業と身分上の転換をなしと

げた。彼らは親の世代の人生の軌跡に別れを告げ、所得と社会的地位も親の世代との関係が薄くなった。

　その次に、経済の市場化、自由化という大きな背景以外に、細かい点にも注意を払う必要があり、これが中国の世代間所得弾力性の将来を判断する上で非常に重要である。

　中国の過去の世代間流動性の上昇あるいは世代間所得弾力性の下降は、主に貧しい人たちによるものであった。特に農民の子女が進学や転居を通じて、親の軌道を離れることによって実現したものである。一方、豊かな人々の世代間所得弾力性は、今なお高く、改革開放が進む中でも、下落の程度は相対的に小さい。この解釈は我々が中国の発展過程に対して抱く直感と完全に符合する。現代の中国において、農民が農村と農業を離れなければ、所得と階層はほとんど変わらない。親の世代の農民との本質的な違いはありえない。しかし、農民の子どもたちが脱農業を実現し、都市に移り住んだ場合、仕事、所得及び生活は異なるものになり、親の世代の軌跡を離れ、世代間の所得相関性が下落する結果となるのである。しかし、もともと社会の富裕階層である人たち、特に都市の住民にとって、改革が生み出した子どもと親の世代の断裂はずっと小さい。彼らはもともと都市に住み、非農業の仕事に従事していた。大部分の子どもたちも同じである。これが都市住民の世代間所得弾力性が却って高い原因である。陳琳と袁志剛（2012）の研究はこの解釈を証明している。彼らの推定結果では、農村の世代間所得弾力性は明らかに都市より小さく、低所得層の世代間所得弾力性は明らかに高所得層よりも小さいことを証明している。

　住居移転と世代間所得弾力性に大きな関係があるのか、更に分析してみよう。経済的に言えば、一般的に移転は経済的な改善を求めて行うものであって、特に遅れた地域から発達した地域への移転はそうである。孫三百（2012）の研究は、CGSS2006のデータを使って、世代間所得弾力性を計算し、比較した結果、移転者の世代間所

得弾力性は明らかに低く、係数で見れば、非移転者の2分の1にも達しない。これは住民の居住移転の自由を保障することが社会階層の固定化を下げるのに積極的な役割を果たしていることを示している。さらに、先進地域における移転と未移転集団間の世代間所得弾力性に差がないことが研究結果によって分かっている。これも直感に合致することであって、上述の都市部住民の世代間所得弾力性と同じように、もともと豊かな地域に住んでいる場合、たとえ移転したとしても、貧困地域から豊かな地域に移転するときのような親の地位から離脱する効果は得られない。最後に、先進地域住民の世代間所得弾力性は、遅れた地域の未移転者よりも低い。これは階層の固定化が最も強く、社会の流動性が欠けているのは、貧困地域に生活し、障害（教育、年齢、労働技能などによる障碍）があって、移転できない集団であり、彼らは親世代の低所得の特徴を強く受けつぎ、世代にまたがる貧困の落とし穴に落ち込んでいる。

　過去の世代間所得弾力性の下降（社会流動性の上昇）の背後にある詳しい事情から判断して、中国の世代間所得弾力性は将来の一定期間上昇する、すなわち社会流動性は下落すると我々は見ている。その根拠は、前述の人口構造、農村の余剰労働力などに関する議論と同じである。

　一つ目に、子どもと親、特に貧しい親の軌跡からの離脱は、主に彼らが労働力市場に入って所得を得るときに起こる。したがって、突然数多くの若者が都市の労働力市場に流れ込んだ場合、この若者たちと親の世代との所得依存関係は明らかに小さくなっている。これは社会全体の世代間所得弾力性を小さくし、社会流動性を高める。しかし、これらの若者がしだいに根をおろし、社会に新しい労働力の増加が目立って少なくなった場合、社会全体の世代間所得弾力性に再び上昇の傾向が現れてくる。

　二つ目に、今までの議論で明確になったように、中国農村労働力の都市部への移転の潜在力が明らかに小さくなっており、農村の余

剰労働力もさほど多くなく、農村の高齢化が急速に進んでいる。これは農村から都市への移転による社会全体の世代間所得弾力性を引き下げる効果がしだいに弱まる可能性があり、世代間所得弾力性が上昇し、社会の流動性が弱まることを意味している。

　三つ目に、現在の研究成果から見ると、都市部住民の世代間所得弾力性が相対的に高く、都市部の人口比率の上昇によって、社会全体の世代間所得弾力性が高まる傾向がある。

　それでは、どうすれば世代間所得弾力性を低く抑え、社会流動性を高めることができるのか。海外の学者はこの面で多くの研究を行っており、十分な解答を準備してくれている。その中で最も主流を占めているのが、スタートの公平さを保障する考え方であり、これには、政府の教育、営養及び医療衛生面での十分な努力が必要である。社会全住民の基本医療を保障し、個人医療費の家庭の所得に占める割合を減らし、児童の病気が治療できないことによる人的資本蓄積面での損失を減らすこと。住民、特に児童と青少年の食事と栄養を保障し、児童の知力と身体発育面の家庭の収入への依存を減らす。住民、特に児童と青少年に対する十分な教育を保障し、教育の家庭の収入への依存を減らし、彼らの人的資本レベルが「金持ちの父親」によって決まるのではなく、知力や才能によって決まるようにしなければならない。

　中国には一部特殊な事情があり、これに注意して社会の流動性を保つ必要がある。すなわち、住民の自由に移動できる権利を保障し、労働力の自由移動に対する制度的障害を徹底的に排除し、改革しなければならない。特に戸籍制度をはじめとする労働力の自由な移動を阻害する医療保障制度、養老保険制度、土地制度などである。我々は中国経済の新常態がこの問題を解決するために、良好な社会的、経済的な条件を提供すると信じている。

① Ouyang and Peng（2014）はセミパラメトリック処置効果モデルを用いて、4兆元の経済刺激策はその後2年間の中国の質GDP成長率を約3.2％押し上げたと推計した。しかしこの政策の効果は2010年には早くも薄れて、このモデルのもとでは、経済刺激計画を行った2010年の後の経済成長と、計画のない場合の成長（事実でない）との間に明確な差がなかった

② IMFによる予想では、中国経済の2014年の成長は7.4％で、以後次第に下降し、2019年には6.3％、2015 ～ 2019年の平均は6.6％としている。

③ 外国の学者の中には、米国経済が回復した際には、米国の年平均成長率は、危機以前の、3％の潜在成長率まで回復できるという見方もある。しかし、前述の長期停滞の観点ではこの見解を実際上否定している。

④ 林毅夫、2014：中国経済増長的可持続性、《大碰撞2014》、中国経済出版社

⑤「我々の理解」の後の内容は、筆者の見解による。

⑥ サービス業の多くは、貿易ができない。このためこの分野での国際競争の圧力は大きくない。これも多くのサービス業で効率が相対的に低下し、速度を遅らせる原因である。

⑦ 三次産業構造のこうした変化が経済成長にもたらす影響は、先進国の発展プロセスで、同様の重要な作用をもたらした。（袁富華, 2012）

⑧ 現在、中国の戸籍制度改革に関する議論は、多くが戸籍成都の破棄が福祉の均等化とそれによる財政負担に集中している。こうした議論はさらに多くのコストに関する議論を呼び起こす一方、制度の変革がもたらすより効率的な労働力配分や経済効率の押し上げという全面的な影響を無視している。（都陽等, 2014）

⑨ 羅徳明、李曄と史晋川（2012）の中国製造業企業の研究によれば、国有部門が政府の造った要素市場政策の歪曲により得ているのは、さらに低いコストの要素投入（例：資金コスト）、税収と政府補助金、制約のある参入、撤退の意志決定（効率の低い国有企業が保護されているため市場からは撤退しない）等である。その計算では、約80％の効率の損失が、政策のゆがみにより企業の生産性に直接影響しているためとされる。もしこのゆがみを克服できれば、企業の全要素生産性は9.15％、1人当たりGDP は115.61％に引きあがる。

⑩ Hsieh and Klenow（2009）の研究によれば、もし中国企業の間の資本と労働力のミスマッチが減れば、資源分配レベルはアメリカと同じ程度になり、製造業のTFP（全要素生産性）は30 ～ 50％となる。

⑪ 人口ボーナス（Demographic dividend）は経済学上、総人口の中に占める労働人口の割外が上昇することによる、経済成長の効果を指す。労働人口比が増加することにより、人的資本の増加、貯蓄率の上昇をもたらし、このため経済成長が促進される。経済発展史からみて、こうした人口ボーナス期は通常20 ～ 30年持続する。

⑫ 同じ時期、ドイツ製造業の単位コストは4.4％、韓国は4.8％上昇し、米国は4.6％日本は3.7％下降した。

⑬ 2009年以降、中国労働市場での「求人倍率」は持続的に1を越えている。

⑭ 経済成長とは増加という概念であり、仮に資本と技術などの条件に変化がないとすると、経済成長は完全に新たな労働力の増加によって決定される。

⑮ ここでの比較は、公称値であり、購買力平価は使用していない。

⑯ 白重恩と 張瓊（2014ｂ）は中国の省レベルのデータ推計を利用して資本収益率を研究し、やはり中国の資本蓄積の効率が下がり続けていることを裏付けている。

⑰ 過去の研究によれば、社会が民主的かどうかは経済成長に明確な影響はない、もしくはややマイナスとなる傾向がある。これは国の発展初期には、経済成長は投資戦略による生産効率の向上に大きく影響されるからで、政府が強力に効率的な組織と整理統合された資本、労働力、土地などの生産要素により、一定以上の投資効率を上げることが可能だからである。

⑱ もちろん、汚染対策、環境保護は経済的にも悪いことばかりではない。例えば環境保護産業はこれにより発展するだろうし、抑制を受けた工業もサービス業などの発展を通して埋め合わせることも可能である。

⑲ 予想処理コストとは、現在排出されている環境中の汚染物質を現在の処理技術水準で全て処理した場合に必要な支出のことである。これは汚染処理コストの最低限の見積もりであり、その他の環境悪化と生態系破壊がもたらす損失は完全には予想処理コストには含まれていない。環境保護部環境規画研究院の長年の研究から見て、予想処理コストは、中国GDPの1.5％前後である。

⑳ このうち、北京、天津の産業構造の転換を行い鉄鋼生産量が減少しているため、この地域の粗鋼は基本的に河北省で生産されている。

㉑ 中国のPPIは、2012年３月から35カ月連続でマイナスとなっている。

㉒ この意味では、近年中国政府が耐久消費財について農村へ普及させる政策を取っているのは、非常に良い観点のマクロ経済政策である。

㉓ 陳訓波、武康平及び賀炎林（2011）は、2009年三省の農家調査のデータを分析し、農地の流通がある程度農家の生産における技術効率を下げる事を発見した。しかし、農業の大規模化により効率化が明らかに進むので、それが技術効率による損出を大幅に上回り、農家の全要素生産性を大きく向上させる。農地の流通により、大規模な農業経営に転換でき、生産における資本と土地の集中により、単位面積あたりの労働占有が明らかに減少する。

㉔ 国家統計局による農民工の調査から見ると、2012年、農民工が職場の宿舎や工事現場の小屋に住む比率は43％で、借家は33％、働く場所で住宅を購入するのは1％に満たない。

㉕ 劉学良『市民化、都市化がなければ、経済に対する働きは限られている』第一財経日報、2014.12.4

㉖ 章錚『大多数の出稼ぎ労働者は、町に入り込めない』第一財経日報、2012.12.6

㉗ 2001 ～ 2011年の10年間、中国の市街地の人口密度は、0.85万人／㎢から0.73万人／㎢、１人当たり建築面積は112.1㎡／人から137.3㎡／人となり、国の80 ～ 120㎡という基準を超え、また先進国のレベルに到達もしくは超えている。

㉘ 都陽などは次のように考えている。戸籍改革が実行に移された場合、労働力の一層の流動を促すことを通じてもたらされる効率の改善と生産力のアップが、毎年大体経済成長率を1.6 ～ 2.0ポイント押し上げ、1兆元を超える経済効果をもたらし、いわゆる改革のコストを完全に帳消しにできる。（都陽、蔡

防など　2014、都陽『戸籍改革が始まれば、毎年兆元を超える収益が出る』、新京報2014年10月14日

㉙ 国家統計局のデータによると、2012年の中国都市部住宅竣工面積は、1999年の1.92倍である。2012年都市部住民の住宅総面積（一人当たりの居住面積×都市人口）は1999年の2.76倍であり、総じて言えば、この時期の都市の住宅供給は大幅に増加している。

㉚ 北京の不動産開発データを見ると、過去十数年来の年間住宅竣工軒数は、ほとんど増えていないし、一定の下落さえしている。2002年頃、毎年の住宅竣工軒数は、平均20万戸近くであったものが、2012年頃には15万戸程度であった。北京市人口の爆発的増加と収入の急速なアップの中で、住宅供給が逆に減少している。価格が暴騰するのもむべなるかなである。

㉛ 2015年上半期より、国土資源部が中心に進めている不動産登記制度の全国的実施は、注目すべきである。これは全国の不動産市場をすべて白日のもとにさらすような効果を持っている。

㉜ 現在中国は住民自身の住宅建設を禁止している数少ない国である。すなわち、不動産開発業者が当該市場を独占している国である。

㉝ 北京大学国家発展研究院課題グループ『中国はできるだけ早くTPPの話し合いに加わるべきである』『第一財経日報』2013年10月14日

㉞ 中国社会科学院研究所の常欣研究員が本節の作成に大きな役割を果たした。

㉟『中共中央の全面的に改革を深化する若干の重大問題に関する決定』人民出版社2013年版、P.12-13

㊱ 役人の昇進と地方経済の成績に関する過去の実証研究では、役人在任中の地方のGDPと財政状況が役人の地位と昇進を決める重要な要素であることを証明している。これは役人の動機という角度から見れば、地域経済の競争を一部あおっている。これ以外にも、任地の経済発展、特に企業誘致と資金導入の過程で、昇進以外の直接的経済利益を手に入れることができる。

㊲ アメリカなど先進国の税収体系が主に個人所得税、不動産税、消費税など直接税に依存しているのと異なり、中国の税収体系は企業の段階で徴収する税収に過度に依存しており、地方政府は財政収入を得るために、企業誘致と資金導入、工業の発展と資源開発を追及させられている。

㊳〔訳注〕2014年3月開催された第12期全国人民代表大会において、李克強総理は「新型都市化」を打ち出し、次のような3つの1億人を奮闘目標に掲げた。「1億人の農業人口を都市部に定住させる」、「1億人が住む都市部のバラック地域など開発が遅れている地域を改善する」、「中西部の1億人が住む地域の都市化を進める」

㊴ 2013年4月、アメリカはGDPの統計方法を調整することを正式に決定し、「研究開発」（R&D）を国民の産出に計上するようにした。こうすることによって、映画版税（文化産業に関係する）の計上と相まって、アメリカのGDPを過去に比べ、3％押し上げた。1999年、アメリカはコンピューターソフトをGDPに計上するようになった。

㊵ ピケティは、資本主義国の主な問題は、依然として生産分野においては資本が労働を支配し、所得分配の分野においては利潤が給与を浸食することであると考えている。

㊶ 注意を要するのは、Sundrumの計算法は、近似計算法であり、全体のジニ係数がある程度低く見積もられていることである。劉学良（2009）参照

㊷ 劉学良（2008）はタイル（Theil）指数計算法を用いて、中国のいくつかの主要所得格差の程度を比較した結果は次のようになった。都市と農村の所得格差＞地域間の所得格差＞業界間の所得格差。その比率は2.68：1：0.72である。

㊸ もちろん、一部の業界間所得格差は独占的業界の高所得などが原因である。岳希明、李実など（2010）

㊹ クズネッツの逆U字型曲線は普遍の法則ではない。例えば、Lindert（2000）はクズネッツの逆U字型曲線に対する記述で、Kuznets curve flickersと称している。

㊺ 簡単に言えば、ジニ係数分解計算法の一項に都市と農村の人口比率の積がある。αuを都市部人口の比率とした場合、都市と農村の人口の積は、αu×（1-αu）であり、この一項はαuが50％に達したとき最大になる。

㊻ 周雲波（2009）も一つの数理モデルとジニ係数を用いて、都市と農村の人口構造の比率がジニ係数に与える影響を証明した。

㊼ 一部の研究者は、この階層の固定化を打破しようとしたのが、毛沢東が文化大革命を発動した理由の一つであると考えている。

㊽「剥奪」のような手段は、もちろん短時間に社会の大きな流動性を実現できるものの、このような流動性は、一方では、社会の不安定さと暴力を意味するものであり、もう一方では、富と権利の再分配であって、富の創造ではなく、常に富の破壊をともなうものである。

㊾ このため、蔡洪斌（2011）のような一部の学者は、社会の流動性が我が国の長期的発展の保障と「中所得国の罠」を乗り越えるために、極めて重要であると考えている。

㊿ もちろん、これは両者が理論上必然的な関係があることを意味しない。

▶結び

　現在、中国経済の発展にとって最も大切なことは、旧常態から新常態にスムーズに移行することである。

　本質から言うと、過渡期にやるべきことは、旧常態の下で積み重なったさまざまなインバランスや不調和、そのままにしてはおけない矛盾を解消するとともに、これらの矛盾を作りだしている社会的、経済的ベースを取り除くことである。これをやり通す道は、党の第18期三中全会、四中全会の決定を真剣に貫徹実行し、中央経済工作会議の精神を実行に移し、改革を更に深化させ、法による統治を全面的に押し進め、理念、心構え、戦略及び政策などあらゆる面で調整を行い、主体的に新常態に適応し、全面的な改革の深化を通じ、想定された望ましい未来像に向かって、新常態を積極的に導き、進んで行くことである。

　旧常態から新常態への転換においては「マクロ政策は安定し、ミクロ政策には柔軟性があり、社会政策には根拠があるという全体的な考え方」を必ず堅持し、マクロ政策の連続性と安定性を保たなければならない。

　マクロ経済の安定性を保つために、新常態下の潜在的成長率、雇用及び物価水準の弁証法的関係を正しく処理しなければならない。我々の分析では、これから先の5年から10年、我が国の実質経済成長率が潜在的成長率程度を維持できるならば（第四章参照）、低インフレ率の下、2020年に「2つの倍増」目標（GDPと個人平均所得を2020年に2010年の倍にする目標）を実現できる。さらに、GDPに対する非農業雇用弾力性と労働力供給の関係についての中国社会科学院の研究に基づけば、2013年〜2017年、我が国が7％前後の経済成長を維持できれば、都市と農村の雇用の安定を保障できるということだ。これは、これから5年〜10年、我が国の経済運営は

余り無理をせずに、余裕をもって転換が進められることを意味している。

　転換を進める過程で、マクロ経済政策は当然ながら構造的（定向）調整を重視する必要がある。構造の問題は、発展経済学の重要な構成部分であり、中国を含む多くの発展途上国が、経済発展の実践において遭遇する最も手の焼ける重要で複雑な避けて通れない、それだけに真剣に取り組まなければならない核心的問題である。産業、企業、市場、需要など国民経済の重大分野の構造から出発して、財政政策、通貨政策及び産業政策を総合的に実施し、国民経済の各種構造的ねじれを是正し、マクロ経済政策を新情勢下における新しい発展の力としなければならない。

　経済の転換を図る際のポイントは供給管理にある。いわゆる供給管理とは、主に企業と市場の活力を刺激することをポイントとする体制メカニズムの改革であり、相応の政策アレンジ、例えば市場参入条件の緩和、税負担の軽減、融資コストの引き下げ、労働や資本、土地、資源など要素市場の効率化などの措置である。

　供給サイドからの調整は、先進国の経験や教訓が参考になる。1970年代のアメリカのスタグフレーション、またさほど遠くない過去に起こった日本のバブル経済など、一時期激しさを加えていた根本的原因は、政府が全体的に潜在成長率を見誤り、主に需給管理政策によって経済を刺激しようとしたためである。さらに、アメリカが最終的にスタグフレーションを脱する一方、日本は「失われた20年」に陥り、自ら抜け出せなくなったキーポイントは、前者が最終的に調整の重点を供給サイドに向けたこと（"サプライサイド経済学"や"レーガノミクス"が出現した）、一方日本は旧態依然たる需給管理を行い、時代にマッチした対応をしなかったことである。現在中国の状況は、当時の米日と似ているところがある。我々はその経験と教訓を真剣に研究し、供給と需要の両面からマクロ政策を実施し、新常態下での経済の転換とグレードアップを促していかねばならない。

参考文献

[1] Abiad, A., Detragiache, E., and Tressel, T. (2008), A new database of financial reforms, IMF, WP/08/266.

[2] Acemoglu, D., Aghion, P., & Zilibotti, F. (2002). Distance to Frontier, Selection, and Economic Growth. National Bureau of Economic Research. No. w9066

[3] Acemoglu, D., Akcigit, U., & Celik, M. (2013). Young, Restless and Creative: Openness to Disruption and Creative Innovations. National Bureau of Economic Research. No. w19894

[4] Aghion, P., Alesina, A., Trebbi, F., &Research., N. B. of E. (2007). Democracy, Technology, and Growth. National Bureau of Economic Research,No.13180.

[5] Aghion, Philippe, and Peter Howitt. 1998. Endogenous growth theory. Cambridge, Massachusetts: The MIT Press, London, England

[6] Aizenman, J., Lee, J., and Sushko, V. (2010), From the Great Moderation to the global crisis: Exchange market pressure in the 2000s, National Bureau of Economic Research,No.16447.

[7] Armstrong, A., Caselli, F., Chadha, J., and Haan, W. (2014), Has the West entered secular stagnation? Results from the Centre for Macroeconomics October survey, Vox: http://www.voxeu.org/article/secular-stagnation-survey-uk-based-macroeconomists

[8] Azzimonti, M., Francisco, E., and Quadrini, V. (2014), Financial globalization, inequality, and the rising public debt,American Economic Review 104 (8), pp.2267-2302.

[9] Becker, G. S., & Tomes, N. (1979). An equilibrium theory of the distribution of income and intergenerational mobility. The Journal of Political Economy, 1153–1189.

[10] Benabou, R., & Ok, E. A. (2001). Mobility as progressivity: ranking income processes according to equality of opportunity. National Bureau of Economic Research, (No. w8431).

[11] Bernanke, B. S. (2004). The Great Moderation. Federal Reserve Bank of St. Louis. Retrieved from http://www.federalreserve.gov/Boarddocs/Speeches/2004/20040220/

[12] Bernanke, B. S. (2005), The global saving glut and the U.S. current account deficit, Speech on March 10, Federal Reserve Board.

[13] Blanchard, O. J., & Simon, J. (2001). The Long and Large Decline in U.S. Output Volatility. Brookings Papers on Economic Activity, (1), 135–174. doi:10.1353/eca.2001.0013

[14] Borst, N. (2012). Urbanization and Economic Growth in China. Peterson

Institute for International Economics

［15］Bussière, M., Pérez-Barreiro, E., Straub, R. & Taglioni, D. (2001), "Protectionist Renponses to the Crisis : Global Trends and Implications", The World Economy, pp.826-852.

［16］Buttiglione, L., Lane, P., Reichlin, L., and Reinhart, V. (2014), Deleveraging? What deleveraging? Geneva Reports on the World Economy, No. 16.

［17］Chang,Ha-Joon, (2003),Kicking Away the Ladder: The "Real" History of Free Trade. Washington, DC: Foreign Policy In Focus, December 30

［18］Clarida, R. (2010). The Mean of the New Normal Is an Observation Rarely Realized: Focus Also on the Tails. Global Perspectives PIMCO, (7).

［19］Clark, T. E. (2009). Is the Great Moderation Over? An Empirical Analysis. Federal Reserve Bank of Kansas City Economic Review, 2009, 5–42.

［20］Crafts, N. (2014), Secular stagnation: US hypochondria, European disease? inSecular Stagnation: Facts, Causes, and Cures, Teulings, C. and Baldwin, R.(eds.), CEPR Press, pp.91-100.

［21］Davis, S. J., & Kahn, J. A. (2008). Interpreting the Great Moderation: Changes in the Volatility of Economic Activity at the Macro and Micro Levels. Journal of Economic Perspectives. doi:10.1257/jep.22.4.155

［22］Dominguez, K., and Shapiro, M. (2013), Forecasting the recovery from the Great Recession: Is this time different? National Bureau of Economic Research, No.18751.

［23］Eichengreen, B. (2014), Secular stagnation: A review of the issues, in Secular Stagnation: Facts, Causes, and Cures, Teulings, C. and Baldwin, R.(eds.), CEPR Press, pp.41-46.

［24］El-Erian, M. A. (2010). Navigating the New normal in industrial countries. International Monetary Fund, (Dec.15), Retrieved Oct.18, 2012.

［25］El-Erian, M. A. (2014). The new normal has been devastating for America. Business Insider, (Mar. 22).

［26］Farhi, E., Gourinchas, P., and Rey, H. (2011), Reforming the International Monetary System, Centre for Economic Policy Research.

［27］Freeman, R. (2005). China, India and the Doubling of the Global Labor Force: Who pays the price of globalization?. The Globalist, 3, 2005.

［28］Glaeser, E. (2011). Triumph of the city: How our greatest invention makes US richer, smarter, greener, healthier and happier. Pan Macmillan.

［29］Glaeser, E.L. (2014), Secular joblessness, in Secular Stagnation: Facts, Causes, and Cures, Teulings, C. and Baldwin, R.(eds.), CEPR Press, pp.47-60.

［30］Goldstein, Joshua S. 1988, Long Cycles: Prosperity and War in the Modern Age, Yale University Press: New Haven and London

［31］Gordon, R.J. (2005), The 1920s and the 1990s in mutual reflection, National Bureau of Economic Research, No.11778.

［32］Gordon, R.J. (2010), Revisiting U.S. productivity growth over the past century with a view of the future, National Bureau of Economic Research, No.15834.

[33] Gordon, R.J. (2012), Is U.S. economic growth over? Faltering innovation confronts the six headwinds, National Bureau of Economic Research, No.18315.

[34] Gordon, R.J. (2014), The turtle's progress: Secular stagnation meets the headwinds, in Secular Stagnation: Facts, Causes, and Cures, Teulings, C. and Baldwin, R.(eds.), CEPR Press, pp.47-60.

[35] Green, R. K., Malpezzi, S., & Mayo, S. K. (2005). Metropolitan-specific estimates of the price elasticity of supply of housing, and their sources. American Economic Review, 95, 334–339. doi:10.1257/000282805774670077

[36] Hall, R. (2014), Quantifying the lasting harm to the U.S. economy from the financial crisis, NBER Macroeconomics Annual

[37] Hansen, A. (1939), Economic progress and declining population growth, American Economic Review,29(1), pp.1-15.

[38] Helpman, Elhanan, and Manuel Trajtenberg. (1998), A Time to Sow and a Time to Reap: Growth Basedon General Purpose Technologies. In E. Helpman, general purpose technologies and economic growth, Cambridge: MIT Press, 1998: 55-83.

[39] Hoffman, D., & Polk, A. (2014). The Long Soft Fall in Chinese Growth: Business Realities, Risks, and Opportunities. The Conference Board, (Oct).

[40] Hsieh, C.-T., & Klenow, P. J. (2009). Misallocation and Manufacturing TFP in China and India. The Quarterly Journal of Economics, 124(4), 1403–1448.

[41] IMF (2007), World Economic Outlook: Globalization and Inequality, IMF, October.

[42] IMF (2012), People's Republic of China 2012 Article IV Consultation, IMF Country Report No. 12/195, July.

[43] IMF (2014), World Economic Outlook: Legacies, Clouds, Uncertainties,IMF, October.

[44] Jimeno, J., Smets, F., and Yiangou, J. (2014), Secular stagnation: A view from the Eurozone, in Secular Stagnation: Facts, Causes, and Cures, Teulings, C. and Baldwin, R.(eds.), CEPR Press, pp.153-164.

[45] King, Mervyn. and David Low, 2014, "Measuring the 'World' Real Interest Rate", NBER Working Paper No. 19887.

[46] Kondratieff, N. D., (1935), "The Long Waves in Economic Life," a 1926 paper partially translated to English in Review of Economic Statistics, Vol. XVII, pp. 105-115.

[47] Koo, R. C. (2014), Balance sheet recession is the reason for secular stagnation, in Secular Stagnation: Facts, Causes, and Cures, Teulings, C. and Baldwin, R.(eds.), CEPR Press, pp.131-142.

[48] Krugman, P. (2014), Four observations on secular stagnation, in Secular Stagnation: Facts, Causes, and Cures, Teulings, C. and Baldwin, R.(eds.), CEPR Press, pp.61-68.

[49] Lall, S. (1994). Industrial policy: the role of government in promoting industrial and technological development. UNCTAD Review, 65–90.

［50］Laubach, T., and Williams, J. (2003), Measuring the natural rate of interest, Review of Economics and Statistics 85(4), pp.1063-1070.

［51］Lee, M. I. H., Syed, M. M. H., & Xueyan, M. L. (2013). China s Path to Consumer-Based Growth: Reorienting Investment and Enhancing Efficiency. International Monetary Fund.

［52］Liang, J., Lazear, E. P., & Wang, H. (2014). Demographics and Entrepreneurship.National Bureau of Economic Research, No. w20506

［53］Lindert, P. H. (2000). Three centuries of inequality in Britain and America. Handbook of Income Distribution, 1, 167–216.

［54］Lucas, R. (1990), Why doesn't capital flow from rich to poor countries, American Economic Review,80(2), pp.92-96.

［55］Mandel, Ernest, 1980.Long Waves of Capitalist Development, Cambridge University Press

［56］Mankiw, N. G., & Weil, D. N. (1989). The baby boom, the baby bust, and the housing market. Regional science and urban economics, 19(2), 235-258.

［57］McKinsey Global Institute (2013), Game changers: Five opportunities for US growth and renewal, July.

［58］Mensch, G. (1975), Stalemate in Technology, Cambridge, Massachusetts: Ballinger, English Trans., 1979.

［59］Mokyr, Joel. 1990, Twenty-Five Centuries of Technological Change: An Historical Survey, Switzerland,Harwood Academic Publishers.

［60］Ouyang, M., Peng, Y. (2013). The Treatment-Effect Estimation: A Case Study of the 2008 Economic Stimulus Package of China. Working Paper. Forthcoming in Journal of Econometrics

［61］Parkinson, C. N. (1958). Parkinson's law: The pursuit of progress. Reprinted in 2007. 帕金森法则. 中国人民大学出版社.

［62］Pash, C. (2011). Use of the label "new normal" on the rise. The Australian, May 16.

［63］Piketty, T. (2014). Capital in the Twenty-first Century. Harvard University Press.

［64］Piketty, T., and Saez, E. (2013), Top incomes and the Great Recession: Recent evolutions and policy implications, IMF Economic Review 61 (3), pp.456-478.

［65］Reinhart, C., and Rogoff, K. (2014), Recovery from financial crises: Evidence from 100 episodes, NBER Working Paper, No.19823.

［66］Romer, C., and Romer, D. (2002), The evolution of economic understanding and postwar stabilization policy, NBER Working Paper, No.9274.

［67］Rostow, W. W. 1978., The World Economy: History & Prospect, London and Basingstoke: The Macmillan Press LTD

［68］Schumpeter, Joseph A. 1939.Business Cycles. Vol. I, New York,

［69］Solow, R. (2014), Affluent economies stuck in neutral, Finance & Development, vol.51 (3).

［70］Stiglitz, J. (2012), The Price of Inequality: How Today's Divided Society

Endangers Our Future, W.W. Norton Company.

[71] Stock, J. H., & Watson, M. W. (2002). Has the business cycle changed and why?. In NBER Macroeconomics Annual 2002, Volume 17 (pp. 159-230). MIT press.

[72] Summers, L. (2014), Bold reform is the only answer to secular stagnation, Financial Times Columns, September 8.

[73] Summers, L. (2014), U.S. Economic Prospects: Secular Stagnation, Hysteresis, and the Zero Lower Bound, Business Economics, April.

[74] Taylor, A. (2002), A Century of Current Account Dynamics, NBER Working Paper, No.8927.

[75] Teulings, C., and Baldwin, R. (2014), Introduction, in Secular Stagnation: Facts, Causes, and Cures, Teulings, C. and Baldwin, R.(eds.), CEPR Press, pp.1-23.

[76] Triffin, R. (1960), Gold and the Dollar Crisis: The Future of Convertibility, Yale University Press.

[77] United Nations University(UNU), International Human Dimensions programme(IHDP), UNEP. (2012). Inclusive Wealth Report. Measuring Progress Toward Sustainability (p. 368).

[78] Van Duijn, The Long Wave in Economic Life, George Allen & Unwin Press, 1983.

[79] Wei, S. J., Zhang, X., & Liu, Y. (2012). Status competition and housing prices. National Bureau of Economic Research, (No. w18000)

[80] Wu, H. X. (2014). China's Growth and Productivity Performance Debate Revisited - Accounting for China's Source of Growth with A New Data Set. The Conference Board.

[81] 白思恩、張瓊 「中国経済減速の生産効率的解釈」『比較』2014年第4期

[82] 白思恩、張瓊 「中国の資本収益率とその影響要因分析」『世界経済』2014年第10期

[83] 〔仏〕フェルナン・ブローデル 『15世紀から18世紀までの物質文明、経済と資本主義』（第3巻） 顧良訳 生活・読書・新知三聯書店 1993年版

[84] 蔡昉、王美艶 「農村労働力余剰及び関連事実の再考」『中国農村経済』2007年第10期

[85] 蔡洪斌 「中国経済転換と社会流動性」『比較』2011年第2期

[86] 陳斌開、徐帆、譚力 「人口構造の変化と中国住宅需要1999 ～ 2025 人口調査データに基づくミクロ的実証研究」『金融研究』2012年第1期

[87] 陳琳、袁志剛 「中国世代間所得流動性の傾向と内在する伝達メカニズム」『世界経済』2012年第6期

[88] 陳訓波、武康平、賀炎林 「農地の流動が農家の生産効率に与える影響 DEA手法に基づく実証分析」『農業技術経済』2011年第8期

[89] 程永宏 「二元経済における都市と農村混合ジニ係数の計算と分解」『経済研究』2006年第1期

[90] 程永宏 「改革以来の全国ジニ係数の変遷及び都市と農村の分解」『中国社会科学』2007年第4期

［91］都陽、蔡昉など 「中国の奇跡を継続する。戸籍制度改革からボーナスを獲得する」『経済研究』2014年第8期

［92］（米）エドムンド・フェルプス 『大繁栄　大衆のイノベーションがいかに国家を繁栄させるか』 余江訳　中信出版社2013年版

［93］（米）フランシス・フクヤマ『歴史の終結』 遠方出版社1998年版

［94］辜朝明 『大衰退　金融危機の中でいかに生き残り、発展していくか』 東方出版社2008年版

［95］何石軍、黄桂田 「中国社会の世代間所得流動性の傾向　2000～2009」『金融研究』2013年第2期

［96］江小涓 「サービス業の発展　本当の意味、さまざまな影響と発展傾向」『経済研究』2011年第4期

［97］李揚、張暁晶 『インバランスとリバランス』 中国社会科学出版社　2013年版

［98］李揚、張暁晶、常欣など「中国国家バランスシート2013、理論、方法及びリスクの評価」 中国社会科学出版社2013年版

［99］李揚「中国経済発展の新段階」『財貿経済』2013年第10期

［100］林毅夫「これから20年の中国経済発展のあり方を展望する」『中国流通経済』2012年第6期

［101］林毅夫「中国経済成長の持続可能性」 陳元などの著作『大衝突2014 ＣＦ40-PIIEあわせてグローバル経済の新常態を論ず』中国経済出版社2014年版からの転用。

［102］劉学良、田青「ジニ係数のグループ分解に関するさらなる研究」『数量経済技術経済研究』2009年第10期

［103］劉学良、呉璟、鄧永恒「人口の衝撃、婚姻と住宅市場」 世界華人不動産学会2011年年会会議論文

［104］劉学良「中国所得格差の分解　1995～2006」『経済科学』2008年第3期

［105］劉学良「マクロ経済視点からの中国不動産市場価格の研究」 博士学位論文南開大学2012年

［106］劉学良「中国都市の住宅供給弾力性、影響要因と住宅価格へのあらわれ」『財貿経済』2014年第4期

［107］盧峰「"新常態"と"非常態"」『財経』2014年第30期

［108］羅徳明、李暉、史晋川 「要素市場のねじれ、資源の誤った配置と生産効率」『経済研究』2012年第3期

［109］羅斯托「世界経済の長周期と環太平洋時代」『日本経済新聞』1983年9月26日

［110］彭興韵「金融危機管理における通貨政策操作　FRBの若干のツールイノベーションと通貨政策の国際協調」『金融研究』2009年第4期

［111］任希麗「目下の世界経済長周期運行状態と傾向の研究。あわせて世界経済の長周期の中の経済危機とキャッチアップ効果を論ず」南開大学大学院博士論文2013年

［112］宋雷磊「グローバル金融危機後の"新常態"と中国のマクロ経済」『開放導報』2012年第5期

［113］孫三百、黄薇、洪俊傑「労働力の自由移動はなぜこのように重要なのか。

世代間所得流動性の観点より」『経済研究』2012年第5期

［114］王金南、於方、曹東「中国緑色国民経済計算研究報告2004」『中国人口資源と環境』2006年第6期

［115］マーティン・ウルフ「資本主義の金融危機の宿命」『金融時報』2014年6月3日

［116］謝平、鄒伝偉「金融危機後の金融監督管理の改革理論総論」『金融研究』2010年第2期

［117］袁富華「長期の成長過程における"構造的加速"と"構造的減速"の一つの解釈」『経済研究』2012年第3期

［118］岳希明、李実、史泰麗「独占的業界高所得探求」『中国社会科学』2010年第3期

［119］張伝勇、劉学良「大学・高等専門学校入学定員拡大が住宅価格上昇に与えた影響の研究」『中国人口科学』2014年第6期

［120］張軍「中国経済の "新常態" は存在しない」 2014年11月4日、www.bwchinese.com/

［121］張興華「中国農村余剰労働力の再評価」『中国農村経済』2013年第8期

［122］張春明、趙遠芳「国際貿易新ルールからのチャレンジと対応」『紅旗文稿』2014年第21期

［123］周雲波「都市化、都市と農村の格差及び全国住民の所得格差の変動。所得格差の逆Ｕ字型仮説の実証検査」『経済学（季刊）』2009年第4期

［124］朱光耀「金融危機5年後にグローバル経済が直面するチャレンジ」、陳元などの著作『大衝突2014　CF40-PIIEあわせてグローバル経済の新常態を論ず』中国経済出版社2014年版からの転用

■ 著者紹介

李 揚 （りょう）

1951 年 9 月生まれ。中国人民大学卒 博士。中国社会科学院学部委員、国際欧亜科学院院士、国家金融与発展実験室理事長。
2003 年から中国社会科学院金融研究所所長。2009 年から 2015 年まで中国社会科学院副院長兼金融研究所所長。2016 年から温州商学院校長。専門分野は金融学、財政学、マクロ経済。
五カ年計画の策定に参加。中国の体制と資金流動、中国の住宅金融体系設計、中国の貯蓄投資システムの転換、開放経済におけるマクロ調整、中国資本市場の育成及び発展、中国資本流動などの研究課題に取り組む。

張暁晶 （ちょう ぎょうしょう）

1969 年生まれ。中国社会科学院経済研究所副所長、中国社会科学院研究生院教授。専門分野は開放経済マクロ経済学、成長理論と発展経済学。
国内外の課題について研究し、中国の国家貸借対照表の編纂に従事。第十一次、十二次五カ年計画の研究に参加している。

■ 訳者紹介

河村知子 （かわむら ともこ）

1962 年生まれ。国際基督教大学卒。香港中文大学留学。通訳案内士（中国語）。仕事の傍ら、中国語の学習を続け、2008 年に日本僑報社が開設した日中翻訳学院に第 1 期から参加、著名な翻訳家武吉次朗教授の指導を受ける。
訳書『新中国を拓いた記者たち』（上・下巻、日本僑報社刊）。

西岡一人 （にしおか かずひと）

神戸市外国語大学外国語学部中国学科及び東京外国語大学院アジア第一言語科卒。卒業後シャープ㈱勤務。20 年に及ぶ中国勤務を経て、2012 年定年退職。現在フリーの翻訳者、通訳者として活動中。全国通訳案内士（中国語）。2017 年より日本僑報社・日中翻訳学院の翻訳塾にて専門的な訓練を受けている。
『習近平はかく語りき—中国国家主席 珠玉のスピーチ集—』『改革開放とともに 40 年』（ともに日本僑報社刊）翻訳に参加。

The Duan Press

新しい経済戦略を知るキーポイント　中国の新常態 _{ニューノーマル}

2019 年 6 月 27 日　初版第 1 刷発行

著　者	李 揚 (りよう)、張 曉晶 (ちょう ぎょうしょう)
訳　者	河村 知子 (かわむら ともこ)、西岡 一人 (にしおか かずひと)
発行者	段 景子
発売所	日本僑報社
	〒 171-0021 東京都豊島区西池袋 3-17-15
	TEL03-5956-2808　　FAX03-5956-2809
	info@duan.jp
	http://jp.duan.jp
	中国研究書店 http://duan.jp

中国政治経済史論

毛沢東時代 1949-1976

胡鞍鋼……著

日中翻訳学院
本書翻訳チーム……訳

毎日新聞（2018年1月14日）に
橋爪大三郎氏書評を掲載

橋爪 大三郎 評

中国政治経済史論

胡鞍鋼著（日本僑報社・1万7280円）毛沢東時代（1949〜1976）

A5判 712頁（上製本） 16000円＋税

ISBN 978-4-86185-221-3 C0036

アメリカを抜く、世界最大の経済に迫る中国。その波乱の現代史を、指導者らの実像を織り込んで構成する大作だ。ぶ厚い二巻本の前半、毛沢東時代の部分が今回訳出された。

著者・胡鞍鋼教授は、中国指折りの経済学者。文化大革命時に東北の農村で七年間の辛酸を嘗めた。入試が復活するや猛勉強で理工系大学に合格。その後経済学を独学でマスターし、認められて米国に留学。帰国後は清華大学のシンクタンク「国情研究中心」を舞台に、膨大な著書や提言を発表し続けている。中国の経済は政治と不可分である。それを熟知する著者は、党や政府の幹部に向けた政策レ

ポートを書き続けるうち、政治との密接不可分な関係を検証する「歴史」研究で経済の本質に届くのだと思い定める。そこで、文化大革命がどういう原因で生じ、どれだけ災厄をもたらしたか、また改革開放がいかに可能となり、どれだけ成長をもたらしたかを、政府統計や党の文書を精査して洗い出した。信頼すべきデータと方法に基づき、本格的な業績が、大量の生データと統計表にまとめられた。

データで明らかにする新中国の骨格

《毛沢東個人の意見が全党で可決した決議とぶつかった場合は前者が金で可決、経済損失で正しいルールに戻る機会が何度かあったのに空しかった。文化大革命の前奏曲が、大躍進だった。経済を理解しない毛沢東がソ連と張り合って、十五

年で英米に追いつくとぶち上げた。党中央は熱に浮かされた。ノルマは下級に伝えられるたび膨らみ、無能と思われないため多くの党員が悲惨な運命に見舞われた。この異様な党のあり方を深刻に反省した鄧小平は、のちに改革開放を始めた直接の動機を頭に刻んだ。

毛沢東時代をどう評価すべきか。《一九五二～一九七八年の間に工業総生産額は一二倍に増加し、年平均成長率は一一・三

革命で劉少奇が命を失い、鄧小平が打倒され、林彪が失脚し、社会秩序の混乱も深刻だ。毛沢東の失政をもたらしたのは体制の欠陥と著者は言う。指導者の終身制、党規約の空文化。《「文化大革命」》は鄧小平が改革開放を始めた直接の動機であり、政治的・社会的安定を保つことのできた稀有の要因でもあった》。文革の災厄から、人びとは教訓を学んだのだ。

は、現在でも「敏感」な問題で

%だった。実際この時期の成長は目覚ましかった》が、大躍進と文化大革命がダメージを与え、胡鞍鋼の推計によると、長期治在成長率約九%に対し《一九五七～一九七八年が五・四%》で《政策決定の誤りによる経済成長率の三分の一～四分の一に相当する》という。このほか、教育機会を奪われた人材の喪失や人心の荒

死者は二千五百万人に達した、餓人民公社の食堂の食べ放題も輪をかける。大飢饉が始まり、餓死者は二千五百万人に達した、餓劉少奇は人民公社を手直しし、家族に責任を持たせて生産をテ

ある。胡教授は公平に、客観的・科学的に、この問題を追い詰める。動乱の渦中で青年期を過ごした経験と、党関係の膨大な見識と読み込まれた本書は、待望の中国の自己認識の書だ。日本語訳文も正確で読みやすい。中国関連の必須図書として、全国のなるべく多くの図書館に一冊ずつ揃えてもらいたい。

（日中翻訳学院 本書翻訳チーム 訳）

シリーズ 鄧小平時代 2019年春 刊行予定

2050年の中国
習近平政権が描く超大国100年の設計図

アメリカに並ぶ超大国に向けて発展を続ける中国が2050年に目指す「社会主義現代化強国」とは？ 壮大かつ詳細なロードマップを明らかにした第一級の論考、初邦訳版！

定価2050円＋税 ISBN 978-4-86185-254-1

習近平主席が提唱する新しい経済圏構想
「一帯一路」詳説

ビジネスパーソン必読！ 習近平国家主席が提唱する新しい経済圏構想「一帯一路」について、その趣旨から、もたらされるチャンスとリスク、さらには実現に向けた方法まで多角的に解説。

定価3600円＋税 ISBN 978-4-86185-231-2

中国集団指導体制の「核心」と「七つのメカニズム」
―習近平政権からの新たな展開―

習体制下の集団指導体制の七大メカニズムを分析。2017年秋の第19回党大会で決定された中国新体制の重要ポイントを理解するための必読書！

定価1900円＋税 ISBN 978-4-86185-245-9

習近平政権の新理念
―人民を中心とする発展ビジョン―

「新常態」の下で進められる中国の新ガイドライン「六大発展理念」を清華大学教授胡鞍鋼氏がわかりやすく解説。中国の今とこれからを知る一冊。

定価1900円＋税 ISBN 978-4-86185-233-6

SUPER CHINA
～超大国中国の未来予測～

2020年までに中国がどのような発展を目指し、その進捗はどうかなどを、国際比較が可能なデータを用いながら論じる。米国で出版され世界的に話題となり、インド、韓国、中国でも翻訳版が出版された世界的話題作の邦訳版。ヒラリー・クリントン氏推薦、中国の実態と世界への影響を読み解く一冊、日本初上陸！

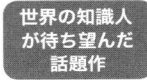

定価 2700 円＋税　ISBN 978-4-9909014-0-0

中国の百年目標を実現する
第13次五カ年計画

2016～2020年までの中国の目標を定めた「第13次五カ年計画」の綱要に関して、十三五計画専門家委員会委員である胡鞍鋼氏がわかりやすく紹介。中国の今と将来を知るための必読書。

定価 1800 円＋税　ISBN 978-4-86185-222-0

中国のグリーン・ニューディール
「持続可能な発展」を超える「緑色発展」戦略とは

エコロジー活動と経済成長を両立する「グリーン・ニューディール」の中国的実践とは？　世界が注目する中国の「緑色発展」を詳説する。

定価 2300 円＋税　ISBN 978-4-86185-134-6

中国の発展の道と中国共産党

中国の歴史的状況から現在の発展に至るまで、中国共産党がどのような役割を果たしたのかを全面的かつ詳細に分析。中国の発展の全体像を見渡すにあたって必読の一冊。

定価 3800 円＋税　ISBN 978-4-86185-200-8

日本僑報社のおすすめ書籍

日中文化DNA解読
心理文化の深層構造の視点から
尚会鵬 著　谷中信一 訳
2600円＋税
ISBN 978-4-86185-225-1

中国人と日本人の違いとは何なのか？文化の根本から理解する日中の違い。

日本語と中国語の落し穴
用例で身につく「日中同字異義語100」
久佐賀義光 著　王達 監修
1900円＋税
ISBN 978-4-86185-177-3

中国語学習者だけでなく一般の方にも漢字への理解が深まり話題も豊富に。

日本の「仕事の鬼」と中国の〈酒鬼〉
漢字を介してみる日本と中国の文化
冨田昌宏 編著
1800円＋税
ISBN 978-4-86185-165-0

ビジネスで、旅行で、宴会で、中国人もあっと言わせる漢字文化の知識を集中講義！

中国漢字を読み解く
～簡体字・ピンインもらくらく～
前田晃 著
1800円＋税
ISBN 978-4-86185-146-9

中国語初心者にとって頭の痛い簡体字をコンパクトにまとめた画期的な「ガイドブック」。

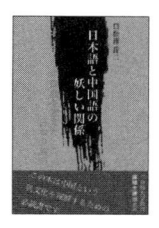

日本語と中国語の妖しい関係
～中国語を変えた日本の英知～
松浦喬二 著
1800円＋税
ISBN 978-4-86185-149-0

「中国語の単語のほとんどが日本製であることを知っていますか？」という問いかけがテーマ。

任正非の競争のセオリー
―ファーウェイ成功の秘密―
Zhang Yu、Jeffrey Yao 著
日中翻訳学院 訳
1600円＋税
ISBN 978-4-86185-246-6

奇跡的な成長を遂げ世界が注目するファーウェイ。その誕生と発展の秘密を創業者の半生から探る。

シェア経済・キャッシュレス社会・コンテンツ産業の拡大……
いま中国の真実は
三潴正道 監訳　而立会 訳
1900円＋税
ISBN 978-4-86185-260-2

「必読！いま中国が面白い」最新の中国事情がわかる人気シリーズ第12弾！

悩まない心をつくる人生講義
―タオイズムの教えを現代に活かす―
チーグアン・ジャオ 著
町田晶(日中翻訳学院)訳
1900円＋税
ISBN 978-4-86185-215-2

無駄に悩まず、流れに従って生きる老子の人生哲学を、現代人のため身近な例を用いて分かりやすく解説。

新中国に貢献した日本人たち
友情で語る戦後の一コマ
中国中日関係史学会 編
武吉次朗 訳
2800円＋税
ISBN 978-4-931490-57-4

日中両国の無名の人々が苦しみと喜びを共にする中で築き上げた友情と信頼関係。続刊好評発売中！

日本人論説委員が見つめ続けた
激動中国
中国人記者には書けない「14億人への提言」
加藤直人 著　〈日中対訳版〉
1900円＋税
ISBN 978-4-86185-234-3

中国特派員として活躍した著者が現地から発信、政治から社会問題まで鋭く迫る！

日本僑報社のおすすめ書籍

来た！見た！感じた!!
ナゾの国 おどろきの国 でも気になる国 日本
中国人気ブロガー招へい
プロジェクトチーム 編著
2400円＋税
ISBN 978-4-86185-189-6

中国人ブロガー22人の
「ありのまま」体験記。

若者が考える「日中の未来」Vol.5
中国における日本文化の流行
宮本雄二（元中国大使）監修
日本日中関係学会 編
3000円＋税
ISBN 978-4-86185-271-8
Vol.4 日中経済とシェアリングエコノミー
Vol.3 日中外交関係の改善における
　　　環境協力の役割
Vol.2 日中経済交流の次世代構想
Vol.1 日中間の多面的な相互理解を求めて

第16回華人学術章受賞作品
中国東南地域の民俗誌的研究
—漢族の葬儀・死後祭祀と墓地—
何彬 著
9800円＋税
ISBN 978-4-86185-157-5

華人学術賞の原稿を募集
中です！

日中語学対照研究シリーズ
中日対照言語学概論
—その発想と表現—
高橋弥守彦 著
3600円＋税
ISBN 978-4-86185-240-4

中日両言語の違いを知り、
互いを理解するための一
助となる言語学概論。

中国工業化の歴史
—化学の視点から—
峰毅 著
3600円＋税
ISBN 978-4-86185-250-3

中国近代工業の発展を、
日本との関係を踏まえて
化学工業の視点から解き
明かした歴史書。

対中外交の蹉跌
- 上海と日本人外交官 -
片山和之 著
3600円＋税
ISBN 978-4-86185-241-1

現役上海総領事による、
上海の日本人外交官の軌
跡。近代日本の事例に学び、
今後の日中関係を考える。

李徳全
——日中国交正常化の「黄金の
クサビ」を打ち込んだ中国人女性
程麻・林振江 著
林光江・古市雅子 訳
1800円＋税
ISBN 978-4-86185-242-8

戦犯とされた日本人を無
事帰国。日中国交正常化
18年前の知られざる秘話。

病院で困らないための日中英対訳
医学実用辞典
松本洋子 著
2500円＋税
ISBN 978-4-86185-153-7

海外留学・出張時に安心、
医療従事者必携！指さし
会話集＆医学用語辞典。

日中中日翻訳必携・実戦編III
美しい中国語の手紙の 書き方・訳し方
千葉明 著
1900円＋税
ISBN 978-4-86185-249-7

日中翻訳学院の名物講師
武吉先生が推薦する「実
戦編」の第三弾！

日中中日翻訳必携・実戦編IV
こなれた訳文に仕上げるコツ
武吉次朗 著
1800円＋税
ISBN 978-4-86185-259-6

「実戦編」の第四弾！「解
説編」「例文編」「体験談」
の三項目に分かれ「武吉
塾」の授業内容を凝縮。